U0892537

中国法学会后期资助项目文丛

BOOK SERIES FUNDED BY CHINA LAW SOCIETY

中国法学会审稿责任人

李存捧　刘海燕　肖志威

中国法学会后期资助项目文丛

BOOK SERIES FUNDED BY CHINA LAW SOCIETY

当代知识产权研究与实践的生态逻辑

——基于马克思主义的反思

The Ecological Logic of the Research and Practice of Intellectual Property Rights

—A Marxist Perspective

薛　华◎著

法律出版社
LAW PRESS·CHINA
——北京——

图书在版编目(CIP)数据

当代知识产权研究与实践的生态逻辑：基于马克思主义的反思／薛华著. -- 北京：法律出版社，2021
(中国法学会后期资助项目文丛)
ISBN 978-7-5197-5764-9

Ⅰ. ①当… Ⅱ. ①薛… Ⅲ. ①知识产权法-研究-世界 Ⅳ. ①D913.04

中国版本图书馆 CIP 数据核字(2021)第 141780 号

当代知识产权研究与实践的生态逻辑
——基于马克思主义的反思
DANGDAI ZHISHI CHANQUAN YANJIU YU SHIJIAN DE SHENGTAI LUOJI
—JIYU MAKESI ZHUYI DE FANSI

薛 华 著

责任编辑 屈 瑶
装帧设计 李 瞻

出版发行 法律出版社
编辑统筹 学术·对外出版分社
责任校对 王 丰 李景美
责任印制 陶 松
经 销 新华书店

开本 710 毫米×1000 毫米 1/16
印张 16.5 **字数** 213 千
版本 2021 年 9 月第 1 版
印次 2021 年 9 月第 1 次印刷
印刷 北京虎彩文化传播有限公司

地址：北京市丰台区莲花池西里 7 号(100073)
网址：www.lawpress.com.cn
投稿邮箱：info@lawpress.com.cn
举报盗版邮箱：jbwq@lawpress.com.cn
版权所有·侵权必究
销售电话：010-83938349
客服电话：010-83938350
咨询电话：010-63939796

书号：ISBN 978-7-5197-5764-9
定价：79.00 元

凡购买本社图书，如有印装错误，我社负责退换。电话：010-83938349

中国法学会后期资助项目文丛

文丛说明

为进一步落实中央《关于加强中国特色新型智库建设的意见》，充分发挥中国法学会作为党和政府联系法学法律界桥梁和纽带的作用，着力实现中国法学会作为国家法治建设领域核心智库的发展目标，为专家学者开展法学研究和成果转化提供支持，不断丰富和发展中国特色社会主义法治理论体系，中国法学会特决定设立后期资助项目，对具有重要理论和实践价值的优秀法学研究成果予以后期资助，纳入“中国法学会后期资助项目文丛”出版。2015 年中国法学会后期资助项目设立以来，累计立项 80 余项成果，已交付出版 70 余部。今后每年我们还将评选确定一定数量的后期资助项目并予以出版。

中国法学会研究部

2020 年 11 月

序　言

在马克思主义理论中，关于法的认识和研究从来没有离开过经济生活。经济基础决定了法的产生和发展，同时，法对经济基础产生积极的反作用。这应是研究所有法律问题的基本立场、观点和方法。关于此，知识产权法律制度极为典型。本书即运用马克思主义的基本原理，根据马克思关于法的本质的思想及系统观念的科学逻辑，对知识产权问题进行了认识重构和实践反思。

虽然有一副法律面孔，但从全球范围看，知识产权却成为国家竞争的核心战略资源，原因即在于知识产权与经济增长之间的良性互动机制。正因如此，包括我国在内的许多国家都力推知识产权战略，力求实现知识产权的制度价值。然而，长期以来，由于知识产权的法律属性，现有研究成果的法律倾向性非常明显。特别是在我国，关于知识产权问题的研究内容高度集中于法律保护。无论是理论研究还是实践工作，凡知识产权，必法律保护。大量的研究和实践都集中在如何加强法律保护的力度和手段上。这种看似正确的思路无形中将知识产权孤立于经济社会发展环境，而且一定程度上造成了理论和实践的本末倒置。很显然，这样的站位和方法并不符合“十四五”时期我国经济社会发展必须遵循的系统观念原则，不利于知识产权战略的推进实施。

然而，学术界似乎始终没有找到一种令人满意的思路可以把知识产权制度的法律实现问题准确地描述和解释。通过深入思考和研究，笔者发现，运用生态学的智慧，该问题则可以迎刃而解：假如将知识产权比作"生物群落"，那么，制度设立的目的就是营造良好的生态环境，保证知识产权生生不息、源源不断，保持旺盛生命力，并维护生态平衡，通过各种知识产权共同作用，影响经济社会的进步和发展。这种思维方法抛弃了以保护为导向的思维，更为准确地表达了知识产权的经济属性和法律属性，以及法律制度设立的目的和实现途径。基于此，笔者提出了一个全新的理论构想——知识产权生态理论。笔者相信，知识产权生态理论的提出，对于知识产权理论研究的正本清源，实践操作的错误纠正，知识产权战略以及"一带一路"倡议的顺利实施具有重要的指导意义。据此，本书的主要观点或贡献可以归纳为以下几个方面：

第一，提出了知识产权法律实现的全新视角：知识产权生态理论构想。本书认为，知识产权生态（Ecology of Intellectual Property Rights）就是知识产权生存和发展的状态；知识产权生态系统是指各项知识产权之间，以及其与所处的环境之间通过相互作用、相互影响而形成的相互依赖的动态平衡系统；与知识产权的形成、生存和发展相互影响的环境包括经济发展、法制化程度、公众意识、政府行为等。

第二，构建了知识产权法律实现水平的测量方法，创造性地构建了知识产权生态指数（Ecology of Intellectual Property Rights Index，EII）。在现有研究成果的基础上，利用商业软件联盟（Business Software Alliance，BSA）调查发布的各国 PC 软件盗版率和联合国人类发展指数（Human Development Index，HDI），构建了知识产权生态指数，用以测量在《与贸易有关的知识产权协议》（TRIPs 协议）① 框架下各国的知识

① Agreement on Trade-Related Aspects of Intellectual Property Rights，《与贸易有关的知识产权协议》，简称 TRIPs 协议，是关贸总协定乌拉圭回合谈判的 21 个最后文件之一，于 1994 年 4 月 15 日由各国代表在摩洛哥的马拉喀什签字，并于 1995 年 1 月 1 日起生效，由同时成立的世界贸易组织（WTO）管理。这个文件是知识产权保护的国际约定。

产权法律实现环境。

第三，运用知识产权生态指数进行了实证分析。对我国和美国、日本、英国、法国和德国等一些发达国家，以及“新丝绸之路经济带”沿线国家俄罗斯、哈萨克斯坦等68个国家的知识产权生态指数进行了演算、评价和比较分析。结果表明，2001年到2011年，以上国家中，我国知识产权指数增速最快，符合我国加入世界贸易组织之后大力推行知识产权制度的实际。但是，从知识产权生态指数来看，我国2011年知识产权法律实现水平远远不及发达国家2001年的水平。经过相关性数据验证，该指数具有高度可信性。

第四，提出了优化我国知识产权法律实现的对策建议。根据知识产权生态理论和法律实现理论，我国优化知识产权生态，关键在于认识到、解决好知识产权“从经济中来、到经济中去”的问题，核心是尽快形成知识产权生态文化，其路径选择必然是在文化的力量和作用的影响下，以激励创新为本，优化生态环境，实现知识产权的最优效益。

目　录

Contents

第一章　绪　　论

“问渠那得清如许？为有源头活水来”。马克思主义是指导我们一切认识和实践的行动指南，根本原因在于其科学的世界观和方法论具有无限强大的生命力。也正因如此，其在我国得到极大的丰富和蓬勃的发展。但是，是否在理论和实践中坚持马克思主义的世界观和方法论的立场，其判断标准应当是在认识和实践的整个过程中，是否从根本上具有马克思主义唯物辩证法的思维。如果不注意用正确方式汲取营养，在马克思主义的参天大树上依然可能结出异化的果实。这一点，在当前关于知识产权问题的理论和实践中似乎得到了印证，不能不引起足够的重视。

一、研究背景

党的十八大以来，以习近平同志为核心的党中央，紧紧围绕坚持和发展中国特色社会主义这个主题，提出了全面建设社会主义现代化国家、全面深化改革、全面依法治国、全面从严治党的战略布局（以下简称“四个全面”）。我国正大力推进实施的知识产权战略，正是“四个全面”蕴含的马克思主义一般原理的具体体现，也是实现全面建成小康社会目标的重要国家战略。

国务院2008年颁布的《国家知识产权战略纲要》中明确提出“实现全面建设小康社会目标”的战略定位，与“全面建成小康社会”目标完全一致；经济社会发展新常态下，以创新驱动引领“全面深化改革”，激发创新活力、破除机制障碍、促进产业转型，调结构、惠民生，转变经济增长方式，必须依靠知识产权法律制度的健全和完善；知识产权法律制度是知识产权战略实施的有效保证，本身又是“全面依法治国”的重要内容和主要体现；而经济新常态下，深刻认识知识产权法律制度和知识产权战略对于全面深化改革、全面依法治国、全面建成小康社会的重要意义，又是“全面从严治党”布局下对党的领导干部治国理政、科学决策的具体要求。特别是李克强总理提出的“大众创业、万众创新”，在“互联网＋”的条件和要求下，创新成果日新月异，经济生活形式更加多样、内容更加丰富，更需要知识产权法律制度进行权益保障和实现。

“四个全面”是以习近平同志为核心的党中央治国理政战略思想的重要内容，闪耀着马克思主义基本原理与中国实际相结合的智慧之光。毫无疑问，在“四个全面”的战略布局下，一切理论研究和实践活动都必须坚持马克思主义立场、观点和方法。知识产权法律制度是激励和保护创新的重要经济法律制度，而知识产权战略是全面建设小康社会的重要国家战略。知识产权的理论研究肩负着实践前端的分析、探寻和预测等前瞻性活动的重任，特别是对于我国从西方国家“移植”而来的新生事物，更有必要运用马克思主义的立场、观点和方法来认识、分析和解决问题，以正确地指导实践活动。

我国要在产业循环、市场循环、经济社会循环中掌握主动权，科技创新是构建“双循环”新发展格局应有之义。形成新发展格局，必须高度重视创新的推动作用。科技创新是经济社会循环的根本动力，推动产业价值链的发展、激发国内消费市场、为扩大内需提供物质基础。创新提升高科技产业的短板，通过“补短板、强弱项、激活力”，才能打通支撑科技强国的全流程创新链条。只有不断提升自主创新能力，才能从根本上破解制约“双循环”要素流通的障碍，而实现创新发展的关键，在于知识产权制度的运用。知识产权作为直接保护创新活动的基本法律制度，需要进行健全和完善，以确保全方位保障创新成果，激励创新主体。

（一）问题的提出

17世纪前叶，知识产权头顶法律的光环来到世间。① 三百多年来，西方国家始终存在知识产权是魔鬼还是天使的激辩和斗争，但是其以独特的魅力最终成为世界公认的激励和保护创新的法律制度。现如今，知识产权俨然已经成为国际竞争力的核心要素和国家发展的战略性资源。进入21世纪以来，美国、日本等发达国家纷纷把知识产权提升到国家战略的层面。日本甚至直接以法律形式确立了知识产权制度在国家发展中的战略地位。20世纪80年代，在借鉴国际经验的基础上，新中国确立了知识产权制度②，比确立时间最早的英国晚了300多年。但在制度确立20多年后，2008年6月5日，我国国务院颁布了《国家知识产权战略纲要》，开始在全国推行实施知识产权战略。

从世界范围内来看，将一个本属于法律研究的对象提升到国家战略的层面推行和实施，这一举措在国家发展中极为罕见，甚至可以说绝无仅有。而这一“殊荣”恰恰落在知识产权的身上，非常值得反思和体味，更需要分析、探究其中的原因。唯其如此，才能真正认识知识产权和其法律制度的价值，才能真正在实践中充分发挥其应然的积极作用。特别是对于我国来说，知识产权制度本身就是“舶来品”，建立的时间

---

① 国际上一般承认英国1623年的《垄断法规》是近代专利保护制度的起点。因此，这一时期被认为知识产权制度正式确立。参见郑成思：《知识产权的起源》，载中国法学网：http://iolaw.cssn.cn/zxzp/200405/t20040531_4590796.shtml，最后访问日期：2004年5月31日。

② 《中华人民共和国商标法》，从1983年3月1日起实施。其后，我国陆续颁布了《中华人民共和国专利法》《中华人民共和国著作权法》等知识产权法律。一般认为，这一时期是新中国知识产权制度确立的时间。

不长，更需运用马克思主义的基本原理深入分析、正确认识，为理论研究正本清源、树立正确导向，为知识产权战略实施的实践活动指明正确的方向。

几十年来，新中国知识产权制度的确立和发展为促进技术进步和经济发展发挥了积极作用。在以“保护”为导向的制度推行机制的作用下，以“确权”和“保护”为主要目的的知识产权制度实施也取得了明显的效果。以我国专利申请量为例，2007 年，在向我国专利局提交的专利申请中，中国申请人提交的专利申请数量与外国申请人提交的专利申请数量旗鼓相当；2014 年，我国发明申请量 236.1 万件，居于世界第一位。[①] 2019 年，我国在全球创新指数中排名第十四位，稳居中等收入经济体首位。[②] 然而，与此同时，许多统计数据表明，我国专利转化率却非常低。专利转化是专利权从潜在生产力转化为现实生产力的过程。在发达国家，专利转化水平一般在 30% -40%，在日本等国家甚至高达 70% -80%。[③] 我国尚无统一的专利转化率的统计，但是，根据研究机构统计，2011 年我国高校专利转化率不足 5%；[④] 而根据《中国大学与科研机构专利竞争力年度报告(2013 年)》的统计方法，2013 年，我国高校被转化的专利权占高校专利申请总量的 0.5%；科研机构的专利占比率为 1.1%。[⑤] 根据国家知识产权局 2018 年发布的《高校专利转化现状调查研究》，高校专利转化真正实现

---

① 参见冯飞、陈婕：《我国专利申请量全球大幅领先》，载《创新时代》2014 年第 11 期。

② 参见《我国国际专利申请量跃居世界第一》，载《人民日报》2020 年 4 月 24 日，第 4 版。

③ 参见林琪云、米学娇：《浅析发明专利高数量与低转化率的矛盾——以国家知识产权战略实施五年为视角》，载《现代商业》2014 年第 14 期。

④ 参见董碧娟：《高校专利转化率为何低于 5%?》，载中国经济网—《经济日报》：http://www.ce.cn/xwzx/gnsz/zg/201108/24/t20110824_22643141.shtml，最后访问日期：2011 年 8 月 24 日。

⑤ 曲三强、尹锋林、张继哲、聂士海：《中国大学与科研机构专利竞争力年度报告（2013 年）》，载中国知识产权（网络版）：http://www.chinaipmagazine.com/journal-show.asp?1756.html，最后访问日期：2013 年 10 月 24 日。

产业化的科技成果不足5%；[①] 同时，《中国科技成果转化2019年度报告（高等院校与科研院所篇）》显示，全国3200家高校院所中，仅有688家单位（21.5%）设立了技术转移机构。[②] 而从有关知识产权保护的法律规定来看，知识产权保护的力度和手段并没有实质性加强。例如，从承担知识产权行政保护职能的政府部门来看，全国成立专门从事知识产权行政执法队伍的省份仍是少数；[③] 在近两次机构改革中，专利工作的主管部门机构设置非但没有得到实质性加强，反而在有些地区不断弱化。这种现象已经引起了理论研究和实践操作层面各专家学者的高度关注。为此，理论界进行了大量研究，实践中也开展了许多探索。

其实，根据马克思主义关于法律问题研究的基本原理，可以很容易地发现，研究知识产权问题的正确思路与核心要义是根据知识产权法律制度的本质，追求其价值功能的实现，即“法律实现论”，而非“法律保护论”。作为一种法律制度，知识产权制度固然与通俗意义上的“保护”息息相关；而作为一种经济制度，知识产权制度的来源和去向都是经济社会生活。因此，知识产权法律制度问题是一个法律问题，但更是一个经济问题、社会问题。也就是说，知识产权制度的核心价值在于通过“确权”和“保护”来鼓励创新，并促使创新源源不断地涌现，最终促进经济的不断进步。“确权”和“保护”只是鼓励创新的手段而已。按照马克思主义关于法的研究的方法论，研究知识产权法律问题，首先应当将其置于经济环境中进行分析。

然而，理论界和实践中，在以知识产权“保护”为导向的思维方式的

---

① 《高校专利转化现状调查研究》，载国家知识产权局网：https：//www. cnipa. gov. cn/art/2018/9/4/art_1415_133037. html，最后访问日期：2020年12月15日。

② 中国科技评估与成果管理研究会、国家科技评估中心、中国科学技术信息研究所：《中国科技成果转化2019年度报告（高等院校与科研院所篇）》，科学技术文献出版社2020年版。

③ 截止至2021年10月10日，成立专门从事专利知识产权行政执法队伍的省份（包括直辖市）仅有：湖北省、安徽省、重庆市。

影响下，虽然都关注知识产权制度运行的其他环节和环境因素，例如经济发展、公众意识，但研究对策动辄即是如何加大执法力度、加强保护执行、增强公众知识产权保护意识，始终逃脱不了“法律保护论”的魔咒。实践中虽然有专家提出知识产权制度运行应围绕知识产权的创造、运用、保护、管理以及服务等操作环节，但是焦点始终集中在知识产权法律上的“确权”和以惩戒为基本手段的狭义“保护”方面，即使提出加强知识产权的运用，但是效果并不显著，最终也没有逃脱“孤芳自赏”的视阈局限。这种僵化、机械、片面的思维在实践中被戏称为“自拉自唱、自娱自乐”。其貌似无可挑剔的研究和实践思路一定程度上造成了理论研究的导向偏离和实践操作的本末倒置。

笔者发现，虽然理论界和实践中都意识到了理论导向问题，但似乎始终没有找到一种令人满意的思路可以把知识产权法律的实现完整、准确地描述和解释。根据马克思主义关于法的本质的研究方法，很容易发现，其原因在于现有理论在研究分析知识产权法律问题时，多多少少脱离了具有决定性作用的经济发展基础，没有从经济社会发展条件出发研究知识产权法律问题，而是更多地从知识产权法律制度本身出发，更多地期望法律制度的实施能够给经济社会发展带来多大程度上的改变。而研究知识产权法律的实施问题时，由于知识产权本身的法律属性存在，会不可避免地落入“法律保护”的桎梏，这多多少少给知识产权法律制度的实施问题带来了唯心主义色彩。

通过以上的阐述，显而易见，从知识产权法的本质上讲，关于知识产权法律制度的研究，重点在于知识产权的法律实现，也就是知识产权法律制度的价值目标如何在生活中成为现实。诚然，任何法律制度都存在法律实现的问题，但知识产权法律制度产生并移植于西方国家，并且对于我国经济社会的发展具有客观迫切的需要，从根本上研究知识产权法律制度的实现，不仅符合知识产权法律制度的价值目标，而且与知识产权法的本质是一致的。

然而，很显然，法律实现是一个普遍意义上的法理学上的概念，不具有区分度和个性特征，用法律实现来作为知识产权法律制度理论研究和实践活动的导向性思维，尚不足以反映制度本身的特殊性。那么，什么样的导向才能反映马克思主义关于法的本质的论述，才符合马克思主义的方法论呢？通过研究，笔者发现，当运用生态学的智慧来导向思维，这个问题就会迎刃而解，知识产权法律实现也可以得到较为形象的诠释。假如把知识产权视为有生命力的“生物群落”来观察、分析和研究时，理想的知识产权法律实现的状态可以是这样的：知识产权生态环境良好，各种知识产权在合作与竞争中自然更替、朝气蓬勃、生机盎然，充分发挥积极作用，创新不断涌现、技术不断进步，经济社会发展动力和活力十足。我国经济社会的土壤本身并没有滋生出“知识产权”，从国外“移植”的通行说法恰如其分地突出了知识产权的自然生态学特点。

在这种方法和视角下，知识产权法律实现进程中出现的各类问题更容易分析和解释。知识产权制度设立的目的是让知识产权生生不息、保持旺盛的生命力，最大限度地实现其效益；制度机制在于营造良好的知识产权生态环境，让知识产权这一个“生物群落”拥有良好的生存和发展环境，使知识产权生态系统健康、平衡。而知识产权保护只是知识产权生态环境的其中一部分。这样，在整个知识产权法律实现过程中，健康、平衡的知识产权生态环境是有效保证。再者，就像自然界生态环境需要维护一样，特别是对于新近产生的“生物群落”，知识产权的生态环境更需要细心经营和精心维护，防止被破坏。政府作为社会资源的调动者、公共服务的提供者和知识产权制度运行成果的需求者，在知识产权生态系统中，当然地担任了维护知识产权生态平衡的保护角色。事实上，这个身份定位恰如其分地解释了我国政府在推进知识产权制度运行中的主导作用。

当前，我国政府推动知识产权制度运行的工作重点是权利的确认和权益的维护。例如，从国家层面，主管专利工作的国家知识产权局每年都对各省专利申请量进行排名，以此达到客观上刺激各省（自治区、直辖市）专利申请的积极性；从地方层面，几乎所有省（自治区、直辖市）政府都有鼓励社会公众专利申请的奖励资金，有的地方甚至将专利申请量纳入政府绩效考核指标。在权益的维护方面，国家知识产权局将全国知识产权主管机关的专利案件办理量作为考核内容。这样做固然可以在一定程度上促进知识产权法律的实现，但是，从工作实践中出现的各种问题来看，推进法律实现最大的问题是制度运行的社会环境因素，也就是知识产权生态环境的因素。缺乏良好的知识产权生态环境，培育再多的知识产权也是“揠苗助长”；办理再多的案件也是“治标不治本”。因此，笔者认为，运用生态学思维，为知识产权的生存、发展营造良好的环境，是知识产权法律实现的准确表达，符合马克思主义关于法的本质的判断。优化知识产权生态，不仅是理论和实践中迫切需要解决的问题，更是推进知识产权制度运行的根本性策略。

另外，2013 年，习近平总书记提出了建设“新丝绸之路经济带”和“21 世纪海上丝绸之路”（以下简称“一带一路”）的合作倡议。在“一带一路”倡议实施进程中，必然面临大量知识产权问题。为把“一带一路”建设成为创新之路、绿色之路，促进可持续目标的实现，落实共建“一带一路”科技创新行动计划倡议，推进可持续发展技术成果面向“一带一路”国家的转移与应用，需要鼓励创新成果的研发，改善知识产权保护的现状。知识产权生态的概念和方法则有助于研究分析所在国的知识产权状况，可以为经济实体走出国门提供更为准确的信息数据和更为具体的决策参考，对倡议实施的顺利推进具有重要的积极意义。

毋庸置疑，作为一个进行系统分析的概念，知识产权生态仍然是全新的提法。因此，笔者心中颇觉忐忑，但是仍然希望通过知识产权生态理论构想和尝试性研究，能够有助于理论界和实践中更清楚地解释政府行为对知识产权法律制度的运行和实现的影响，更深刻地把握我国知识产权制度的形成及未来发展的逻辑，借此为知识产权问题的研究提供新的思路，为知识产权理论体系的完善进行新的探索，为知识产权制度运行的实践给出建设性意见。

（二）概念的界定

知识产权生态是一个仿生学概念，但绝不是为哗众取宠而牵强附会的一个提法，而是马克思主义关于法的本质的思想的生动再现，是马克思主义基本原理的具体适用，是生态学智慧在法学研究领域的成功融合。

生态学原本就有广泛的学科来源，几乎涵盖了哲学、物理、化学、数学、生物乃至气象学等所有自然、社会科学领域。现代生态学更已经是一个庞大的学科门类，交叉学科多达数十个乃至上百个。[①] 人类社会的生态关系或生态系统，是自然生态和社会生态的复合体，本身作为一种客观现实存在。[②] 知识产权生态的提出可以当作是社会生态新的边缘学科研究的方法应用。

在自然科学中，各种生物群落之间以及各种生物群落与其赖以生存的环境之间相互依赖、相互制约，借助能量流动、物质循环和信息传递，在一定时间和空间内自我调节和发展，构成的一个相对稳定的、开放的整体，这个有机运行的复合体，就是生态系统。当运用马克思主义关于法的本质的思想，从根本上对知识产权法律制度进行分析时，我们不难发现，知识产权法律制度的运行和实现具有诸多自然生态学的特征。例如，知识产权是商品经济发展到一定时期诞生的产物，具有自然演进的特征；知识产权只在所确认和保护的地域内有效，具有地域性特征；知识产权具有时

① 参见何兴元、曾德慧：《应用生态学的现状与展望》，载《应用生态学报》2004 年第 15 卷第 10 期。

② 参见叶峻：《从自然生态学到社会生态学》，载《西安交通大学学报（社会科学版）》2006 年第 26 卷第 3 期。

间性特征，存在由生到死的过程；知识产权本身存在一个在创造的基础上再创造的过程，犹如自然生态中普遍存在的新陈代谢和遗传、变异特征；知识产权本身是一个系统，包括各个不同的种类，如同自然生态中的不同“生物群落”，各种知识产权合作、共生，在竞争中不断进步，具有系统性特征；各种知识产权之间相互影响，同时又与周围环境通过“能量传递”相互影响，促进技术进步和经济发展，具有相互性特征，等等。这些特征与自然生态系统的特征高度相仿和契合。从这个意义上说，把知识产权看作整个社会生态系统发展到一定时期出现的新的“生物群落”非常形象和恰当，而这些新的“生物群落”生存和发展的状态就是“知识产权生态”。

知识产权生态是一个非常重要且具有创造性的概念，它利用生态学的理论生动地解释了知识产权以及其同社会环境之间的相互依存、彼此影响的动态平衡关系，为我们理解知识产权法律的实现提供了新的科学视角。因此，在本书的研究中，笔者认为，所谓知识产权生态就是知识产权生存和发展的状态；知识产权生态系统是指各项知识产权之间及其与所处的环境之间通过相互作用、相互影响而形成的相互依赖的动态平衡系统；其中知识产权生存和发展所处的环境即为知识产权生态环境。

笔者给出这样的定义，主要基于以下几个方面的考虑：

第一，知识产权法律的实现过程与自然生态系统的特点有高度契合性。运用生态学的观点分析和解释知识产权问题，更形象、生动，更利于全面、深刻地理解和认识知识产权的制度运行。毋庸置疑，现在许多关于知识产权问题的研究仍然停留在“头痛医头，脚痛医脚”的阶段和层次，孤立地分析知识产权制度运行的各个环节，机械地寻找解决的方法，而忽视了知识产权制度运行的系统性。

第二，知识产权生态中的主体是知识产权本身，这来源于生态学中的“生物群落”的概念。在所有影响人类经济社会发展的因素中，知识产权以其独特的内在秩序和逻辑结构形成的制度运行机制，对经济社会发展发挥着积极作用。这符合自然生态环境中生物群落的生存和发展状态。

第三，知识产权生态理论的提出可以纠正理论研究和实践操作中“唯保护论”的倾向。在我国，长期以来，关于知识产权的理论研究重点是知识产权保护，其重点内容是法律执行和实施。至于社会环境因素，虽然研究中也会涉及，但是往往停留在知识产权保护意识层面，而对于知识产权意识鲜有提及。笔者认为，知识产权意识和知识产权保护意识是两个层面的概念，忽略知识产权意识谈知识产权保护意识，有本末倒置之嫌，而这正是知识产权法律实现首先需要解决的问题。

第四，知识产权生态理论的提出符合“坚持系统观念”的思想方法和工作方法。系统观念是马克思主义基本原理的重要内容，也是习近平新时代中国特色社会主义思想的鲜明特质。该观念强调系统是由相互作用、相互依赖的若干组成部分结合而成的、具有特定功能的有机体；要从事物的总体与全局上、从要素的联系与结合上研究事物的运动与发展，找出规律、建立秩序，实现整个系统的优化；用开放的复杂系统的观点、用从定性到定量的综合集成方法研究经济社会问题。[①] 知识产权生态理论紧扣系统观念，强调知识产权系统内部各要素之间的联系与作用，而不是孤立地讨论知识产权的法律问题，是科学分析和处理我国知识产权问题的有效方式。

因此，之所以知识产权问题可以与自然生态学、习近平生态文明思想进行类比、融合，并最终贯通成为知识产权生态的概念，是因为社会环境对于知识产权制度运行有重要影响。尤其在我国，知识产权制度具有非自然历史演进性。知识产权的移植必然带来文化的冲突、接纳、融合问题，涵盖政治、经济、社会、文化各方面。基于此原因，知识产权法律制度固然必须以执行法律的形式加以实施，但是，仅从这个层面看待知识产权制

---

① 参见曲青山：《论坚持系统观念》，载《北京日报》2020 年 11 月 30 日。

度的运行和实现，显然有悖于知识产权制度的价值目标。从本质上说，知识产权法律制度的设立更关注制度价值目标的实现，更像在全社会推行一种价值观念。这一点，正是各国推行知识产权战略的原因，也正是知识产权生态概念生命力之所在。

另外，在本书研究中，主要以专利为例来代表知识产权，分析我国的知识产权生态问题。这是因为：（1）在知识产权类型中，专利一直以来都是衡量技术创新和经济发展的一个重要指标。（2）近年来，我国专利申请量激增，特别是发明专利申请量居世界前列，但是，经济发展却并没有呈现应有的成果。专利生态成为我国目前主要的知识产权生态，专利的生态问题也就典型地代表了我国知识产权的生态问题。

二、研究综述

新中国的知识产权制度是改革开放后开始建立的。从制度架构来看，很大程度上借鉴了西方发达国家的做法。因此，在国际上，特别是西方发达国家关于知识产权制度的研究和实践对我国知识产权制度的建立和发展具有重要的借鉴意义。当然，我国学术界也开展了大量卓有成效的研究，实践中也进行了很多有益的探索。从国内外研究的主要内容可以很容易地发现当前知识产权问题研究的重点和倾向。

（一）国外知识产权问题研究现状与评析

在国外所有关于知识产权法律制度的研究中，关于专利制度的研究是最早和最活跃的。此后学界关于知识产权研究主题的分布也表明，对于专利制度的分析、研究和评价是其核心内容。当然，国外对于这种基于智力成果衍生出来的权利，从来都是毁誉参半，但研究成果却非常丰富，对我国的知识产权研究和实践产生了深远影响。

1. 关于知识产权保护的理论假设

从知识产权制度诞生之日起，关于其保护有三种理论假设：绝对保护、绝对不保护和适度保护。时至今日，反对知识产权保护的呼声仍然不绝于耳，而适度保护则自始至终是主流思想。

从经济发展的角度来看，为了把握竞争优势进而占领市场份额，追求技术创新是各个行业尤其是先进技术行业的主要途径。然而，随着技术的进步，先进行业也不胜其扰——因为技术很容易被复制、相关产品也很容易被仿冒。基于此，相比其他行业，先进技术行业更依赖知识产权保护制度，以此保护和促进创新，例如，医药、化工行业依赖专利制度保护①，而音像制品和计算机软件行业则更依赖版权和专利权制度的保护。②约瑟夫·熊彼特（Joesph Alois Schumpeter）在其创新理论中也坚持此观点。事实上，19 世纪以来，美国科技获得了快速发展和不断进步，其关键和保障在于不断完善的专利制度。为了避免由于知识产权保护而导致的过度垄断，经济学家也一直在寻求构建合理的框架和区间来改良知识产权制度。例如，威廉·诺德豪斯（William D. Nordhaus）③ 对专利制度应该为发明家

① See Nogues J., *Patents and Pharmaceutical Drugs: Understanding the Pressures on Developing Countries*, Journal of World Trade, 1990, p. 81 – 104; Noonan W. D., *Patenting Medical Technology*, Journal of Legal Medicine, 1990, p. 263 – 319; Comanor William S., *The Political Economy of the Pharmaceutical Industry*, Journal of Economic Literature, 1986, p. 1178 – 1217; Besen Stanley M. & Leo J. Raskind, *An Introduction to the Law and Economics of Intellectual Property*, Journal of Economic Perspectives, 1991, p. 3 – 27.

② See Band J. & M. Katoh, *Interfaces on Trial: Intellectual Property and Interoperability in the Global Software Industry*, Boulder, Westview Press, 1995; Ebanks K. D., *Pirates of the Caribbean Revisited: An Examination of the Continuing Problem of Satellite Signal Piracy in the Caribbean and Latin America*, Law and Policy in International Business, 1989, p. 33 – 52; U. S. Congress, Office of Technology Assessment, Intellectual Property Rights in an Age of Electronics and Information, OTA-CIT – 302 72 (Washington, DC: U. S. Government Printing office, April 1986).

③ 威廉·诺德豪斯（William D. Nordhaus）：麻省理工学院经济学博士，耶鲁大学终身教授，世界著名经济学家。美国最有影响的 50 名经济学家之一。1977 ~ 1979 年卡特执政期间是总统经济顾问委员会成员。

们提供多大程度的保护进行了成功研究和阐释，并据此找到了政府应该赋予专利权的最优保护期限，对专利制度的构建产生了深远影响。

驱动经济增长的因素究竟是什么？自亚当·斯密以来的两百多年，整个经济学界一直围绕这个问题争论不休。但是，从保罗·罗默（Paul Romer）的经典文献《内生技术进步》开始，经济增长的主要源泉在于技术创新而不是靠外力推动，已成为经济学家的共识。这在专业文献上得到反映。根据全球领先的经济学数据库 EconLit（经济学文献资料库）查询结果，关于专利的出版物的种类，从 1981 ~ 1984 年的 39 种，增长到1999 ~ 2002年的 251 种，相关研究文献的数量也有大幅增长。① 直至进入 21 世纪以来，经济全球化趋势更加明显，促进技术创新与进步、把握市场竞争主动权已经成为各国发展要务。知识是首要的经济资产，知识产权成为核心战略资源，已经成为发达国家的共识。这一时期出现了大量关于发达国家与发展中国家之间以及发展中国家知识产权保护与技术创新和经济增长之间关系的研究，文献成果出现井喷式的增长。研究的触角也延伸到各个行业、各个领域的方方面面，如纳米技术②、造船业③等；又如未披露信息保护④等问题。

对持反对知识产权保护观点的学者来说，加强知识产权保护会限制科学研究的自由，进而阻碍技术的合理扩散和应用，最终削弱技术创新、减

① See Petr Hanel, *Intellectual Property Rights Business Management Practices: A Survey of the Literature*, Technovation, 2005, p. 268.

② See Bastani B., *Intellectual Property Rights in Nanotechnology*, Thin Solid Films, 2002, p. 420 - 421, 472 - 477.

③ See K. Karnauh., *The Current State of the Industrial Property Rights in Innovation Shipbuilding Enterprises*, Economics of Development, 2010, p. 64 - 65.

④ See Rahul Dogra, Vijay Dhiman & Nipun Gupta, *Intellectual Property Rights (IPRS) and Mechanisms for Intellectual Property Protection (IPP): A Review*, International Journal of Pharmaceutical Sciences and Research, 2012, p. 4045 - 4056.

少社会福利①；甚至影响发达国家向发展中国家转移技术，不利于发展中国家的技术创新和经济增长②。而在阿纳托利·沃雷涅茨（Anatoly Volynets）看来，知识产权制度极度危险，影响了文化发展和技术进步，从根源上破坏了自由市场经济，甚至侵犯了人权和公民权。③ 理查德·马修·斯托曼（Richard Matthew Stallman）甚至认为知识产权只是世界知识产权组织的“一场时髦运动”。④ 以他们为代表的部分学者，在社会上形成了一股反知识产权思潮。

2. 关于知识产权法律制度的作用

现有文献中，关于知识产权法律制度的作用的研究多数集中于知识产权法律制度和技术创新以及经济增长之间的作用机制和相关性分析，而且研究的角度是知识产权的保护，研究的对象大多是发展中国家。

作为知识产权保护的国际标准，《与贸易有关的知识产权协议》（以下简称 TRIPs 协议）的生效可以说是关于发展中国家知识产权问题研究在时间上的分野。TRIPs 协议生效之前，关于发展中国家的知识产权问题的研

---

① See Helpman G. , *Innovation, Imitation, and Intellectual Property Rights*, Econometrics, 1993, p. 1247 –1280.

② See Chin J. & Grossman G. , *Intellectual Property Rights and North-South Trade*, in R. W. Jones and A. O. Krueger, eds. , *The Political Economy of International Trade: Essays in Honor of Robert E. Baldwin*, Basil Blackwell, Cambridge, 1990; Robert J. Barro & Jong Wha Lee, *International Measures of Schooling Years and Schooling Quality*, American Economic Review, Papers and Proceedings, 1993, p. 218 –223; Amy Jocelyn Glassa & Kamal Saggib, *Intellectual Property Rights and Foreign Direct Investment*, Journal of International Economics, 2002, p. 387 –410.

③ Anatoly Volynets，美国反知识产权运动代表人物。资料来源：http：//www. researchgate. net/profile/Anatoly_Volynets，最后访问日期：2021 年 5 月 10 日。

④ 资料来源于其本人网页内容：https：//www. stallman. org/articles/ft-response. html。另注：理查德·马修·斯托曼（Richard Matthew Stallman，RMS），生于 1953 年，美国自由软件运动的精神领袖、GNU 计划以及自由软件基金会（Free Software Foundation）的创立者、著名黑客。GNU 计划，有译为“革奴计划”，是由理查德·斯托曼在 1983 年 9 月 27 日公开发起的自由软件集体协作计划。它的目标是创建一套完全自由的操作系统 GNU。

究通常被用于南北分析（“南”“北”分别指发展中国家与发达国家）的框架中，如前文所述。TRIPs 协议生效之后，面对发展中国家巨大市场的诱惑，跨国公司更加关注发展中国家的知识产权保护状况；而发展中国家基于创新和发展的需要，也日益加强国内的知识产权制度建设和保护水平。因此这一时期，相关研究非常丰富。

主流思想认为，知识产权保护有利于发展中国家与发达国家之间的双边贸易，促进发展中国家技术进步、创新保护和经济发展，进而提高两国社会福利水平。① 而且，知识产权保护能够激励企业不断进行创新，促进其技术进步和升级，从而使企业在市场竞争中把握主动权、增强竞争力。在发展中国家，由于其本身制度保障的不完善、不健全、不到位，建立良好的知识产权法律制度后，前述的作用会更加明显。② 塞缪尔·亚当斯（Samuel Adams）对 75 个发展中国家的研究表明，TRIPs 协议生效之后，专利保护对于技术创新和外商直接投资（Foreign Direct Investment，FDI）的引入较之前有更为明显、积极的影响。③ 提图斯·阿沃库斯（Titus O. Awokuse）和洪·因（Hong Yin）认为，相对而言，在关于发展中国家吸引 FDI 影响因素的研究中，特别是在 TRIPs 协议生效之后，学者们忽视了知识产权保护的巨大的积极影响。④ 帕特里克·麦克伦南（Patrick G. McLennan）和康·莱（Quan V. Le）的研究表明，盗版率高的国家，人均国内生产总值（Gross Domestic Product，GDP）增长率低；强势保护

① See Maskus Keith E.，*The International Regulation of Intellectual Property*, Weltwirtschaftliches Archiv，1998，p. 186 -208.

② See Yongmin Chen & Thitima Puttitanun，*Intellectual Property Rights and Innovation in Developing Countries*, Journal of Development Economics，2005，p. 474 -493.

③ See Adams S.，*Intellectual Property Rights*, *Investment Climate and FDI in Developing Countries*, International Business Research，June 2010，p. 201 -206.

④ See Titus O. Awokuse & Hong Yin，*Intellectual Property Rights Protection and the Surge in FDI in China*, Journal of Comparative Economics，2009，p. 382.

知识产权的国家，人均 GDP 获得较高的增长。因此，政府应该出台强有力的政策保护知识产权以促进经济的增长。① 除此之外，帕特里克·麦克伦南（Patrick G. McLennan）和康·莱（Quan V. Le）以使用盗版软件为例，对 71 个国家在 1996～2006 年间知识产权与人均 GDP 增长之间的关系进行的实证分析②以及加布里尔·纳斯塔塞（Gabriel I. Nastase）对无形资产、创新活动以及知识产权价值的评估，也都很有代表性。③

3. 关于知识产权保护研究的评价

总的来说，在国外关于知识产权保护评价研究的现有文献中，定性研究比定量研究成果更为丰富，但是定量研究为知识产权问题研究做出了卓越贡献。在关于知识产权问题的定量研究中，有更多着眼于知识产权保护水平或强度的模型构建及测量方法。

拉普·理查德（Rapp Richard）和理查德·罗泽克（Richard P. Rozek）是最早运用量化分析的手段对知识产权保护状况进行实证测量的。④ 他们的测量方法被学者们广泛运用。⑤ 美国政府曾经以此研究作为论据，来支持其在全球知识产权问题上的立场。⑥ 这种测量方法的标准是一个国家是否制定了符合美国商会知识产权特别工作组（现在的美国商会全球知识产

---

① See Patrick G. McLennan & Quan V. Le., *The Effects of Intellectual Property Rights Violations on Economic Growth*, Modern Economy, 2011.

② Ibid.

③ See Gabriel I. Nastase, *Progress and Innovation through Evaluation Intellectual Property*, Journal of Knowledge Management, Economics and Information Technology, 2011, p. 512–525.

④ See Rapp Richard & Richard P. Rozek, *Benefits and Costs of Intellectual Property Protection in Developing Countries*, Journal of World Trade, 1990, p. 75–102.

⑤ See Gould David M. & William C. Gruben, *The Role of Intellectual Property Rights in Economic Growth*, Journal of Development Economics, 1996, p. 323–350.

⑥ See Wichterman Dana, *Intellectual Property Rights and Economic Development: An Issue Brief: Washington D. C.*, Agency for International Development Center for Development Information and Evaluation, 1991.

权中心）规定的知识产权保护最低标准的专利法。据此，采用0－5六分法衡量这些国家知识产权保护水平。塞尤姆·贝莱（Seyoum Belay）则同样援引了美国商会知识产权特别工作组的标准，但他用0－3四分法将专利法、商标法、著作权法和商业秘密法等都纳入其分析范畴进行测量。[①] 舍伍德·罗伯特（Sherwood Robert M.）提出了第三种测量方式。[②] 他根据自己的经验，通过分别给可执行性、行政管理、法律稳定性、条约以及通过专业访谈获得的公众接受度五个指标不同的权重，给出0－103分（其中3分为公众接受度的得分，属于额外指标）的测量结果。此外，胡安·吉内特（Juan C. Ginarte）和沃尔特·帕克（Walter G. Park）提出，用专利权保护的覆盖范围、丧失权利条款、是否为国际条约的成员、保护期限及执法措施共五个指标来衡量知识产权保护水平。这种方法被称为知识产权保护的Ginarte-Park方法，又称GP指数，也得到广泛应用。[③]

在奥斯特加德（Ostergard R. L.）看来，每一种研究都对知识产权保护水平的测量做出了贡献，而其对象和测量过程的影响因素成为焦点问题。[④] 第一，究竟哪些知识产权法律是必须被测量的。拉普·理查德和理查德·罗泽克将专利法作为知识产权法律当然的测量标准。但是，这种方法忽视了经济增长中商标和版权的重要贡献，是不全面的。塞尤姆·贝莱将几个法律单独测量，舍伍德·罗伯特导入五种法律指标进行测量，都会导致理论上和方法上的难题。第二，拉普·理查德和理查德·罗泽克、塞

---

① See Seyoum Belay, *The Impact of Intellectual Property Rights on Foreign Direct Investment*, The Columbia Journal of World Business, 1996, p. 51－59.

② See Sherwood Robert M., *Intellectual Property Systems and Investment Stimulation: The Rating of Systems in Eighteen Developing Countries*, IDEA, 1997, p. 261－370.

③ See Walter G Park & Juan C. Ginarte, *Determinants of Patent Rights: A Cross National Study*, Research Policy, 1997, p. 283－301.

④ See Ostergard R. L., *The Measurement of Intellectual Property Rights Protection*, Journal of International Business Studies, 2000, p. 349－360.

尤姆·贝莱的研究忽视了法律的执行情况，舍伍德·罗伯特虽然认识到这个问题，但是并没有对政府执法行为给出明确界定。第三，三种测量方式都忽视了可能导致法律修订的时间因素。第四，测量的可再现性不足。例如，拉普·理查德和理查德·罗泽克并没有解释得 2 分和得 3 分之间的不同，对于法律制度“不充分”和“严重缺乏”也没有明确界定，等等。塞尤姆·贝莱的研究中，原始数据如何赋予分值尚不明确。舍伍德·罗伯特由于网上访谈和自己经验的局限性，导致其研究测量的有效性是有限的。

据此，奥斯特加德（Ostergard R. L.）认为，第一，专利法、商标法和著作权法是必须被测量的。因为大部分知识产权的保护都置于其下，而且信息数据更易获得。第二，法律体系和执行及政府意愿应作为考量工具。第三，应充分考虑时间因素和政府及个人的行为成分。

4. 关于发展中国家知识产权保护

在发达国家开展的对发展中国家知识产权问题的研究中，我国的知识产权保护问题最受关注。我国由于巨大的市场需求成为国外跨国公司竞相占领的对象，以美国为首的发达国家就知识产权问题频频向我国发难。我国知识产权保护问题自然成为学界研究的热点。

提图斯·阿沃库斯（Titus O. Awokuse）和洪·因（Hong Yin）通过对我国 38 个不同地区 1992 ~ 2005 年面板数据模型的研究，认为知识产权保护对于我国吸引 FDI 发挥着重要而显著的作用。[①] 在帕特里克·麦克伦南和康·莱的研究中，他们认为我国是一个非常典型的例子。根据互联网数据中心（Internet Data Center，IDC）统计数据，2003 ~ 2006 年，我国盗版率下降了 10 个点，IT 行业增加了 80 万个工作岗位，其中 22 万个工作

① See Titus O. Awokuse & Hong Yin, *Intellectual Property Rights Protection and the Surge in FDI in China*, Journal of Comparative Economics, 2009, p. 382.

岗位是由于盗版率的降低。西麦娜·加伯尔（Simona Gabor）通过调查认为，许多证据证明我国依然是欧盟假冒商品的主要来源国，来自中国的涉嫌侵犯知识产权的物品数量超过总量的85%。[①] 而有些学者对我国的知识产权保护根本就不看好，比如Ling Li甚至认为我国政府无法给知识产权提供有效的保护。[②]

许多发展中国家的本土学者都围绕知识产权问题开展了一系列研究，并得出了积极的结论。例如，卡门·纳迪亚·乔丘（Carmen Nadia Ciociou）对罗马尼亚、马诺伊·多列博士（Dr. Manoj Dolli）对印度、哥布尔敦（K. Goburdhun）对毛里求斯、阿卜杜拉·纳瓦夫（Abdullah Nawafleh）对约旦、保瑞（Pouris A.）对南非、维齐尔（Waziri K. M.）对尼日利亚的研究等。[③] 另外，古斯塔沃·达尔马可（Gustavo Dalmarco）等对巴西公立大学专利技术转让及产业化进行了研究分析。[④] 穆阿迈尔·泽伦莱尔

---

① See Simona Gabor, *Aspects Concerning Counterfeiting and Piracy in the European Union*, Bulletin of the Transilvania University of Brasov. Economic Sciences, January 2012, p. 197 -204.

② See Ling Li, *The Sky is High and the Emperor is Far Way: The Enforcement of Intellectual Property Law in China*, Boletín Mexicano de Derecho Comparado, 2003, p. 108.

③ See Ciocoiu C. N., Seria Management E & Carmen N. C., *Considerations about Intellectual Property Rights, Innovation and Economic Growth in the Digital Economy*, Economia: Seria Management, 2011, p. 310 -323; Dr. Manoj Dolli, *Intellectual Property Rights: Regulations and Trend in India*, International Journal of Economics and Research, April 2012, p. 16 - 27; K. Goburdhun, *Enforcement of Intellectual Property Rights-Blessing or Curse? A Perspective from Mauritius*, Africa Development, 2007, p. 131 - 142; Abdullah Nawafleh, *Development of Intellectual Property Laws and Foreign Direct Investment in Jordan*, Journal of International Commercial Law and Technology, 2010, p. 53; Pouris A., *Patents and Economic Development in South Africa: Managing Intellectual Property Rights*, Management of Innovation and Technology (ICMIT), 2010 IEEE International Conference on, 2010, p. 232 -237; Waziri K. M., *Intellectual Property Piracy and Counterfeiting in Nigeria: The Impending Economic and Social Conundrum*, Journal of Politics & Law, 2011, p. 196.

④ See Gustavo Dalmarco, et al., *Universities' Intellectual Property: Path for Innovation or Patent Competit*, Journal of Technology Management & Innovation., September 2011, p. 159 -170.

(Muammer Zerenler) 等运用实证研究的方法分析了土耳其汽车行业中智力资本对其创新绩效的影响。[①] 沙赫里亚尔 (Shahraki A.) 对伊朗的知识产权价值评估进行了尝试性研究等。[②]

5. 关于知识产权生态

国外学术界出现知识产权生态的提法要早于我国，但文献极少。在可以获得的外文文献资源中，弗兰克·帕斯夸里 (Frank Pasquale) 研究版权的合理使用时，曾经用过 "An Ecology of Intellectual Property" 的概念。[③] 他特别指出，用 Ecology (生态) 一词主要是为了表明一种微妙的互动形式的平衡，而这种平衡特别容易被某一个特定的外力破坏。米切尔·亨利 (Mitchell Henry C.) 在论述著作权合理使用问题时，也使用了知识产权生态的概念。[④] 但是，他们在使用知识产权生态的概念时，主要是针对著作权相关利益的平衡意义上在仿生提法，并没有对知识产权生态给出明确的定义和系统阐述。

6. 研究述评

总的来说，国外对于知识产权保护进行研究的学者不在少数，研究的文献及成果汗牛充栋，有些结论甚至针锋相对，但以下几个特点显而易见：

第一，从研究立场来看，主流观点认为，知识产权保护对于革新技

① See Muammer Zerenler, Selcuk Burak Hasiloglu & Mete Sezgin, *Intellectual Capital and Innovation Performance: Empirical Evidence in the Turkish Automotive Supplier*, Journal of Technology Management & Innovation, 2008, p. 34.

② See Shahraki A., *Intellectual Property Valuation: Case Study in Iran*, International Journal of Academic Research in Business & Social, May 2012, p. 174 -190.

③ See III Frank Pasquale, *Toward an Ecology of Intellectual Property: Lessons from Environmental Economics for Valuing Copyright's Commons*, SSRN Electronic Journal, 2006, p. 78 -135.

④ See Mitchell Henry C., *The Intellectual Commons: Toward an Ecology of Intellectual Property*, Lexington Books, 2005.

术、保护创新、引入FDI以及激励经济增长有重要的积极作用。这说明，关于知识产权保护的理论假设基本得到统一。

第二，从研究的主要内容看，知识产权保护环境的研究主要着眼于知识产权制度与激励经济增长之间的互动关系和内在机制；知识产权保护评价的研究主要在于衡量知识产权保护的强度。目前的研究维度包括立法、法律的执行及执法者的主动性、行政管理、条约以及公众接受度等。但是鲜见专门关于知识产权保护环境评价的研究成果。

第三，从研究领域看，知识产权保护问题涉及经济、法律、管理等各个学科，跨学科的研究成果很丰富。虽然关于知识产权非法律领域的学科研究范围和数量还不够丰富，一直到20世纪90年代才有所改变，但经济学自20世纪80年代以来，一直是知识产权研究的最核心学科。① 研究知识产权保护问题的领军人物以经济学家居多，如成功构建最优专利保护期限模型的威廉·诺德豪斯。

第四，从研究方法看，虽然当前的大多数研究都是定性的，定量研究非常缺乏，而且在很多情况下，现有研究还带有高度主观性和必然选择性②，但丝毫不影响定量分析的大量应用对知识产权保护问题研究做出的巨大贡献。

第五，从成果来源看，发达国家相关研究成果最为丰富，依旧主导着关于知识产权的学术争论，而诸如南美、非洲等地区的发展中国家研究成果不突出。

第六，从研究的理论逻辑看，其逻辑基础相对薄弱。国外虽有学者提出了仿生学概念，将知识产权生态理论作为研究的基本逻辑，但对此并未

① 参见侯海燕、赵楠楠等：《国际知识产权研究的学科交叉特征分析——基于期刊学科分类的视角》，载《中国科技期刊研究》2014年第25卷第3期。

② See Linder C. & Seidenstricker S. , *The Current Intellectual Property Debate: A Citation-Based Analysis*, Management, 2011.

进行深入研究，缺乏系统的理论成果，缺乏对知识产权生态概念的明确定义知识产权生态理论研究成为国外理论研究中薄弱的一环。

（二）国内知识产权问题研究现状与评析

自20世纪80年代我国建立知识产权制度以来，学术界对有关的知识产权问题进行了积极研究，对我国的知识产权制度建设及社会主义法制建设作出了积极贡献。总的来说，在关于知识产权保护的三种理论假设中，由于国外研究成果和实践经验的借鉴，加之我国知识产权研究水平整体落后于发达国家，绝对保护、绝对不保护的呼声虽然时有出现，但影响并不明显。因此，知识产权制度能够有效促进技术进步和经济增长的观点被学界普遍接受，如何进行适度保护则一直是我国学界讨论的重点。

1. 关于知识产权问题研究的基本情况

我国关于知识产权的研究大致可以分为四个阶段：

第一阶段，改革开放初期至20世纪80年代。为了顺利开展国际贸易和吸引FDI，我国先后加入了一系列知识产权国际公约，颁布了《中华人民共和国商标法》《中华人民共和国专利法》《中华人民共和国著作权法》等一系列知识产权法律法规，初步构建了知识产权保护体系。这一时期，学界研究重点主要集中在介绍国外已有成果和对我国法律进行释义，讨论大都属于知识产权的初级问题。①

第二阶段，20世纪90年代至我国加入世界贸易组织前。1991年4月、1994年6月、1996年4月，中美之间围绕音像制品和计算机软件的盗版问题先后产生了三次知识产权争端。关于著作权制度的研究强度不断增大。从中文社会科学引文索引（Chinese Social Sciences Citation Index，CSSCI）

① 参见何华：《改革开放三十年中国知识产权研究的回顾与展望》，载《知识产权》2008年第6期。

被引文献的视角来看，从1998年到2007年，关于著作权及其下属的作者权、传播权（即邻接权）研究成果的被引量远远高于关于专利、商标等所有工业产权研究成果的被引量，前者占总被引量的41.00%，后者仅占总被引量的2.94%。[①] 这一时期的研究主要集中在原有法律的修订、如何加强执法和介绍TRIPs协议以及知识产权基本属性等重大理论问题上。但是，大部分人研究时所依据的资料过于陈旧。[②]

第三阶段，2001年12月11日我国正式加入世界贸易组织（World Trade Organization，WTO）至2008年颁布《国家知识产权战略纲要》前。学界研究实现三个突破：一是摒弃对TRIPs协议的盲从，主动争取在国际规则制定中的话语权，主张适度保护；二是讨论知识产权法典的编纂；三是探索法学与经济学、管理学等交叉学科的关系研究。反映在文献上，这一时期关于知识产权保护的研究成果数量激增，并在2004年达到顶峰。[③] 从学科门类来看，根据CSSCI来源期刊461种分类，刊登知识产权论文的期刊有153个。其中，从2000~2004年，法学类刊登知识产权论文的期刊有18个，占11.76%；经济学类刊登知识产权论文的期刊有22个，占14.37%；管理类刊登知识产权论文的期刊有18个，占11.76%。[④]

第四阶段，从2008年我国颁布实施《国家知识产权战略纲要》至今。核心期刊的研究主题主要包括知识产权保护、企业知识产权管理、知识产权战略等。但是，经济学、管理学领域关于知识产权的总文献数量和核心

① 参见纪蔚蔚：《1998－2007年知识产权研究成果计量分析——从CSSCI被引文献的视角》，载《图书情报工作》2010年第6期。

② 参见郑成思：《"社科规划"九五期间（1996~2000）中国知识产权法的研究状况》，载《河南省政法管理干部学院学报》2000年第5期。

③ 参见孙宁、陈雅：《我国知识产权研究热点与发展方向》，载《国家图书馆学刊》2014年第1期。

④ 参见周凤华、朱雪忠：《2000－2004年中国知识产权研究的文献计量分析》，载《科研管理》2006年第27卷第4期。

期刊总文献数量却均在2012年、2013年连续呈负增长趋势。① 同时，2014年至2019年，科学与科技管理、法学、化学工程、工业经济等学科所涉及的专利文献数量下降；而国民经济、工商管理、图书情报档案、电气工程、计算机等学科的专利文献数量不断增加，预示着未来知识产权研究的发展方向。②

2. 关于知识产权保护环境

在现有关于知识产权的研究文献中，关于知识产权环境的研究成果主要是国家知识产权局组织研究的国外知识产权环境研究报告③。但这些报告均以介绍各国法律制度为主，基本全部属于定性研究。其他来源的文献鲜见有关于知识产权保护环境的研究。学界多数是通过对比国际规则的要求和我国的实际情况，查找实践中存在的问题，分析影响知识产权保护的因素，并提出相关建议。这类文献成果非常丰富，新近文献仍然体现这个特点。

在这类以定性研究为主的文献中，普遍的观点是政府应积极介入，加大监管和协调力度，加强行政保护。④ 对影响知识产权保护的立法问题，相关研究已渐趋成熟，学界的关注焦点开始锁定TRIPs协议所引发的东西方利益失衡⑤。学者们开始认识到法律移植存在的片面性⑥，认为加强我国

---

① 参见郑文杰：《国内近五年经济学、管理学领域对知识产权研究文献述评》，载《中国管理信息化》2014年第17卷第14期。

② 李林、赵亮、刘威等：《涉及专利研究文献的发展趋势》，载《科技创新与应用》2020年第33期。

③ 资料来源于国家知识产权局组织编写的《国外知识产权环境研究报告》。参见http://freereport.cnipa.gov.cn/index.asp，最后访问日期：2021年5月10日。

④ 参见牛振喜、汪小梅等：《中欧知识产权保护比较以及对我国的启示》，载《科技管理研究》2014年第4期；詹映：《我国知识产权保护水平的实证研究——国际比较与适度性评判》，载《科学学研究》2013年第9期；王子龙：《我国知识产权保护现状研究》，载《产业与科技论坛》2013年第20期；王俊明：《我国知识产权保护中存在的问题分析》，载《现代经济信息》2014年第2期。

⑤ 参见吴汉东、李瑞登：《中国知识产权法学研究30年》，载《法商研究》2010年第3期。

⑥ 参见陈文冬：《我国知识产权保护现状问题分析》，载《知识经济》2014年第20期。

知识产权保护应该深入研究 TRIPs 协议的有关规定，制定出符合我国实际的保护标准，同时，知识产权保护应该和经济发展水平相适应①。贺德方从管理的角度研究认为管理机构的保护作用、管理平台的建设程度、中介组织的服务力度等都会影响知识产权保护的成效。② 也有学者认识到，由于社会公众思想观念和经济环境均发生重大变革，必然导致法治环境的深刻变化，而关于知识产权的司法救助也将重塑。基于此，我国知识产权保护正在发生历史性变化。③

近年来，关于知识产权保护的定量分析逐渐增多。基于研究方法的这类文献系统梳理了影响知识产权保护的因素。立法情况、法律执行情况、经济发展水平、国际监督这些因素成为学者们的共识，其他因素则有不同意见，有的学者认为公众意识也是重要因素，还有的认为应当包括海关保护的因素。④ 孙旭玉则是从经济方面进行深入剖析，认为我国的知识产权保护水平主要受五个因素的影响，分别是：人均收入水平、对外贸易与国际压力、技术创新的能力、国际直接投资、国内外专利申请量。⑤ 张伟、刘东则认为应包含经济发展水平、市场竞争程度、成本收益分析以及人力资本投资等。⑥

从现有文献的价值取向看，所有的研究都基于一个共识，那就是制度的

---

① 参见李丽婷：《对我国知识产权保护问题与解决对策的思考》，载《人民论坛》2013 年第 11 期。

② 参见贺德方：《我国数字化信息资源知识产权保护问题研究》，载《中国软科学》2006 年第 5 期。

③ 参见张兴科：《我国知识产权保护正在发生历史性变化》，载《法制与经济》2014 年第 5 期。

④ 参见韩玉雄、李怀祖：《关于中国知识产权保护水平的定量分析》，载《科学学研究》2005 年第 3 期；许春明、单晓光：《中国知识产权保护强度指标体系的构建及验证》，载《科学学研究》2008 年第 4 期；李迎春：《知识产权制度保护水平的测度与分析》，载《财会通讯》2009 年第 30 期；王亚星、周方：《我国知识产权保护量化测评与实证分析》，载《北京工业大学学报（社会科学版）》2014 年第 14 卷第 6 期。

⑤ 参见孙旭玉：《中国知识产权保护水平与影响因素的实证分析》，载《理论学刊》2010 年第 7 期。

⑥ 参见张伟、刘东：《影响知识产权保护的经济因素定性分析》，载《科技进步与对策》2010 年第 27 卷第 16 期。

完善、公共政策的建立、体系的构建对于知识产权保护具有重要意义。[①] 比如，冯洁菡认为注重国际化与本土化相结合、提高全社会的保护意识、增强法制观念、扶持民族产业、培养专业人才等都在影响着我国知识产权保护。[②] 何瑞卿等认为政治因素尤其是制度环境因素对知识产权运用影响重大，人均收入、对外贸易与国际压力等经济因素也对知识产权保护产生重要影响。[③] 吴汉东指出知识产权法律制度的发展必须有适宜的土壤，政策、产业、意识、人才和信息等环境因素对于知识产权保护有重大影响。[④] 毕克新等认为制度因素、国际关系（尤指国际科技合作中个主体的关系）、经济因素、技术因素、管理因素是影响知识产权保护的几大主要因素。[⑤] 谢根成、刘娜认为提高法规的效力层次，加强法律保护研究和完善的力度，使其最大限度地与国际通行的规则相一致，健全科学的管理体制、设立科学的管理机构、明确相关部门的职责、强化安全的监督管理，能够有助于知识产权保护的优化。[⑥] 张丽华通过对我国知识产权保护中存在问题的研究发现，相关立法完善、政府职能明确、保护意识强化是做好我国知识产权保护工作的重要保证。[⑦]

3. 关于知识产权保护评价

到目前为止，现有文献中未见专门对知识产权保护环境评价的研究成

① 参见吴汉东:《国际知识产权制度的发展潮流与中国知识产权制度的发展道路》，载《法制与社会发展》2009 年第 6 期。

② 参见冯洁菡:《中国知识产权保护：任重而道远》，载《法学评论》2006 年第 1 期。

③ 参见何瑞卿、黄瑞华、李研:《基于知识外溢的合作研发知识产权风险及其影响因素分析》，载《科研管理》2007 年第 4 期。

④ 参见吴汉东:《当代中国知识产权文化的构建》，载《华中师范大学学报（人文社会科学版）》2009 年第 2 期；吴汉东:《国家软实力建设中的知识产权问题研究》，载《知识产权》2011 年第 1 期。

⑤ 参见毕克新、赵瑞瑞、冉东生:《基于因子分析的国际科技合作知识产权保护影响因素研究》，载《科学学与科学技术管理》2011 年第 1 期。

⑥ 参见谢根成、刘娜:《我国农业知识产权法律保护存在问题及建议》，载《科技与经济》2010 年第 3 期。

⑦ 参见张丽华:《我国知识产权保护中存在的不足以及改进路径》，载《企业改革与管理》2015 年第 4 期。

果，只有少量专门对知识产权保护评价进行研究的文献资料。从实践中看，不少地区的政府部门在衡量知识产权保护水平方面都进行了很多尝试，但是定性的多，用问卷法得多，而且有很强的先验性。这些做法和成果在学界并没有引起多大的关注和响应。近年来，学界开始借鉴国外的做法，运用管理学、经济学等方法研究测量我国知识产权保护水平。文献虽不多，但引起了学者们的关注和讨论。

韩玉雄、李怀祖是较早引入 GP 指数的方法对我国知识产权保护水平进行测量的，但他们对 GP 指数进行了修正，理由是再好的法律，不执行也难以达到预期的效果。因此，他们引入了“执法强度”的指标，包括社会法制化程度、法律体系的完备程度、经济发展水平、国际社会的监督与制衡机制，并分别用律师占人口比例、立法时间、人均 GDP、是否为 WTO 成员方作为度量指标，据此得出我国 2002 年的知识产权保护水平超过部分发达国家 1990 年的水平，而影响的主要因素是执法力度远远不够。① 许春明、单晓光对此进行了进一步修正，他们用专利法立法强度代表整个知识产权立法强度，在执法强度因素中增加了公众意识的指标，并用成人识字率作为度量指标，得出了类似的结论。但在对各地区知识产权保护强度进行验证时，得出的结果却是知识产权保护强度和行政执法没有相关性。② 姚利民、饶艳引入“执行效果”指标对 GP 指数进行改进③；李迎春、郑亚莉和宋慧则综合了前述两位学者的方法开展了研究④。而王亚星、周方

① 参见韩玉雄、李怀祖：《关于中国知识产权保护水平的定量分析》，载《科学学研究》2005 年第 3 期。

② 参见许春明、单晓光：《中国知识产权保护强度指标体系的构建及验证》，载《科学学研究》2008 年第 4 期。

③ 参见姚利民、饶艳：《中国知识产权保护的水平测量和地区差异》，载《国际贸易问题》2009 年第 1 期。

④ 参见李迎春：《知识产权制度保护水平的测度与分析》，载《财会通讯》2009 年第 30 期；郑亚莉、宋慧：《中国知识产权保护对高技术产业竞争力影响的实证研究》，载《中国软科学》2012 年第 2 期。

在之前研究的基础上，调整了指标的归属，增加了海关保护的因素。①

不少学者也在探索其他有效方法来进行评价。例如，洪勇、吴勇的相对评价法，主张发展中国家知识产权保护程度应从经济发展水平、市场结构、技术差距、创新活动特征等方面进行测量。② 毕克新等用层次分析法和灰色关联分析法构建的综合评价模型。③ 詹映、余力焓设立出知识产权立法和知识产权执法两大指标体系并采用的专家打分法④，以及其他通过构建模型来进行评价的研究成果也不断涌现⑤。还有的学者选取其他重要指标作为衡量标准，例如经济发展水平和法治水平⑥、技术市场成交额占当地 GDP 的比重等⑦。这些成果为知识产权保护在新学科领域的研究做出了有益探索。

基于以上研究，我们可以看出，学者们不论是对法治软环境还是对投资软环境的研究都构建了相应的指标体系，这些测量指标可以划分为政治、经济、社会、文化等多个方面。

4. 关于知识产权生态

国内将知识产权问题与生态学进行融合研究的文献也并不多见。更多

---

① 参见王亚星、周方：《我国知识产权保护量化测评与实证分析》，载《北京工业大学学报（社会科学版）》2014 年第 6 期。

② 参见洪勇、吴勇：《发展中国家知识产权保护程度相对评价方法研究》，载《科学学与科学技术管理》2011 年第 2 期。

③ 参见毕克新、张宁、冉东生：《基于 AHP-GRA 的国际科技合作知识产权保护评价研究》，载《科学学与科学技术管理》2012 年第 5 期。

④ 参见詹映、余力焓：《国家知识产权战略实施之法治环境完善绩效评价研究》，载《科技进步与对策》2011 年第 2 期。

⑤ 参见杨静、朱雪忠：《FTA 知识产权保护强度评价体系设计研究与试用》，载《科学学研究》2013 年第 6 期；王九云：《论知识产权保护层位的科学评价》，载《中国软科学》2000 年第 12 期。

⑥ 参见李伟、余翔：《中国知识产权保护强度及其评价——以加入 TRIPS 协议为中心》，载《科研管理》2014 年第 7 期。

⑦ 参见胡凯、吴清、胡毓敏：《知识产权保护的技术创新效应——基于技术交易市场视角和省级面板数据的实证分析》，载《财经研究》2012 年第 8 期。

的成果主要围绕自然生态环境的需要，讨论知识产权制度是否应该做适度调整。宋军就认为知识产权制度的实施与自然生态环境有密切的关系，知识产权制度必须增加生态环境公平价值，将个体本位与社会本位融合。[①] 黄莎从环境危机和生态文明的角度出发，基于利益平衡原则，倡导对知识产权法律进行生态化改造，认为应赋予其保护生态环境的责任。[②] 路铁则认为低碳经济下，专利法应该做适当调整以适应经济发展的需要。[③]

最接近知识产权生态的研究应属喻登科等人对知识产权保护生态化的研究。他们明确提出了知识产权生态系统的概念，对知识产权系统用“生物群落”进行比喻，分析了知识产权系统的生态特征：系统性、开放性、合作性、竞争性、分布性和进化性。基于此，他们提出了知识产权保护环境和保护措施生态化的建议。[④] 但是遗憾的是，他们分析研究的重点仅仅是知识产权保护的生态化。此外，还有秦尘从百度文库侵权事件对版权生态链的分析。他认为，权利人、中介组织、消费者、平台以及政府有关部门等构成了一个知识产权生态链。在这个生态链中，各方角色应定位明确、权利义务分明、彼此互相尊重和保护，才能维持良好的生态平衡。[⑤]

5. 研究述评

值得注意的是，我国理论界对知识产权问题的研究时代特征明显。在知识产权制度建立初期，研究内容主要集中在中外制度的比较分析上，这与我国的知识产权制度对国际经验的借鉴紧密相关。到 20 世纪 90 年代，随着我国改革开放的不断扩大和深入，国际贸易日益频繁，尤其是我国加

① 参见宋军：《浅论知识产权制度的生态化法治选择》，载《党史博采（理论）》2007 年第 9 期。

② 参见黄莎：《论我国知识产权法生态化的正当性》，载《法学评论》2013 年第 6 期；黄莎：《从利益平衡原则看知识产权制度生态化》，载《河南财经政法大学学报》2013 年第 5 期。

③ 参见路铁：《低碳经济下的专利法生态化》，载《天津科技》2010 年第 6 期。

④ 参见喻登科、陈华、周荣：《生态视角下的知识产权保护研究》，载《情报理论与实践》2013 年第 5 期。

⑤ 参见秦尘：《从百度文库侵权门看网络知识产权新生态平衡》，载《软件工程师》2011 年第 8 期。

入关贸总协定的谈判，发达国家对我国的知识产权保护不断进行指责和制裁，学术界广泛开展了对国际贸易中知识产权保护问题的研究，以及完善我国知识产权法律制度的讨论。进入21世纪，随着加入世界贸易组织，我国仅用了短短十几年的时间，完成了知识产权的全面立法，而发达国家完成这段历程花费了几百年的时间，我国的立法成就举世瞩目。

几十年来，理论界关于知识产权的研究讨论从知识产权法律制度本身，到集中在如何参与国际知识产权规则的制定，进而研究知识产权作用机制，最终聚焦保护民族企业的发展和壮大，整体应用研究成果也非常显著。总的来说，有以下几个特点：

第一，关于知识产权保护的理论假设基本达成统一。通过多年的理论研究和社会实践，“绝对保护”“绝对不保护”已经基本被理论上和实践中摒弃，“适当保护”观点得到普遍接受。

第二，从研究的内容上看，高度集中于知识产权的法律保护。大量文献集中于讨论知识产权法律保护的现状、问题，并针对此提出了加强法律保护的对策措施等等。专门研究知识产权保护环境评价的文献尚未得见，但专门研究知识产权环境的成果已经出现，不过内容比较单一，大都集中在法律制度的介绍和比较上。专门研究知识产权保护强度测量的文献虽不多见，但无论是借鉴国外的做法还是学者本人的研究成果，都对测量知识产权保护强度进行了有益探索。

第三，从学科门类看，知识产权法学类是研究的核心领域，文献数量高居榜首，而管理类、经济类比较少。核心研究群体尚未形成，而且绝大多数集中在法学领域。在2000～2004年，相关学术研究达到顶峰期间，集中在法学类期刊的成果占近50%。

第四，关于知识产权生态的研究成果数量很少，而且主要集中于生态环境建设需求下知识产权制度应有的适度调整。虽然有文献提出知识产权生态系统的建设构想，但是依然没有摆脱知识产权研究的保护导向，主要从知识产权保护的角度出发，而没有从知识产权制度运行的整体出发，因此，尚停留在知识产权生态化研究的初级阶段。

第五，研究方法相对比较单一。研究方法主要有以下问题：缺乏综合性和交叉性研究；重比较研究方法，轻历史考察研究方法；重规范分析研究方法，轻实证分析研究方法。

第六，研究缺乏自觉主动性。知识产权问题的研究更多来自外界“热点”“焦点”问题的刺激，例如，国内理论界对知识产权问题的关注、关心乃至形成的几次热潮，均和几次与知识产权相关的国际争端和贸易摩擦密切联系。① 而在我国加入世界贸易组织之后，经济贸易活动规则逐步与国际接轨，与加入之前相比，由于知识产权引起的国际争端更多地处于磋商和谈判的层面，知识产权问题没有引起太大的舆论波澜，知识产权的研究相对降温。例如，2009～2013 年，经济学、管理学领域对知识产权研究的文献数量甚至近年中连续两年呈负增长趋势。②

第七，学术批判氛围尚未形成。这与知识产权研究群体尚未形成、知识产权研究整体水平不高、研究的学科领域相对单一有密切关系。

总的来说，按照杰里米·比尔（Jeremg de Beer）等的说法，在过去的研究中，学者们对知识产权的研究虽然成就斐然，但是对知识产权未来的预期仍然是模糊的。他建议学者在开展研究时，起码先把知识产权的“将来”放在经济领域中进行明确界定，在此基础上，通过理论研究，认识到在这个领域中，知识产权的未来充满无限可能。③ 笔者非常期待，知识产

① 参见郑成思：《20 世纪知识产权法学研究回顾》，载《知识产权》1999 年第 5 期。

② 参见郑文杰：《国内近五年经济学、管理学领域对知识产权研究文献述评》，载《中国管理信息化》2014 年第 14 期。

③ See De Beer Jeremy, Mogyoros Alexandra & Stidwill Sean, *Present Thinking About the Future of Intellectual Property A Literature Review*, Social Science Electronic Publishing, April 2014, p. 69 – 95.

权生态理论能够在实现这个目标的漫漫征途上提供有益的借鉴和参考。

（三）对当前知识产权理论研究导向的批判

无论任何时候，理论研究和实践活动都不能忘记、偏离或放弃马克思主义的世界观和方法论要求。特别是对于知识产权法律制度这个尚属新生事物的研究，更应该时刻坚守马克思主义的基本原理。稍有差池，就会对我国知识产权战略实施的伟大进程造成制约甚至更严重的后果。

1. 法的本质

法是什么？这是研究一切有关法的问题首先要解决的难题。这一问题不仅仅涉及法的形式特征，更意味着对法的本质的探究。正确回答这个问题，是从根本上运用马克思主义的基本原理解决理论研究和实践活动中法律问题的关键所在。

马克思本人是一位法律专业科班出身的伟大思想家，在其早期积极参与重大法律问题的讨论时，就阐述了自己的法律观点。例如，法律只应该对人的行为加以追究，法律应该适应事物的本质和规律，等等。这些观点对之后马克思主义法律思想的发展产生了重要的影响。① 1843 年，马克思撰文《黑格尔法哲学批判》，明确提出“市民社会决定国家”而不是“国家决定市民社会”的命题。这里的“市民社会”主要指经济社会生活。② 1845～1846 年，马克思、恩格斯合著了著名的《德意志意识形态》，第一次明确阐述了“经济基础决定上层建筑”的历史唯物主义基本原理。他们认为，法律不是凭空创造出来的，只是把现实中已经存在的“理性”（也就是事物的本质）表达出来而已。国家、法律、道德、宗教只不过是物质

① 参见付子堂：《马克思早期的法学思想》，载《光明日报》2014 年 11 月 10 日，第 11 版。

② 参见马克思、恩格斯：《马克思恩格斯选集》（第二卷），中共中央马克思恩格斯列宁斯大林著作编译局编译，人民出版社 1972 年版。

资料生产的特殊方式，受生产的普遍规律的支配。[①] 当然，这些因素也会对物质资料生产方式产生能动的反作用。对于属于上层建筑范畴的法来说，当能够适应经济基础发展的规律和要求时，法就会对经济发展起积极的能动作用，促进经济社会的发展；当不能够适应经济基础发展的规律和要求时，法就会起消极的能动作用，阻碍经济社会的发展。

显而易见，在马克思主义关于法的本质的基本思想中：其一，从根本上说，法是由经济基础决定的，属于上层建筑的范畴；其二，在对法的本质进行剖析时，从来都没有离开过法产生的经济基础——物质资料生产方式，也就是说，马克思主义对法律本质的分析历来都是放在经济社会生活中进行的。由此看来，根据马克思主义的法律思想，在方法论上，既不能忽视经济基础对于法的决定作用，而陷入唯心主义的危险理论；也不能认为经济基础是法的唯一决定因素，而陷入庸俗的机械决定论。

2. 知识产权法的本质

知识产权法是什么？无疑，这当然是马克思主义者研究知识产权法律问题首先要解决的问题。知识产权法当然包括形式上各种知识产权部门法律和法规，但是，在实施这些法律、法规时，本质意义上的知识产权法更应该被给予重视，因为对于知识产权法本质的认识直接决定了关于知识产权问题理论研究和实践活动的方向。

知识产权是商品经济社会的产物，这是因为知识产权的标的物是无形的、与智力活动相关的财产。根据马克思主义劳动价值的有关理论，这些“无形财产”凝结了无差别的劳动，具有价值，可以用来交换。但是，由于其无形性，在实际的经济往来中无法交换，所以必须在法律上给予确认，以便于在经济生活中进行交换或实现其经济收益，例如专利权、商标权、著作权等，其总的称谓就是“知识产权”。因此，知识产权从诞生之

---

① 参见胡玉鸿：《马克思主义法本质观之重述》，载《学习与探索》2006 年第 3 期。

日起，本身就是一个与经济社会生活息息相关的法律概念。从本质意义上讲，知识产权法是一种法律制度，其基本机制是通过法律进行确权，给予权利人一定程度的独占权利，借此激励和保护创新，从而促进技术的不断进步和经济社会的快速发展。事实上，也正是因为知识产权与经济社会生活的高度相关和紧密联系，各国纷纷在制定知识产权法律制度之后，推出知识产权战略。马克思主义法律思想中虽然没有明确提出知识产权的概念，但是知识产权的诞生和发展却完全符合其对于法的本质的阐述。

如果说马克思主义研究的法属于一般意义上、抽象意义上的法，那么知识产权法就是特殊意义上、具体意义上的法。对于知识产权法的本质的认识和实践就是马克思主义法律思想基本原理的具体运用。因此，对于知识产权法的理论研究和实践活动，自然必须放在经济社会生活中进行研究分析。特别是在对知识产权法的认识之初，更需要充分运用马克思主义基本原理。面对热点问题，如果不屑于马克思主义的思辨方法而迫不及待地一哄而上，研究和实践最终将不可避免地陷入盲目的境地。

3. 我国知识产权法的本质

对比马克思主义关于法的本质的阐述和分析，我国知识产权制度的确立和发展完全符合其经济基础对法的决定作用、法对经济基础的积极作用的辩证思想。

新中国成立后，我国长期实行计划经济体制，而不是商品经济体制。因此，当时的经济社会生活没有提供知识产权生存和发展的土壤。改革开放后，1984 年，中国共产党的第十二届中央委员会第三次全体会议提出发展有计划的商品经济，1992 年，中国共产党第十四次全国代表大会提出发展社会主义市场经济。而这一时期，正是我国知识产权制度确立并迅速发展的时期。从改革开放后我国经济体制改革的历程来看，我国社会主义市场经济体制发展的过程，实质上就是我国知识产权制度发展的过程。因此，作为一种公认的激励和保护创新的法律秩序，知识产权法律制度被引入我国。其表现并无实质性差异，本质是适应我国社会主义市场经济发展的需要，通过确权、保护，给予权利人一定程度的独占权并保障其合法收益，以此激励和保护创新，促进技术不断进步和经济社会不断发展的一种法律机制。

如前所述，马克思在分析法的本质时，历来都是把法放在经济社会生活中进行的。因此，在对诞生于经济社会生活中的知识产权来说，其法律制度更应该放在经济发展和社会生活中去观察、认识、研究和分析。特别是对于我国知识产权法律制度的研究，如果忽视了经济发展基础的决定性影响，一方面，可能会对我国引进、确立知识产权制度产生怀疑，犯机械决定论的错误；另一方面，也有可能片面夸大知识产权法对经济发展的作用，有陷入唯心主义的危险。

4. 对当前理论导向的批判

理论研究的责任在于为实践活动提供智力支持。关于知识产权的理论研究，主要任务应是把知识产权法放在经济社会生活中，分析其本质、功能和价值，确立正确的导向，引导更多理论研究为实践活动服务。理论导向的偏离，危害不仅在于理论研究本身的失范，更在于将实践活动引入歧途。

在我国引进和确立知识产权制度的过程中，涉及大量的知识产权立法，其中包括诸多国际条约的签订和国际法在国内的适用问题。因此，理论界曾长期围绕知识产权是否应该保护、应该如何保护和应该多大程度上进行保护，以及国内立法如何与国际条约接轨等具体的法律规定本身的问题进行研究。在制度建立初期，这样不但没有不妥，而且非常必要和重要。但是，缺憾在于没有从根本上对知识产权法的本质进行定位、分析、厘清。这样，由于知识产权的法律属性，长期以来，知识产权的法律保护——也就是权利的法律确认和权利人合法权益的保障一直是理论研究的重点和热点，几乎到了凡提知识产权必先谈保护的地步。在这种理论导向的影响下，实践中似乎也形成了一种共识，即知识产权法律制度目的就是保护知识产权。于是，一方面由于国际压力，另一方面由于自身认识的不足，我国政府知识产权工作一直在知识产权法律保护方面浓墨重彩，无形中将知识产权孤立于经济社会生活之外。

因此，在相当长的一段时期，关于知识产权法律制度的理论研究和实践活动一直集中在如何加强知识产权保护方面。无疑，这种思维严重背离了马克思主义关于研究法的本质的基本原理和基本方法。

三、研究设计

（一）研究内容

作为激励和保护创新、促进技术进步和经济社会快速发展的法律机制，知识产权制度已经得到当今世界各国的高度重视和全力推动。对于我国来说，无论是经济全球化趋势明显的外部原因，还是在国际市场竞争中争夺主动权和自主创新的内部需求，知识产权法律制度的不断健全完善和知识产权战略实施对于我国全面深化改革、全面依法治国、全面建设社会主义现代化国家都具有十分重要的战略意义。然而，由于我国知识产权制度的非自然历史演进性，这一全新的法律秩序如何融入现有的经济社会关系并健康有序发展，成为影响我国知识产权法律制度功能实现的核心因素。

按照马克思主义关于法的本质的思想以及马克思分析研究法律问题的方法路径，可以看出，作为一种经济法律制度，知识产权自始至终就是与经济社会发展密不可分的。现有的研究和实践方式不利于知识产权制度在我国经济社会发展进程中实现其应有的价值目标，原因在于理论研究不充分而使之狭隘，实践操作不全面而使之机械。因此，本书主要的研究内容包括以下几个方面：

1. 对国内外关于知识产权问题的研究现状进行分析。分析内容包括国内外学者的主要观点、成就以及研究方法等。在对国内外现有研究文献进行梳理的基础上，对其研究内容、方法与思路进行扬弃，提出本书的观点和方法。

2. 对与知识产权相关的理论进行梳理。其中包括法经济学理论、技术创新理论和知识产权基本理论，并分析了彼此之间的关系。在此基础上，提出了更适合对知识产权问题进行分析和研究的新的理论构想——知识产权生态理论。

3. 对知识产权生态理论提出构想。尝试对知识产权生态、知识产权生态系统、知识产权生态环境进行了定义。为了便于理解，笔者还初步构建了关于知识产权生态理论的理想化模型。

4. 对知识产权生态环境进行系统阐述，在批判现有对知识产权保护进行测量分析的文献基础上，借鉴有益的做法，提出了知识产权生态环境的评价方法。

5. 对知识产权生态指数进行构建，对知识产权生态环境进行评价，并对相关国家知识产权生态指数进行比较。

6. 对如何营造良好的知识产权生态进行系统分析，认为公众知识产权法治意识是影响整个知识产权生态环境的主要因素，对此进行了实证分析，并提出了对策建议。

（二）数据与方法

正如前述，相比国外的研究而言，我国当前关于知识产权问题的研究中，以定性研究居多，定量研究偏少；学科领域单一，高度集中于法学研究领域，而管理学、经济学等跨学科研究数量很少。为了克服这种不足和缺憾，在本书的研究中，笔者做了许多努力。

1. 研究方法

（1）文献法。关于中文文献等资料，本书主要通过我国知网、谷歌学术、百度学术等资源进行搜集整理；关于外文文献等资料，除前述资源外，还通过 Social Science Research Network、International Journal of Economics and Research、Isiknowledge 等资源进行搜集、翻译、整理和分析。对代表性研究文献的研究内容、思路、方法、结论进行了归纳、整理、比较和分析，作为本书研究的根据和借鉴。

（2）比较分析法。本书在分析现有文献成果时，对中外关于知识产权问题的研究成果进行了比较分析；在构建知识产权生态指数前，对现有的测量知识产权保护强度的方法进行了比较分析和评价；在构建知识产权生态指数后，对我国和发达国家以及“新丝绸之路经济带”代表性国家俄罗斯、哈萨克斯坦的知识产权生态指数进行了比较分析和评价。

（3）统计分析法。本书应用问卷调查法调研了陕西省公众知识产权意识的现状。设计好问卷内容后，通过现场调查的方式对西安、宝鸡、汉中、榆林四市的调查对象发放调查问卷。本次调查由调研人员以访谈的形式填写问卷，从而确保调研的效率和质量，本次调查共发放 600 份问卷，累计收到调查答卷 600 份。除此之外，调研人员还对相关政府主管部门的相关负责人进行了专门采访，获得了陕西省增强公众知识产权意识的相关政策和数据资料。

（4）构建模型法。理论研究中的模型，一般是指人们为了认识客观事物或者基于某种特定目的，运用理性思维，对认识对象高度简化和概括的描述。物理模型以实物或图画形式直观地表达认识对象的特征，既包括静态的结构模型，又包括动态的过程模型。本书采用构建物理模型的方法，对知识产权生态系统进行说明和解释，使生涩的理论显得更加形象直观。

（5）定量分析法。定量分析是依据统计数据，对社会现象进行量化分析的研究方法，其特点是更加准确、可靠和科学。本书利用联合国人类发展指数和计算机软件盗版率，构建了知识产权生态指数（Ecology of Intellectual Property Rights Index，EII），用来测量和评价各国的知识产权生态环境。

2. 数据来源

（1）关于文本数据来源，主要包括我国知网、谷歌学术、百度学术等资源和 Social Science Research Network、International Journal of Economics and Research、Isiknowledge 等资源。

（2）关于统计数据来源，联合国人类发展指数从年度联合国人口发展报告中搜集；计算机软件盗版率从全球商业软件联盟（Business Software Alliance，BSA）年度统计报告中搜集；专利申请量从世界知识产权组织数据库中搜集；陕西省公众知识产权意识统计数据依据调查问卷数据统计分析获得。

（三）研究框架

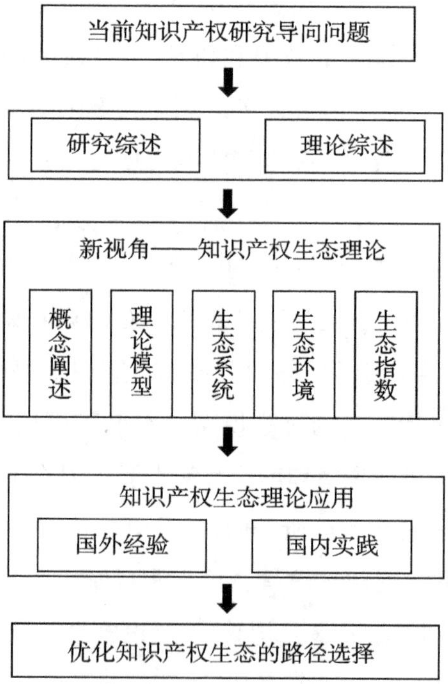

图 1－1　本书研究框架

四、主要学术观点和创新

（一）主要学术观点

第一，知识产权问题归根结底是法的问题。关于法的问题的研究应该尊重并遵循马克思主义的基本原理和方法，把法的问题放在经济生活中观察、分析。这是马克思主义者关于法的一切理论研究和实践活动的出发点。

第二，在我国，作为移植于西方发达国家的知识产权法律制度，是在现有经济社会发展关系之中构建了一个新的“秩序”。这个“秩序”能否融入现有经济社会关系并健康发展是知识产权法律制度能否真正实现的关键。对于此，必须坚持马克思主义关于法的本质的观点和方法，明确知识产权法律制度的设立目的不在于“保护”，而在于整个制度的实现。

第三，当前关于知识产权问题的理论研究中，以惩戒为主要形式的狭义的知识产权“保护”仍然占有最大比重，对于法律制度实现的其他方面因素的研究不充分；实践操作中，关注点仍聚焦在知识产权的创造、运用、保护、管理等环节，这种思维方式在某种程度上无形中将知识产权孤立于经济社会发展之外，不符合马克思主义关于法的认识和实践方法，不符合知识产权法律制度设立的目的，更不利于知识产权法律的实现。

第四，通过分析表明，作为一个新的“秩序”，公众对于知识产权法律的认知度不高，成为制约知识产权法律制度运行的主要因素，因此，理论和实践更应关注制度运行的环境。从法律运行的规律来看，无论是司法还是行政的手段，加大知识产权保护力度只能加强法律的特殊预防作用，知识产权法律制度的根本价值目标并不能通过这种形式有效实现。

第五，我国政府优化知识产权生态，推进实施知识产权战略，关键在于认识到、解决好知识产权“从经济中来、到经济中去”的问题。其路径选择必然是在文化的力量和作用的影响下，以激励创新为本、优化生态环境、实现知识产权的最优效益。

（二）主要创新

第一，运用马克思主义的世界观和方法论，对现有理论研究进行了批判。坚持马克思主义的基本立场，认为研究法的问题必须坚持经济基础的决定性作用。

第二，提出了知识产权生态的理论构想。这一视角有助于分析和把握知识产权制度设立的目的和运行规律，有助于解释政府在知识产权制度运行中的主导地位。

第三，在知识产权生态理论构想中，提出并论证了知识产权生态环境。这种思路更加符合知识产权制度作为一种经济法律制度与经济社会发展的密切关系。而我国政府实践操作中提出的知识产权创造、运用、保护、管理等具体环节属于知识产权生态环境的一部分。这种思维更符合知识产权法律制度设立的目的。

第四，克服了现有理论研究中定量研究不足的缺憾，将定性分析与定量分析进行了结合。构建了知识产权生态指数（EII），更直观、更准确地衡量知识产权制度运行的效果。

第五，克服了现有理论研究中学科领域单一的问题，将法学研究和经济学研究结合了起来，更运用了建模和统计分析的方法，摆脱了当前知识产权法律制度研究主题中存在的“唯保护论”的束缚，突破了法律学科的局限性，更有效地解释了我国知识产权制度运行的现状。

第六，提出了我国知识产权生态问题的根源在于政府的知识产权需求与知识产权自然演进力量间的碰撞和不相适应，主要原因在于公众意识普遍薄弱。市场经济越发达，知识产权自然生长与政府公共服务之间的矛盾就越激烈。当优化知识产权生态成为共识时，首要是使公众意识与政府和经济社会发展的需求相适应，通过激励创新、优化生态环境、实现知识产权的最优效益，来解决知识产权“从经济中来、到经济中去”的问题。

第二章　知识产权的马克思主义法经济学分析

马克思关于法的研究从来没有离开过经济生活，正如他和恩格斯在《德意志意识形态》里的阐述，法律不是立法者创设出来的，只是立法者把现实经济生活中的客观存在表述出来而已。如果离开经济基础这一本源，法就失去了意义，甚至会带来“碰的头破血流”的严重后果。与此同时，法还必须与现实经济生活中的客观存在相适应。所以说，法根源于一定的经济基础，既是历史发展的必然结果，也是法自身存在和发展的必然需要。当然，法根源于一定的经济基础，并不是说一定的经济基础肯定会自发地产生法律，还需要通过人们的主观努力表述出来。正是从这个意义上讲，法是主客观的统一。

因此，坚持法与经济基础的不可分割性是所有马克思主义者研究一切法律问题的出发点。这种马克思主义的学术立场和学术态度，对于研究诞生于商品经济“母体”的知识产权法律制度，具有十分典型的理论和实践指导意义。在本章中，笔者试图通过马克思主义相关理论，对知识产权进行法经济学分析，探寻一切有关知识产权法律问题研究的本源和基本路径。

一、马克思主义法经济学思想

（一）法与经济基础

在马克思关于法的本质的研究之前，理论界一般认为法产生的基础是“权利”或者“意志”，一般不讲经济基础的问题。马克思主义首先揭示了法与经济基础之间的关系，并以唯物史观为基础，全面系统地论证了法的本质、产生过程、作用及其发展的规律，从而使法学研究发生了根本性的变革。法根源于一定的经济基础，这是马克思主义关于经济基础与上层建筑辩证关系在法学领域的具体科学适用，一般包含三个层面的含义：

第一，法是一定经济基础的反映。法不是无缘无故产生的，而是经济基础发展到一定程度，国家机关根据统治阶级的意志和要求制定或认可的规则。有什么样的经济基础，就有什么样的法律。无论是法律意识、法律规范、法律制度还是法律关系，这些都不是法的本质，都是法的外在表现，都决定于一定的经济基础。也正因为如此，在研究法律问题、分析法律现象时，不能单纯从法律本身去探索，而应该从一定的经济社会生活中，也就是从经济基础中去探寻。例如，我国实行计划经济体制时期，法律更多地被作为宏观调控的工具，彼时更关注法律的“意志”性，忽视了法的“本质”性。因此，在计划经济体制下，我国民事、商事法律相对进展缓慢，这也正是我国本土没有产生知识产权法的重要原因。

第二，法的变更源于经济基础的变革。根据马克思主义关于生产力和生产关系的辩证关系，当社会生产力发展到一定程度的时候，生产关系将成为社会生产力发展的制约因素，两者就会形成矛盾。这时候，生产关系将会发生变更，以便适应社会生产力的发展。这样，随着物质资料生产关系也就是经济基础的变革，包括法律、道德、文化等庞大的上层建筑随之发生变革。例如，我国从长期实行的计划经济体制转变为社会主义市场经济体制，这种具有根本性意义的重大变革必然引起法律制度体系的变革。各种调整民事、商事关系的法律法规将会迅速建立、健全和完善。例如，我国改革开放以来逐步健全的《中华人民共和国知识产权法》《中华人民共和国物权法》《中华人民共和国反垄断法》等，都与经济基础的变革有紧密联系。

第三，法对经济基础具有能动的反作用。一方面，法通过提供制度规范和行为模式，引导经济关系、经济行为以及人的主体意识和行为朝着法所确定的价值目标的方向发展，借此促进经济关系的调整和完善，以适应社会生产力发展的需求；同时，在国家强制力保证实施的条件下，对于破坏法所确立的秩序的行为进行惩戒，对其赖以生存和发展的经济基础进行保障。另一方面，法能够对与其价值目标不相符的和与社会生产力发展不相适应的、陈旧的经济基础进行改造、破除和摧毁。在新的经济体制替代旧的经济体制之后，与社会生产力不相适应的生产关系并不会一夜之间烟消云散。在这种情况下，法就发挥能动的反作用，对旧的生产关系进行改造，对旧的经济基础进行破除、摧毁。当然，当法保护的对象是不适应社会生产力发展的生产关系时，就会阻碍经济基础的发展。因此，法本身并不是目的，归根结底法是为经济基础服务的。

（二）法与市场经济

马克思明确指出，“交易是法制产生的前提”①。纵观世界经济发展史，无论是欧洲中世纪时期，还是中国封建社会时期，在自给自足的自然经济占主导地位的经济基础条件下，法律的生存、发展必然地受到制约。而商品交换的出现和发展，则必然地诞生法律，其原因在于：第一，商品交换

① 马克思、恩格斯：《马克思恩格斯全集》，中共中央马克思恩格斯列宁斯大林著作编译局编译，人民出版社 2006 年版，第 423 页。

需要法律确认交易双方的主体地位；第二，商品交换需要法律确认交易双方都认可的交易规则；第三，商品交换需要法律确认交易标的物的所有权归属；第四，商品交换需要法律解决交易活动可能出现的纠纷。

在市场经济条件下，法律不仅是宏观调控的“工具”或者“手段”，而且是市场经济体制和经济社会发展的必然要求。

首先，宏观上，法律在国家对经济的宏观调控中具有特殊地位和作用。一般来说，国家对经济进行宏观调控的手段包括经济手段、行政手段和法律手段等等。其中，法律手段以其稳定性、普遍性和强制力、威慑力等特点，在上述几种手段中发挥最重要的作用。这也是法的引导作用的生动体现。

其次，市场经济本质上是法治经济。微观上，法在规范市场行为方面发挥巨大的作用。一方面，市场经济的发展，需要法律通过打击违法犯罪、营造诚实信用的交易环境并为权利侵害提供救济途径，对市场经济秩序进行规范和保障；另一方面，法律确认市场经济主体的权利和地位。市场经济体制是运用市场的手段进行资源配置的经济体制形式，权利的确认和维护是其核心。唯有法律可以保证市场参与者的权利，并维护权利人的合法权益。可以说，没有法律的保障，就没有市场经济。

最后，法对市场经济具有积极促进作用。一方面，法律直接调整市场经济的各种关系，如我国改革开放以来从《中华人民共和国民法通则》到《中华人民共和国物权法》《中华人民共和国反垄断法》《中华人民共和国担保法》等法律制度的变迁；又如知识产权法律制度的逐步确立；再如为顺应经济全球化的发展而参加的国际条约和国际公约等。另一方面，通过对调整政府行为、行政关系、婚姻家庭关系等的法律不断修改、健全和完善，为市场经济发展营造良好的外部环境，保障市场经济健康、稳定发展，如《中华人民共和国行政许可法》《中华人民共和国行政处罚法》《中华人民共和国婚姻法》等法律制度的不断修订和完善。

五百多年世界经济发展史告诉我们，当今西方国家的市场经济经历了由诞生、发展到高度完备的漫长过程，具有自然历史演进性。与之相适应的，作为上层建筑的伦理思想、道德观念、文化传统，特别是法律意识等方面，也经历了一个漫长的从量变到质变的过程，因此具有了自然历史演进性。换句话说，无论是法律制度产生的经济基础，还是法律制度本身以及与之相适应的意识形态领域，在西方发达国家更多地表现为水到渠成。与此不同，我国市场经济体制以及与之相适应的法律制度、法律文化、人文思想等，都是在经济基础出现翻天覆地变化的情况下形成的，具有非自然历史演进性，必然在特定时期出现种种不适应的情况。因此，在这种形势下，分析研究对市场经济发挥重要作用的法律问题，从经济基础本位出发显得尤为必要。

二、技术创新与经济发展的关系分析

1912 年，约瑟夫·熊彼特首先提出了创新这一概念。按照约瑟夫·熊彼特的理论，创新是一个过程，指一种新的生产函数的构建，也就是说，将一种生产要素的新组合引入企业的生产经营活动之中的过程称为创新。因此，从根本上说，创新原本就是一个经济学的概念，属于经济范畴而不是技术范畴。[①] 在约瑟夫·熊彼特之后，美国一些经济学家在对其创新思想进一步分析、研究和发展的基础上，形成了技术创新理论。[②]

（一）技术创新的内涵

国际上对技术创新的概念和内涵有不同的看法和表述。按照缪尔赛（R. Mueser）的观点，技术创新首先是一种具有“非连续性”特征的活

---

① 参见张磊、王淼：《西方技术创新理论的产生与发展综述》，载《科技与经济》2008 年第 1 期。

② 参见黄景贵：《论创新理论的产生及其发展》，载《青岛海洋大学学报（社会科学版）》2000 年第 2 期。

动，这种活动具有的显著特征是“构思新颖”，而其成功实现对于生产经营和经济发展具有重要意义；迈尔斯和马奎斯也认为，技术创新是一个非常复杂的活动过程，在这个活动过程中，具有显著社会价值和经济价值的新概念或者新思想被从概念和思想阶段逐步转化为实际应用阶段；而厄特巴克和弗莱德曼以及美国国家科学基金会则认为技术创新是新技术在实际经济生活中的首次应用。经济与合作发展组织对技术创新的定义更接近其本身应有之义，即技术创新是指技术本身的显著变化。[①]

关于技术创新的概念，国内学界也有不同的观点。一般认为技术创新是新的产品、工艺、方法等的应用过程。[②] 张凤海等还将技术创新的内涵与外延结合起来，对技术创新进行了狭义上和广义上的定义区分。[③] 但笔者认为，其核心观点仍与前述观点相同，不同之处在于宏观和微观层面应用的差异。而关于技术创新的特点，基本上是围绕其本质内涵见仁见智的看法。例如，韩为友指出技术创新过程的复杂性及其内在的特点决定了技术创新具有创造性、高投入、高风险、高收益以及效益性、累计性和高智力人力资本存量七个方面的特点。[④] 王丽丽认为技术创新具有创新性、系统性、市场性、不确定性、创新收益的非独占性等特点。[⑤] 李培林认为技术创新具有创造性和知识性、风险性、效益性、阶段性等特点[⑥]，等等，均是技术创新本身应有之义。

---

① 参见陈丽静：《知识产权保护、技术创新与贸易结构优化》，浙江大学国际贸易学系 2012 年博士学位论文。

② 傅家骥：《技术创新学》，清华大学出版社 2000 年版。

③ 参见张凤海、徐丽娜、侯铁珊：《关于技术创新概念界定的探讨》，载《生产力研究》2010 年第 3 期。

④ 参见韩为友：《技术创新与知识产权保护》，武汉理工大学工商管理系 2003 年硕士学位论文。

⑤ 参见王丽丽：《论知识经济时代的技术创新及其知识产权保护》，吉林大学科学技术哲学系 2004 年硕士学位论文。

⑥ 参见李培林：《论企业技术创新与知识产权保护研究》，载《科技管理研究》2010 年第 6 期。

从国内外学者对技术创新的研究成果来看，关于技术创新的内涵虽然有不同的表述，但是也不难看出其一致性，即技术创新实质上是新技术、新工艺、新产品、新方法商业化应用的过程。

（二）技术创新与经济发展

从技术创新理论的发展来看，截至目前，国际上关于技术创新进行研究的代表性理论学派有四个：以罗伯特·默顿·索洛（Robert Merton Solow）等为代表的新古典学派，以爱德温·曼斯菲尔德（Edwin Mansfield）、莫尔顿·卡曼（Moulton Kaman）、南希·施瓦茨（Nancy L. Schwartz）等为代表的新熊彼特学派，以兰斯·戴维斯（Lance Davids）和道格拉斯·诺思（Douglass C. North）等为代表的制度创新学派，以克里斯托夫·弗里曼（Christopher Freeman）和理查德·纳尔逊（Richard R. Nelson）等为代表的国家创新系统学派。

新古典学派把技术创新与资本、劳动力和自然资源一起作为经济增长要素，认为技术创新是经济增长的基本要素和内生变量；新熊彼特学派在相当大的程度上受到约瑟夫·熊彼特的影响，坚持强调在经济增长中发挥核心作用的是技术进步和技术创新，并在研究中关注创新的起源、方式及过程等机制；制度创新学派则认为，经济增长的关键是设定一种制度，在制度中确立一种权利，确认和保护创新者的专有权，使创新者的活动得到最大的个人收益，借此刺激提高创新的私人收益率，最终促进经济增长；国家创新系统学派则认为技术创新实质上是国家的一种制度安排和资源配置，目的在于推动知识的创新、引进、扩散和应用。[①] 20 世纪 80 年代初，我国学者开始研究西方发达国家的关于技术创新研究成果，并结合我国经

① 参见张磊、王淼：《西方技术创新理论的产生与发展综述》，载《科技与经济》2008 年第 1 期；张凤海、侯铁珊：《技术创新理论述评》，载《东北大学学报（社会科学版）》2008 年第 2 期。

济发展的实际情况，开展了一系列的实证研究，研究领域主要涉及经济学、管理学、技术哲学或者技术社会学。①

18 世纪 60 年代，以英国为代表的资本主义国家掀起了第一次科技革命的浪潮，蒸汽机的发明、改进和广泛应用，实现了生产方式的机械化，利用蒸汽机械的海上、陆地交通工具开始广泛运用，标志着经济发展进入"蒸汽时代"。社会生产力获得巨大发展，经济社会面貌发生了翻天覆地的变化。率先完成工业革命的西方资本主义国家逐步确立起对世界的统治，形成了西方先进、东方落后的局面。

19 世纪 70 年代，以美国、德国为代表的资本主义国家掀起以电气广泛应用为标志的第二次科技革命的浪潮，实现了生产方式的电气化，标志着经济发展进入"电气时代"。这一时期，出现了"发明大王"爱迪生，电机、内燃机等发明促使石油化工、汽车制造、电力工业等新兴工业部门大量出现。自然科学和生产技术结合，使科学技术成为经济发展的直接动力。

始于 20 世纪四五十年代的第三次科技革命，在原子能、电子计算机、航天工程、生物技术等领域取得重大突破，实现了生产方式的自动化，并向信息化、智能化方向发展。特别是进入 21 世纪以来，互联网技术获得了迅猛发展，经济发展进入"网络信息时代"。这一时期，科学技术转化为直接生产力的速度进一步加快，并在各个领域间互相渗透，成为社会生产力中最活跃的因素，大大缩短了知识变为物质财富的过程。第三次科技革命推动了社会生产力空前发展，经济全球化趋势不断加快，国际经济格局发生深刻变化，从而推动了世界经济格局的多极化。

总而言之，无论何种流派的何种观点，关于技术创新与经济增长之间

---

① 参见彭靖里、邓艺、李建平：《国内外技术创新理论研究的进展及其发展趋势》，载《科技与经济》2006 年第 4 期。

关系的理论假设基本得到统一，那就是技术创新是经济增长的内生动力，在经济发展中发挥着核心作用。世界经济发展史也证明，技术创新对科技经济的迅猛发展始终发挥着关键性的推动作用。正如邓小平同志所指出的“科学技术是第一生产力”，劳动者素质的提高，生产工具的改进，劳动对象的扩展，都要依靠科学技术，同时又促进了生产力的发展。

三、知识产权与技术创新的关系分析

（一）产权的制度价值

按照马克思主义的观点，作为所有权的一种形式，产权是法律制度的一种，属于生产资料所有制在上层建筑范畴上的表现。关于产权制度，马克思曾经明确指出，当社会生产力发展到一定阶段的时候，经济交往的必然形式就是“私有产权”。在马克思的这段论述中，实质上形象地再现了生产力和生产关系之间的辩证思想，在其整个思想体系中是一个根本性的贡献，其所揭示的本质问题是生产关系一定要适应生产力的发展这一普遍性的规律。[①] 根据马克思主义理论，为了追逐高额利润，个体资本家之间必然开展竞争，而技术革新是寻找新的价值来源的重要途径。这样，利润的诱惑成为创造性劳动的根本源泉。

从资源配置机制来看，产权制度发挥了确权、规范交易、侵权救济等作用，使创新成果在经济活动中实现自由交易和商业化应用，获得丰厚回报，提高创新成果的收益。同时，技术创新成果的商业化应用，可以使后续创新获得必要的信息，避免了盲目和重复创新，使资金、设备和人力等技术创新资源得到最优的配置，有效节约了创新成本，提高资源的利用效

① 参见［美］道格拉斯·C. 诺思：《经济史中的结构与变迁》，陈郁、罗华平译，上海人民出版社1994年版，第65页。

率，加速了技术创新的进程。从利润角度出发，企业技术创新是为了从新技术中获得高额收益，产权对企业的技术创新成果进行保护，使企业在一定时期内拥有一定的技术垄断权，从中获得高额回报，最终形成“创新—高额回报—再创新”的循环，最终在整个社会上表现为技术的进步和经济的发展。

此外，根据马克思主义关于生产力与生产关系之间，以及经济基础和上层建筑之间的辩证关系，产权的内涵也会随着生产力的发展和经济基础的变革发生变化。最初，产权一般被视为法律意义上的确权，属于静态意义上的概念，但是随着经济发展的不断进步，动态意义上的产权概念不断涌现，更多地倾向于从经济意义上对产权理解和把握，侧重于对财产的动态实现和经营，例如占有权、使用权、收益权和处分权，等等。

（二）知识产权的制度价值

正义与效益是当代法律的重要价值目标。换言之，植根于经济发展中的法律制度除了应具备维护社会正义的职能，还应该承担起促进资源最优配置，进而实现社会财富增加的使命。明确知识产权制度的价值目标，对于科学认识知识产权制度、厘清知识产权问题脉络、把握知识产权理论研究的方向进而指导实践具有重要意义。

在马克思生活的时代，尚没有完整的知识产权概念，因此，运用马克思主义理论对知识产权问题进行研究的成果很少。但是，依据马克思主义的立场、观点和方法，可以具体分析知识产权制度发生、存在并不断发展的理论根源和现实基础；运用马克思主义理论的经济学思想以及法律思想，可以深入分析解读知识产权制度存在的合理性和正当性。按照马克思主义的观点，知识产品或者智力劳动成果，其所有权及其收益，在本质上和雇佣工人创造的价值没有什么区别，都凝结了无差别的人类劳动，都源于利润的驱使。从这个意义上考虑，发明人、作家等创造的智力创造成果知识产权归属于雇主“顺理成章”。因此，尽管马克思未对知识产权问题加以讨论，但从其他理论中可以得出知识产权制度产生的必然性结果。

国外关于知识产权保护与技术创新的研究主要是在南北贸易和产品周期框架下展开，由于研究视角不同得出的结论也有所差别，目前关于知识产权保护对技术创新的影响主要存在三种观点：一是促进论，即加强知识产权保护有利于技术创新；二是抑制论，即加强知识产权保护不利于技术创新；三是非线性论，即“最优知识产权保护假说”，知识产权保护和技术创新之间的关系是非线性的，认为知识产权保护可以有效地激励创新，但是过强的知识产权保护使发达国家的创新缺乏效率也不利于发展中国家的模仿性创新，只有适度的知识产权保护水平才能有效地促进技术创新。①

从知识产权制度的产生与发展来看，始于18世纪60年代的第一次工业革命首先发生在英国，重要的新机器和新生产方法主要是在英国发明的。这与英国的专利制度的确立和发展密不可分。17世纪初期，英国女王伊丽莎白一世多次以“钦赐”的形式向发明者授予专利权。1624年，英国实施《垄断法》，这部法规被视为世界上第一部真正意义上的专利法。18世纪初，英国进一步改进其专利制度。专利制度在第一次工业革命期间为促进英国的技术创新发挥了积极的推动作用。以专利申请量为例，18世纪50年代，英国年均提交的专利申请案为10件，而到19世纪40年代，英国年均专利申请案的数量激增至458件。继英国之后，美国、法国、荷兰纷纷建立起专利制度。这一时期，第二次科技革命方兴未艾。

由于我国是发展中国家，国内学者关于知识产权保护与技术创新的研究，主要关注知识产权法律制度实施过程中面临的两个问题：一是如何鼓励自主技术创新；二是如何限制模仿性技术创新。知识产权保护对技术创

① 参见王金湘：《知识产权保护的技术创新效应——基于大中型工业企业的实证研究》，浙江理工大学企业管理系2014年硕士学位论文。

新的影响除了受到经济发展水平的制约之外，还受到诸如创新效率、技术差距、模仿程度等众多因素的影响，因此知识产权保护对技术创新的影响具有复杂性。① 一方面知识产权保护对自主创新具有积极引导作用，另一方面它也对技术引进产生一定的抑制作用。② 但是，随着我国技术水平的不断提高，自主技术创新比技术模仿对技术进步和经济发展的作用更加重要，因此，需要加强知识产权保护以鼓励企业技术创新。③

综合以上分析，知识产权法律制度的价值目标可以提炼为知识产权形成和知识产权运用。知识产权形成即创新成果的知识产权化，也就是创新成果在法律上的确权，反映的是知识产权形成过程；知识产权运用则是知识产权实现其市场价值的过程。实践则更证明了知识产权制度对于促进技术创新的积极作用。

四、知识产权与法的关系分析

（一）知识产权的法律属性

汉语中的"知识产权"对应的英语是"intellectual property rights"，其原意是"知识（财产）所有权"或者"智慧（财产）所有权"。国外许多研究者曾经长期以专利制度和著作权制度为重点，围绕"无形资产"（intangible assets）开展研究。TRIPs 协议施行之后，"intellectual property rights"开始成为通行的概念，在研究和实践中广泛应用。我国法学界曾经长期使用"智力成果权"的提法，但在 1986 年《中华人民

① 参见［美］道格拉斯·C. 诺思：《经济史中的结构和变迁》，陈郁、罗华平译，上海人民出版社 1994 年版，第 65 页。

② 参见熊皓：《知识产权保护对技术创新的影响研究》，湖南大学应用经济系 2014 年硕士学位论文。

③ 参见李蕊、沈坤荣：《中国知识产权保护对企业创新的影响及其变动机制研究》，载《经济管理》2014 年第 4 期。

共和国民法通则》颁布实施后，“知识产权”成为统一的称谓。

如何概括知识产权，学术界可谓见仁见智。事实上，“知识产权”一词的含义也随着时间在不断变化。国际著名知识产权学者、英国剑桥大学教授柯尼斯（W. R. Cornish）指出：“‘知识产权’一词过去很少用来描述商标以及类似的市场经营手段；只是现在已经被国际社会所接受。”“按早期大陆法的用法，知识产权是针对作者作品的保护。”事实上，关于知识产权的定义，不仅在学术界有不同的看法，在国际组织中也是众说纷纭。例如，在 TRIPs 协议以及《保护工业产权巴黎公约》等国际条约中，对其称谓和范围都有不同的规定。但是，从马克思历史唯物主义的观点来看，作为一个新生事物，学术界和实践中对知识产权莫衷一是的状况是完全正常的。①

我国学术界试图采用高度抽象的方法对知识产权进行定义，但依然没有形成完全一致的看法。吴汉东称为“概括主义”，他认为，虽然目前知识产权的定义表述不一，但都反映了知识产权的特征：第一，知识产权是产生于精神领域的非物质化的财产，与传统所有权有明显区别，也就是说知识产权是基于智力成果或知识信息所产生的权利；第二，知识产权所统领的权利并非都来自知识领域，也就是说，知识产权不等于是智力成果创造性成果权；第三，知识产权产生一般须由法律所认可，是法定之权。换言之，只有经过法律确认，知识产权才可以成为法律保护对象。② 截至目前，在国际公约中关于知识产权的概念是通过其所包括的权利范围来进行界定的。例如，1967 年 7 月 14 日签订并于 1970 年 4 月 26 日生效的《成立世界知识产权组织公约》第 2 条第 8 款用列举法对知识产权做了界定。我国知识产权制度的实践主要根据国际公约、条约和有关法律的规定对知识

① 参见郭禾主编：《知识产权法》，中国人民大学出版社 2010 年版，第 4 页。

② 参见吴汉东主编：《知识产权法通识教材》，知识产权出版社 2007 年版，第 2 页。

产权进行定义。

知识产权本体的私权性是知识产权归类于民事权利范畴的基本依据。私权是与公权相对立的一个概念，指私人（包括法人、自然人）享有的民事权利。由于科学技术的推动和商品经济的发展，知识产权从制度层面上为私人提供了新的财产获取方式，相应地，产生了与有形财产不同的新的财产形式。这种新型的无形财产权就是知识产权。当然，这一制度首先为近代资本主义国家所承认，尔后为世界各国普遍接受。正因如此，TRIPs 协议在其序言中强调，各缔约方必须有效保护知识产权，与此同时，必须确认知识产权在法律上表现为私权。准确把握知识产权是私权、无形财产权，对于理解知识产权的运行机制和保护方式意义重大。

关于知识产权的基本特征，学者多有阐述，对这些特征的概括在各种著述中虽略有差异，但目前比较一致的说法是无形性、地域性、时间性、专有性。其实，这些特征都是与一般财产所有权相对而言的，并非知识产权独有的。

1. 无形性

无形性就是非物质性，没有形体，看不见、摸不着，这是知识产权的本质属性。吴汉东认为，知识产权区别于其他一般财产所有权的本质特征是权利客体的非物质性。知识产权的客体可以称为知识产品或智力成果，属于一种无形的精神财产。① 与一般有形财产所有权的实际占有不同，知识产权必须依赖法律的确认，即表现为对权利的占有。“权利”是一个概念，本身具有无形性。也正因如此，相比有形财产而言，知识产权的保护对法律的依赖性更大。

① 参见郭禾主编：《知识产权法》，中国人民大学出版社 2010 年版，第 4 页。

2. 地域性

知识产权的地域性特征，是指法律所赋予的知识产权的效力受到地域的限制。知识产权作为一项法律确认的权利，与一国的主权密切相关。由于一国的法律只能及于其地域之内，因此，知识产权的效力不是无限的，要受到法律所及的地域的限制。也就是说，知识产权的获得以及保护的内容方式依各国法律的规定而不同。而所有权则不同，原则上所有权的保护没有地域的限制。无论移民还是投资，公民的财产从一国到另一国流转，财产所有权不会发生变化。

3. 时间性

时间性即知识产权的保护有时间的限制。也就是说，在法律规定的期限内，知识产权依法受到保护；期限届满，知识产权就不复存在，其所及的知识产品或者智力成果就会无偿地成为社会财富。例如，在我国，实用新型专利保护期是自申请之日起10年。期限届满，权利自行消灭，所涉技术即成为公共技术，任何人都可以使用。这是知识产权所及的知识产品或与其他财产权所及的财产主要区别之一。众所周知，所有权不受时间限制，只要客体物没有灭失，权利即受到保护，如个人电脑等有形财产。

4. 专有性

专有性，又叫独占性、排他性、垄断性，可以概括为“合法垄断”：第一，知识产权为权利人独占专有，在知识产权有效保护期限内，非经权利人的许可，任何个人、组织和团体不得使用该知识产权；第二，对于同一知识产品，已经获得知识产权的，国家不得向他人授予与前述知识产权同一类型的知识产权。

（二）知识产权的经济属性

知识产权的经济属性不仅体现在其诞生和发展与经济生活密切相关，而且表现在知识产权保护制度与技术创新的密切关系。技术创新的创造性、风险性、效益性和创新收益的非独占性等特征决定了其必须加以保护，而知识产权保护制度维护了申请人技术创新的合法权益，刺激了申请人技术创新的主动性和积极性，对技术进步和经济发展有巨大激励作用，两者之间相辅相成、互融共进。①

知识产权保护随着技术创新的产生而产生，技术创新也促进了知识产权保护制度的不断发展和完善。表现为以下几点：一是技术创新拓宽和延伸了知识产权保护的内容和领域。随着新技术、新知识的不断涌现，知识产权保护的对象类别不断拓展，越来越多元化。除了传统的专利权、商标权、著作权，动植物新品种、试验数据、计算机技术、网络数据等也成为知识产权保护的对象。二是技术创新扩大了知识产权保护的地域范围，促使知识产权保护越来越国际化。知识产权的特征之一是地域性，但是随着科技的不断进步和经济全球化的深入发展，技术创新成果的国际贸易越来越频繁，对知识产权的保护由一国拓展到多国，使知识产权保护越来越国际化和国际规范化。三是技术创新为知识产权保护提供了更科学、方便、快捷的手段。尤其是互联网技术的创新和发展，例如，互联网的信息检索功能，使原本浩如烟海的数据资料变得存取自如，极大地方便了查询和分析国内外最新技术的创新水平和动向，既方便公众了解，进而有力地保护了技术创新成果，又避免了重复创新劳动，大大节约了社会劳动成本。②

长期以来，国内理论和实践关注的焦点集中在“确权”和“保护”方面，忽略知识产权制度本身的本位价值和重要使命。③ 作为知识产权保护的国际标准，TRIPs 协议第 7 条明确了知识产权保护的目标：“知识产权的

① 参见李培林：《论企业技术创新与知识产权保护研究》，载《科技管理研究》2010 年第 6 期。

② 参见林艳：《论技术创新与知识产权相互作用研究》，载《经济师》2008 年第 10 期。

③ 参见马忠法：《在流转中增加价值——从 TRIPS 协议第 7 条规定看知识产权制度设立的目的》，载《WTO 经济导刊》2007 年第 11 期。

保护和实施应有利于促进技术创新和技术转让与传播；有利于技术知识的创造者和使用者互相受益；积极促进社会和经济福利及权利和义务的平衡”。通过对原文的分析可以看出，在兼顾权利和义务平衡的情况下，积极促进社会和经济福利是TRIPs协议的最终目标，而促进技术创新、转让和传播，使技术知识的创造者和使用者相互受益，只是知识产权制度实现最终价值目标的一个作用机制。因此，知识产权保护与其确权只是一种手段，共同为知识产权制度实现其目标服务。知识产权制度设立的实质目的不是产权的确定，也不是产权交易，而是一种制度选择与安排，其最终目标是实现知识产权效益的最大化。①

技术创新是一个国家经济增长的巨大动力，人类社会经历农业经济时代、工业经济时代，发展到现在的知识经济时代，技术创新对经济发展的作用和重要性越来越凸显。而知识产权法是调整因为知识产品而产生的各种社会关系的法律规范的总和。② 实质上，知识产权制度的作用机制就是从法律上赋予创新成果一定程度的独占权益，借此刺激更多的创新产生。通过这种机制不断促进技术革新和经济进步，最终实现经济社会的不断发展。

五、法律实现的意义

（一）法律实现的含义

法律的生命在于其价值的实现。法律的运行是一个从生产、创造到实施的过程，也是一个由效力到实效再到实现的过程。法的创造就是立法，是法的运行的起点。法的实施则包括守法、执法、司法、法律监督等环节。根据马克思主义的基本原理，法的创制实质上是统治阶级把物质生活

---

① 参见吴汉东：《关于知识产权基本制度的经济学思考》，载《法学》2000年第4期。

② 参见吴汉东主编：《知识产权法》，中国政法大学出版社1999年版，第21页。

条件所决定的统治阶级意志进行的客观表述，法的实现则是法律对经济基础的能动的反作用，通过法律的实施，把以观念形态存在的法律规范转换为现实经济社会生活中的权利义务关系。①

法的实现是将法的实施的过程性与法的实效的结果性相结合的一个概念，指法的要求在社会生活中被转化为现实。从法的运行环节来讲，当法律创制之后，法的实施就是保证法的实现的重要环节。而从终极目标来说，现代法的运行是为了实现法治的理想，法治的实现依赖于法律具体化为一系列可操作的要求，切实落实为社会各个方面，才有可能真正转化为现实，也就是法的实现。因此，法的最本质的价值不仅在于它所建立的秩序，更多的是它在根本上改造社会、促进社会进步的作用。②

法的实现与法的实施和法的实效不同。法的实施侧重于强调法的要求向现实转化的过程，指在实际生活中，法被实际实施的情况，即执法、司法、守法；法的实效则侧重于这种转化的效果。法的实现则是这两者的结合，是法律在现实生活中从抽象的行为模式变成具体的人类行为，从应然状态进到实然状态。

法的实现的意义在于，法只有通过其实现，才能发挥其建立和维护社会秩序的作用。从马克思主义的基本原理来看，法的实现是决定于经济基础的法能动地对经济基础进行反作用的辩证法的生动体现。

（二）法律实现的过程

法的实现是人与自然、社会的关系由自发转向自觉的重要标志和手段。具体来说，法的实现要大体经过下列过程：

---

① 参见张文显主编：《法理学》，高等教育出版社 1999 年版，第 224 页。

② 参见［法］勒内·达维德：《当代世界主要法律体系》，漆竹生译，上海译文出版社 1984 年版，第 12 页。

1. 法律形成阶段

立法阶段也就是形式意义上的法律形成的过程，实质上是统治阶级的意志表达为法律规范的过程。但是，法律规范所规定的对象具有一般性或者抽象性，实质上是建立了一种行为预期，而这种行为预期是通过设定权利义务关系来实现的。这也是法律构建和维护秩序功能的具体体现。

2. 法律实施阶段

这一阶段的标志是法律事实的出现。法律事实是指能够引起法律关系产生、变更和消灭的行为和事件。法律事实的出现标志着法律规范所规定的行为预期的实现。法律规范所规定的一般性或者抽象性的权利义务关系由于法律事实的出现转化为具体的法律适用，也就是具体的人的权利义务关系，权利义务的内容明确化、具体化、特定化。这时候，法律规范进入实施阶段。

3. 法律实现阶段

在这一阶段，法律关系主体通过积极或消极地履行义务、行使权利，将法律规范规定的一般的权利义务关系转化为具体的权利义务关系，与法律规范的规定保持一致，从而使法律得到实现。

在法的实现的过程中，国家是以保障的角色存在的。虽然大多数情况下国家并没有直接介入各个环节和过程，但是其强制力始终是保证法律实现的前提和关键。因此，法律实现的过程，实质上是国家强制力保障的条件下，人的主体意识和行为与法律规范实现一致的过程。

从以上分析可以得知，人的行为始终是法律规范的直接调整对象。就像马克思所说的，“对于法律来说，‘我’是根本不存在的，只有‘我’的行为是法律调整的对象。”① 当然，不同的法律规范有不同的行为模式要

① 马克思、恩格斯：《马克思恩格斯全集》，中共中央马克思恩格斯列宁斯大林著作编译局编译，人民出版社2006年版，第16～17页。

求。只有人们都遵守法律，把人的意识和行为引导到合法的轨道上，才能实现法律。对于知识产权法律制度来讲，制度设立的目标实质上是追求知识产权法律的实现。知识产权法律制度的非自然历史演进性客观上要求，先把人的意识和行为统一到关于知识产权的本质诉求上来，进而与知识产权法律制度的要求相适应。唯其如此，才能真正实现知识产权制度的终极价值目标。

第三章　我国知识产权制度的非自然历史演进性

在我国从计划经济向市场经济转型的过程中，有必要破除三种向市场转型的神话：一是市场经济的自然性；二是向市场转型的自发性；三是向市场转型只有收益没有成本。[①] 在知识产权领域，和市场经济一样，与西方知识产权制度的自然演进过程不同，我国知识产权制度确立的过程采取的是一种强制性制度变迁模式。由于我国知识产权制度形成的非自然演进性，决定了制度的发展和运行必须依赖政府主导，政府的力量发挥着决定性的作用。在这个极其特殊的发展历程中，无论是整个经济制度还是社会观念都经历着一个巨大的转变和深刻的变革。

一、知识产权法律制度的非自然历史演进性

19 世纪中叶，当时东西方更加频繁的贸易往来促使我国知识产权制度产生萌芽。其产生的原因有两个方面：一是由于国家之间贸易的往来，西方发达国家为营造出一个可以实现国际商务和贸易的环境，而频繁地向清政府施加压力，要求建立统一的知识产权法律制度；二是由于西方商品不断涌入我国市场，严重地冲击着我国传统的自然经济，从而引起了我国对

① 参见王绍光：《国家在市场经济转型中的作用》，载《战略与管理》1994 年第 2 期。

西方先进科学技术以及涵盖知识产权制度在内的经济制度的学习。于是，在一百多年前的我国出现了零零散散的知识产权法律。[①] 20 世纪 70 年代后期，随着改革开放的进程，我国开始建设知识产权法律制度，先后制定并颁布了一系列知识产权保护的法律、实施细则及条例等配套法规。[②] 虽然我国在知识产权保护法制建设起步较晚，但是起点较高、发展速度惊人。[③] 1982 年我国正式开始建立知识产权保护制度，迄今为止，已走过了三十多年的历程。

（一）专利制度的移植性

我国法律层面的专利保护是在一百多年前才被提出的。最早是由太平天国时期的著名政治家洪仁玕将西方的专利制度引入我国。1859 年，洪仁玕在《资政新篇》中第一次提出了建立专利制度的建议，并指明我国想要赶上西方发达国家就必须对发明创造进行专利保护。1898 年，光绪皇帝颁布的《振兴工艺给奖章程》因为之后戊戌变法的失败而未能有效地实施。这是首次运用法律的形式将西方的专利制度正式地引入我国的举措，这一举措拉开了近代我国专利立法的序幕。[④]

1912 年，南京临时政府颁布实施了《奖励工艺品暂行章程》，尽管其实施效果并不大，但却是近代我国第一部实际执行过的专利法规。1932 年，南京国民政府在北洋政府专利立法的基础之上又颁布实施了一系列的新法规，初步构建成了一个较为完整的国民政府专利法律体系。1944 年 5

① 参见张宗浩编著：《大学知识产权基础》，西南交通大学出版社 2010 年版，第 13 ~15 页。

② 参见薛芳、朱广权：《浅析知识产权法律保护制度以及存在的问题》，载《芜湖职业技术学院学报》2009 年第 4 期。

③ 参见田宏杰：《论我国知识产权的刑事法律保护》，载《中国法学》2003 年第 3 期；高峰、马领弟、张可：《中国知识产权在自主创新中的法律保护问题》，载《石家庄经济学院学报》2013 年第 3 期。

④ 参见张宗浩编著：《大学知识产权基础》，西南交通大学出版社 2010 年版，第 13 ~15 页。

月，南京国民政府颁布了我国近代历史上第一部较为完整和正式的专利法规——《中华民国专利法》，两年后又推出了实施细则，但是因为当时我国爆发内战而使其并未得到有效地实施。①

新中国成立以后，1950 年 8 月，中央人民政府政务院制定了《保障发明权与专利权暂行条例》，又在当年 10 月推出了实施细则。但 1963 年 11 月，这项法律被国务院明令禁止。直至 20 世纪 70 年代末期，随着我国改革开放的进程，专利制度的建立被重新提上日程。1979 年国家科委正式组建了专利法起草小组。1984 年 3 月 12 日，我国通过了《中华人民共和国专利法》，并于次年 4 月 1 日起施行。在这部法律中，发明创造专利权的保护成为知识产权保护新增内容。这标志着我国在法律程序上完成了专利制度的建立。1992 年第一次修正了《中华人民共和国专利法》（以下简称《专利法》）。新修改的专利法扩大了专利的保护范围，延长了发明专利的保护期限，进一步强化了对专利权的保护并且重新规定了对专利实施强制许可的条件。1998 年 4 月，在国家机构改革中，1980 年成立的国家专利局改制成为国家知识产权局，并成为国务院直属行政机构。②

自我国加入世界贸易组织之后，自动承担 TRIPs 协议的义务。为了使立法与该协议保持一致，2000 年，我国第二次修订了专利法，并于次年 7 月 1 日起正式实施。与此同时，国务院出台了《中华人民共和国专利法实施细则》。此次修改使得我国的专利法与 TRIPs 协议更趋一致。2008 年 12 月，我国第三次修订了《专利法》及《中华人民共和国专利

① 参见张兴科：《我国知识产权保护正在发生历史性变化》，载《法制与经济》2014 年第 5 期。

② 参见杜碧辉：《知识产权保护的效应分析及中国的政策选择》，湖南大学国际贸易学系 2007 年硕士学位论文。

法实施细则》。[①] 2020 年，我国又对《专利法》进行了第四次修订，[②] 修改后的《专利法》自 2021 年 6 月 1 日起施行。

（二）商标制度的移植性

世界上最早的商标法是法国于 1803 年制定的《关于工厂、制造场和作坊的法律》。我国在 20 世纪初期陆续颁布实施了保护商标权的相关法律。在晚清时期，我国开始使用成文的法律来保护商标专用权。最早涉及商标保护的注册与管理的法律条文是 1902 年 9 月 5 日清政府同英国签订的《中英续议通商行船条约》，即《马凯条约》。清政府在 1904 年 8 月正式颁布了第一部商标法——《商标注册试办章程》，于 1904 年 11 月 23 日正式实施。[③]

北洋政府时期是我国商标法发展的一个重要时期。1923 年，北洋政府颁布了我国商标史上第一部内容完整的《商标法》，与此同时，又编辑出版了第一本有关商标的综合性刊物——《商标公报》，并成立了第一个中央政府商标注册管理机构——北洋政府农商部商标局。1925 年 9 月，广东国民政府颁布了《商标条例》及其实施细则；1930 年 5 月，南京国民政府颁布了《商标法》并于同年 12 月 30 日推出实施细则；抗战期间，南京国民政府还颁布了如《非常时期上海特区及各游击区商人呈请商标注册成立办法》等一些特殊时期的商标法规。

新中国成立以前，共产党领导的各边区政府也相继发布了多个有关商

---

① 参见郑成思：《知识产权法律制度（九届全国人大常委会法制讲座第十九讲）》，载中国人大网：http：//www. npc. gov. cn/npc/c541/200102/6045c79f0eb4408ba5a3665a28d047e0. shtml，最后访问日期：2021 年 5 月 10 日。

② 参见何炼红：《论中国知识产权纠纷行政调解》，载《法律科学（西北政法大学学报）》2014 年第 1 期。

③ 参见吴汉东：《知识产权法律知识手册》，湖北人民出版社 1992 年版，第 46 ~48 页。

标的法令。1946 年 4 月 13 日，苏皖边区政府颁布了《商品商标注册暂行办法》；同年 8 月 23 日，晋冀鲁豫边区政府颁布了《商标注册办法》；1949 年 1 月 8 日，华北人民政府颁布了《华北区商标注册办法》；同年 7 月 18 日，陕甘宁边区政府颁布了《商标注册暂行办法》。

新中国成立以后，我国商标注册工作逐渐走上正轨，商标管理工作先后由中央私营企业局和中央工商行政管理局主管。1950 年 7 月 28 日，中央人民政府政务院颁布了新中国第一部商标法规——《商标注册暂行条例》，同年 9 月 29 日推出其实施细则。随着改革开放的进程，1978 年，国家成立工商行政管理总局，并在其内部专门设置商标局，负责全国范围内的商标注册和管理工作。1982 年 8 月 23 日，全国人民代表大会常务委员会（以下简称全国人大常委会）通过了《中华人民共和国商标法》（以下简称《商标法》），并于 1983 年 3 月 1 日起正式实施。这是改革开放以来我国颁布的第一部知识产权法律，标志着我国将要系统建立现代知识产权法律制度。5 年后国务院批准对《中华人民共和国商标法实施细则》（以下简称《商标法实施细则》）进行了第一次修订。1993 年 2 月，全国人大常委会对《商标法》进行了第一次修订，同年国务院批准对《商标法实施细则》进行第二次修订。

自我国 2001 年加入世界贸易组织之后，为了和 TRIPs 协议接轨，2001 年 10 月，全国人大常委会对《商标法》进行了第二次修订，并于次年对《商标法实施细则》进行了第三次修订，同时又对国家工商行政管理总局公布的《驰名商标认定和管理暂行规定》《集体商标、证明商标注册和管理办法》进行修订。① 2013 年，我国又对《商标法》进行了第三次修订。2013 年，我国又对《商标法》进行了第三次修订。2019 年 4 月 23 日，第

① 参见何冬明：《和谐世界视野下共赢性国际知识产权法律制度的构建》，载《河北法学》2009 年第 4 期。

十三届全国人民代表大会常务委员会第十次会议对《商标法》进行了最新修订。

（三）著作权制度的移植性

19世纪下半叶，西方的版权制度伴随着东西方贸易输入我国。当时，美国和日本是对我国版权保护要求最为迫切的资本主义列强。1902年起，中美、中日就版权问题进行了多轮谈判。直至1910年，清政府颁布并实施了我国历史上第一部著作权法——《大清著作权律》，标志着我国近代版权保护制度的产生。此后，北洋政府与国民政府分别在1915年和1928年颁布并实施了《著作权法》。上述法律的颁布与实施为我国知识产权法律制度的建立奠定了一定的基础。

新中国成立以来，我国也做了许多保护版权的工作。1950年颁布的《关于改进和发展出版工作的决议》对出版社做出了相应的要求。伴随着改革开放的进程，我国的版权保护制度又有了新的发展。1984年6月，国务院文化部颁发了《图书、期刊版权保护试行条例》，至此我国版权保护制度得到了进一步发展，不仅为我国培养了一大批版权管理和执法人员，也为我国积累了在版权行政管理和保护方面的宝贵经验。1985年7月，国务院批准成立了国家版权局。1986年4月12日，全国人民代表大会通过《中华人民共和国民法通则》（以下简称《民法通则》），并于次年1月1日起施行。在《民法通则》中，首次将知识产权明确为公民和法人的民事权利，并首次明确规定公民、法人等享有著作权（版权）。1990年9月7日又进一步通过了《中华人民共和国著作权法》（以下简称《著作权法》），并于次年6月1日起施行，同年又颁布了《中华人民共和国著作权法实施条例》（以下简称《著作权法实施条例》）。这标志着我国现代版权保护制度的产生。

2001年，我国加入世界贸易组织之后，为了在立法上和TRIPs协议保持一致，当年10月27日，全国人民代表大会常务委员会对《著作权法》进行了第一次修订；次年8月2日国务院又公布了新修改的《著作权法实施条例》。2001年12月20日《计算机软件保护条例》公布，并于次年4月1日起实施。至此我国版权保护制度得到了进一步的完善。这不仅表明了我国对知识产权保护持坚定的立场和态度，还提高了我国知识产权国际保护的范围和力度。2010年2月，我国对《著作权法》及其相关的配套条例《著作权法实施条例》《著作权集体管理条例》《计算机软件保护条例》《信息网络传播权保护条例》等进行了第二次修订，扩大了权利人的权利范围。2020年，我国又对《著作权法》进行了第三次修订，并于2021年6月1日起施行。

（四）国际条约的签署

我国在知识产权保护方面除了加强立法，还在积极寻求国际保护，参加了许多与知识产权保护有关的国际组织，并签署了国际协议。

1980年，我国申请并加入了《世界知识产权组织公约》。

1984年12月19日，我国政府向世界知识产权组织申请加入《保护工业产权巴黎公约》，并于次年3月19日成为巴黎公约的成员国。

我国是1989年通过的《关于集成电路的知识产权保护条约》的首批签字国之一。

同年7月4日我国政府申请加入《商标国际注册马德里协定》（以下简称《马德里协定》），并于当年10月4日正式成为《马德里协定》成员国。

1992年7月10日和7月30日，我国政府分别向世界知识产权组织和联合国教育、科学及文化组织提交了加入《保护文学和艺术作品伯尔尼公约》（以下简称《伯尔尼公约》）和《世界版权公约》的申请，并分别在同年的10月14日和10月30日正式成为《伯尔尼公约》和《世界版权公约》的成员国。

我国政府在1993年1月4日向世界知识产权组织申请加入《保护录音制品制作者防止未经许可复制其录音制品公约》(以下简称《录音制品公约》),并于当年4月30日正式成为《录音制品公约》的成员国。

同年9月15日,我国政府向世界知识产权组织申请加入《专利合作条约》,并于次年1月1日起正式成为《专利合作条约》成员国,而我国专利局即成为《专利合作条约》的受理局、国际检索单位和国际初步审查单位。

截至目前,除了我国加入了世界贸易组织(WTO)后当然履行的TRIPs协议之外,我国加入的有关知识产权的国际条约有三十个左右。这样,我国仅用了短短十几年的时间,就走完了发达国家需要几百年才能完成的知识产权立法道路,形成了比较完整的知识产权法律体系。

二、知识产权文化的非自然历史演进性

吴汉东认为,法律文化是有惰性的。从我国的实际国情来讲,传统文化遗产越深厚,其精神惰性就越顽固。西方的知识产权法律制度以个人主义、自由主义、理性主义为基础,在以人伦理性、义务本位为特点的中国传统文化土壤之上,难免会"水土不服",产生法律异化后果。历史经验警示我们,知识产权法律制度的"生根发芽"必须有适宜其生存和发展的文化土壤,否则也只不过是南橘北枳。①

(一)政府行为的主动性

相较于发达国家,我国知识文化建设起步较晚,发展也较为缓慢。2005年,国家正式启动知识产权战略制定工作。2006年1月全国科学技术

① 参见谢根成、刘娜:《我国农业知识产权法律保护存在问题及建议》,载《科技与经济》2010年第3期。

大会提出了建设创新型国家的战略目标。2008 年 6 月 5 日，我国颁布实施《国家知识产权战略纲要》，明确提出要培育知识产权文化，作为一项战略重点，要在全社会形成尊重知识、崇尚创新、诚信守法的知识产权文化。

随后，政府又陆续出台一系列国家知识产权战略实施的推进计划，有力地促进了知识产权文化建设的发展。2013 年 3 月 13 日，国家知识产权局、教育部、文化部、工商总局、广电总局、版权局六个部门联合制定并下发的《关于加强知识产权文化建设的若干意见》指出，"知识产权文化是中国特色社会主义文化的组成部分，是实施国家知识产权战略、建设创新型国家的重要思想意识保障。大力弘扬尊重知识、崇尚创新、诚信守法的知识产权文化观念，有助于增强公民文明素质，提高全社会文明程度；有助于营造公平竞争、诚信经营、创新发展的市场经营环境，维护公平有序的竞争秩序；有助于继承和发扬中国传统文化精髓，发展中国特色文化事业和文化产业；有助于激发全社会的创新热情，实现创新驱动发展战略。"该意见还指出，加强知识产权文化建设的主要任务包括深入普及知识产权观念、推动形成创新发展环境、提升知识产权领域国家影响力以及健全知识产权文化传播体系四个方面，并明确了加强知识产权文化建设的工作目标，指出到 2015 年要初步建立知识产权文化建设体系，到 2020 年要使知识产权文化建设成为国家知识产权战略实施和创新型国家建设的有效支撑。

虽然我国知识产权法律制度已经建立 30 多年，但是，由于知识产权制度的非自然历史演进性，以移植方式构建的比较完整的法律体系相对于知识产权价值文化尚未形成的社会公众意识来讲，一定程度上，在理性领域还存在缺位与盲区，离两者完全契合还存在较大的差距。这成为我国知识产权法律实现的瓶颈问题，主要表现为传统文化没有得到辩证扬弃。

在中国传统文化的精髓中，"明礼守信"实质上与知识产权价值取向是一致的。然而，同样对我国人文精神产生深刻影响的"重义轻利"思想，在与知识产权文化产生碰撞时，则需要辩证地分析。有人甚至用这种传统思想，认为知识产权制度破坏了社会主义道德所崇尚和提倡的体现社会主义制度优越性的“大公无私”“无私奉献”等道德理念。事实上，这种传统思想既有可取的一面，也有可舍的因素，关键在于对其进行辩证分析。实质上，“重义轻利”不是毫无原则地盲目执行，知识产权的价值规则同样是“义”的范畴。然而，正是这些没有经过扬弃的传统思想，才是影响知识产权价值文化形成的最大羁绊。

文化作为一种历史现象，从来就不是孤立存在的，各种文化之间不断相互融合和渗透，其本身就是一个融合体或复合体。文化的融合是一个过程，正因为超越了本土视域的限制，尊重、理解、包容、接纳、吸收以及内化不同国家文化存在的多样性和合理性，世界文化才出现繁荣昌盛的局面。而作为一种共同的价值取向，即使存在于不同的国家和民族，带有不同的差异化特性，但知识产权价值文化是共性的。无论之于哪个国家，知识产权价值文化具有趋同性。当与传统价值观产生摩擦甚至冲突时，必须求同存异，加强理解、交流和融合。

开放和包容是中国传统文化的优秀品格之一。目前，对于知识产权的价值取向来说，我国政府对于传统文化与知识产权文化之间的协调还不够，需要进一步采取更多的措施实现认同、吸收、改造和升华。面对知识产权这一移植而来的“新秩序”，我们既要坚决反对推行“西方中心论”，也要平衡和协调制度创新与传统依赖、兼顾公益与尊重私权的关系，充分发掘和弘扬包容精神，不断在异质文化的影响下汲取营养，形成更为强大的文化力量。

（二）公众接受的被动性

在知识产权制度建立初期，思想学界甚至引发了激烈讨论与争议。例如，有人认为，党和国家培养了科研人员，凭什么他们的科研成果要据为私有？还有的人认为，如果赋予知识产权权利人私权，将会破坏“人人为我、我为人人”的社会主义道德观念，阻碍科技的进步和应用，最终影响我国经济社会的发展。知识产权意识的薄弱已经成为制约我国知识产权法律制度实现的核心因素。

为了解和掌握知识产权文化生态的基本情况，笔者对陕西省西安、宝鸡、汉中、榆林四地进行了问卷调查。根据联合国开发计划署、清华大学中国发展规划研究院、国家信息中心联合发布的《中国人类发展报告特别版——历史转型中的中国人类发展 40 年：迈向可持续未来》整理的数据可知（根据 2017 年数据测算），陕西省 HDI 指数为 0. 742，在全国排名第 14 位（不包括港澳台地区），且省内所有地级市的人类发展指数均处于高发展水平；而从当年的人均 GDP 情况来看，陕西省人均 GDP 为 57, 266 元，在全国排名第 12 位（不包括港澳台地区）；从当年的专利申请量来看，陕西省当年的专利申请数量为 4. 66 件，每万人发明专利拥有量 8. 6 件，在全国排名第 7 位。2020 年 1 ~9 月，陕西省共申请专利 7. 25 万件，2019 年全省每万人发明专利拥有量达到 12. 043 件，居全国第七位、中西部第一位。几项数据反映的信息比较一致，比较有代表性。

从政府行为的角度来看，早在 2001 年陕西省机构改革催生了陕西省知识产权局（原为陕西省专利局）并将其设定为副厅级事业单位；2004 年，西安市高新技术开发区就被陕西省确定为首批“知识产权保护示范区”，也是我国第一个成为知识产权保护示范区的高新技术开发区；2009 年，陕西省机构改革将陕西省知识产权局改为省政府直属的行政单位。陕西省知识产权局从副厅级事业单位变为省政府直属的行政单位。机构的升格意味着知识产权局工作人员工作绩效的明显改善，表明了陕西省政府对于知识产权保护十分重视。作为科教资源大省，高校、科研院所众多，陕西省从 2009 年开始开展知识产权战略实施工作，从时间上，居于全国前列。之后，陕西省出台了一系列加强知识产权工作的规范性文件和地区合作协议，取得了较好的效果。2013 年，知识产权保护社会满意度调查显示，在我国的27个省区市中，陕西省仅居天津之后，位列全国第二名。① 2015年，陕西省知识产权局结合陕西的发展实际，明确提出了实施知识产权"一一八"工程，使陕西省知识产权工作进入一个新阶段。2018年，陕西省政府发布《陕西省人民政府关于建设知识产权强省的实施意见》，要求2020年年底知识产权主要指标达到西部领先水平，基本建成知识产权强省。当前，陕西省知识产权局表示，陕西省知识产权系统要学习贯彻党的十九届五中全会精神、习近平总书记在中央政治局第二十五次集体学习时的重要讲话精神和习近平总书记来陕考察重要讲话精神，完善省内知识产权保护体系，加快推进知识产权强省建设。

从专利申请量来看，从2005年至2019年，陕西省专利申请量迅速增长，反映出社会公众知识产权意识，至少是专利意识的不断增强（如图3－1所示）。

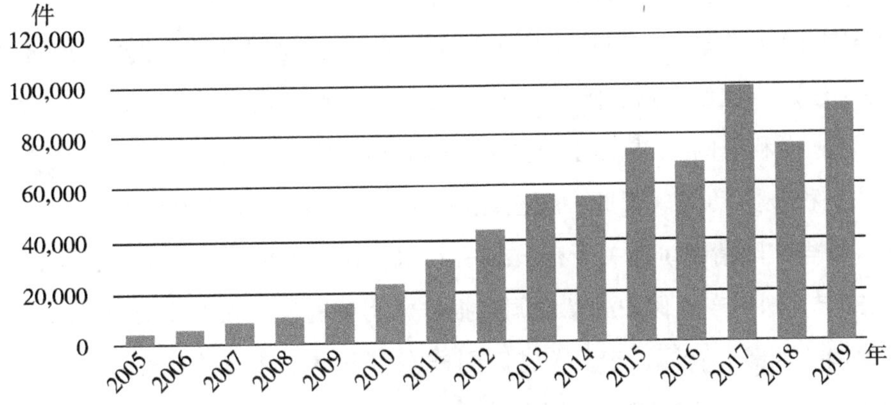

图3－1　2005～2019年陕西省专利申请量

资料来源：国家知识产权局网站：http：//www. sipo. gov. cn。

① 参见张维：《2013年度〈知识产权保护社会满意度调查报告〉出炉》，载法制网：http://m. sohu. com/n/398830527/，最后访问日期：2021年5月10日。

从调研数据的统计分析结果来看，以下几个问题得到明确反映：

1. 知识产权法律制度基本满足需求

调查结果显示，立法方面，有71.5%的被调查者基本认为法律规定的司法和行政保护权限和手段能满足知识产权保护的需要，但仍有近三成的人持不确定或者否定的态度。行政执法方面，68.7%的人对行政执法的主动性基本认同；72.7%的人对行政执法的持续性基本认同。司法执行方面，约70%的人对知识产权执法执行公正性认可。关于知识产权维权救济及时性方面，超过70%的人对维权救济的及时性基本认可。

概括地讲，知识产权法律制度实施本身主要包括立法、执法（行政执法和司法执法）等环节。在考量立法的公众认知时，主要目的在于衡量公众对于地方立法的了解程度。对地方性法规立法和修改的积极性、及时性反映了当地政府对知识产权立法的态度。实际上，陕西省在关于知识产权的地方立法方面比较积极主动。例如，在2002年《专利法》修改后，陕西省在2004年即在全国较早地出台的《陕西省专利保护条例》；2008年《专利法》再次修改后，陕西省于2012年进一步修改了地方立法，出台了《陕西省专利条例》。从与上位法的配套和地方实际的结合来说，陕西省的做法是积极主动的。因此，调查结果中多数人认为立法能够基本满足需要，符合实际情况。而关于行政执法和司法执法方面，根据上文，可以从2013年《知识产权保护满意度调查报告》得到验证。根据该报告显示，除了海南、西藏、青海、宁夏4省区因样本量不足未参与排名外，在我国的27个省区市中，知识产权保护社会满意度陕西省仅居天津之后，位列全国第二名。2019年国家知识产权发展研究中心发布的《2018年中国知识产权发展状况评价报告》显示，陕西省知识产权综合发展指数为71.45，在70～80之间，属于全国第二梯队。而从这几个环节的被访者的认可比例来看，都集中在70%左右，保持高度一致。几个问题相互验证，基本符合实际情况，说明从法律实施本身来讲，陕西省知识产权立法情况基本能够满足需求，也就是说，知识产权法律实现的前提是满足的。

2. 公众关于知识产权的认知度不高

调查结果显示，超过70%的人认为知识产权对于保护创新成果是重要的，超过70%的人认为互联网的发展对知识产权保护有影响，但是仅有62.3%的调查对象了解知识产权，非常了解的仅占30.8%。当知识产权被侵犯时，仅有36.7%的人能够正确选择维权途径，有25%的人不知道正确的维权途径，近20%的人甚至认为知识产权无法得到有效保护。

公众对知识产权的认知对于知识产权法律制度的实现至关重要。如前文所述，只有把人的意识和行为引导到合法的轨道上，法律才可能实现。无论是什么年龄、性别、收入、职务、学历等，没有知识产权法律意识，就难以保证行为合乎知识产权法律的规定，就无从谈及知识产权法律制度的实现。中华人民共和国成立以后，我国长期实行计划经济体制，崇尚"一方有难、八方支援"和"人人为我、我为人人"，在思想道德领域，这种精神境界当然无可厚非，而且应当大力提倡。但是，在市场经济条件下，讲究差异化、竞争力，创新成果共享不符合市场竞争的规律和要求。然而，对于在计划经济体制下成长起来的大多数人来说，很少有人能够迅速从计划经济体制下形成的思维中解放出来，深刻认识知识产权对于把握市场竞争、增强经济活力、促进自主创新的战略意义，更难在实践中加以灵活运用。在社会文化的层面上，由于知识产权法律制度的非自然历史演进性，我国知识产权文化教育整体比较落后，公民知识产权素质和法律意识不高、不强。甚至知识产权的概念在相当一部分人当中仍是一个陌生的名词。许多人既不懂得维护自身的知识产权，又不尊重别人的知识产权；个别人甚至肆意践踏他人劳动成果和知识产权。而从主体意识上讲，这些人并不以为意，最形象的例证是对盗版持包容和理解态度。

这种情况下，很显然，知识产权法律制度要求的以人的知识产权权利和义务为主要内容的主体意识和行为没有形成，表现为知识产权生态环境的恶化，造成的结果是知识产权法律制度无法实现。

3. 政府对知识产权文化形成的推动力不够

调查结果表明，有74.1%的被调查者认为陕西省各级地方政府重视知识产权保护工作；近80%的人对政府提供的知识产权公共服务满意；绝大多数人认为知识产权宣传教育是重要的，但是，有近七成的被调查者未接受过相关教育，超过80%的人对知识产权人才培养机构不了解。

法律的实现，除了依赖国家公权力进行保障之外，社会关系主体——社会人的行为对法的实现也具有决定性的作用。由于我国知识产权法律制度诞生和发展的特殊性，使我国政府既是制度的供给者，决定和塑造着我国的知识产权生态环境；又是创新的需求者，广泛的参与到创新的各个领域。也就是说，政府既是"裁判员"，又是"运动员"。在我国知识产权法律制度的形成和实施过程中，对于知识产权法律制度这一全新的法律秩序，政府的主导色彩非常浓厚。因此，政府在我国的知识产权生态建设中承担着责无旁贷的主导义务。

因此，为了实现知识产权战略实施，建设知识产权法律制度，推行知识产权价值观念，让所有受知识产权法律制度约束的人都了解、接受并规范自己的行为是我国政府首先要解决的问题。在我国政府的倡导下，2001年，世界知识产权组织决定把每年的4月26日确定为"世界知识产权日"。全国每年都在这个时期开展各种形式的宣传活动，包括陕西省在内的全国各级政府投入大量资金，利用包括网络平台、电视、广播、报纸在内的媒体进行宣传，免费举行报告会、举办培训班、开展各种咨询服务等，向公众宣传知识产权理念。2005年11月，依托西北大学法学院和西北大学知识产权保护中心，整合校内相关专业的师资力量，西北大学知识产权学院正式挂牌成立，填补了陕西省知识产权学院设置方面的空白。近年来，陕西省知识产权局积极开展中小学知识产权教育，截至2019年年底，全省设置中小学知识产权教育试点已达107所，覆盖全省12个市区。

应该说，政府在宣传教育方面做了很多工作，但是，从本次调研的数据来看，仍有近七成的被调查者未接受过相关教育，超过 80% 的人对知识产权人才培养机构不了解。这说明政府所惯常采用的“蜻蜓点水”式的宣传教育对于培养公众知识产权意识、促使知识产权文化的形成尚嫌力道不足。

第四章　我国知识产权环境评价
——以陕西省为例

一、知识产权保护环境评价体系

（一）知识产权保护环境研究总体设计

环境包括自然环境和社会因素，而知识产权保护环境是以知识产权为中心的环境要素总称，由于知识产权无固定形态，自然环境对其影响较小，因此本书所指的环境主要是以知识产权为中心的社会环境因素总称。具体而言，陕西省知识产权保护环境包括法律因素、社会因素、国际因素、陕西省知识产权的管理与服务因素。

法律环境因素，是知识产权保护环境中的要素之一，指陕西省目前与知识产权保护相关的法律建设。将其作为知识产权保护环境的要素之一是因为知识产权是一种权利，是权利人对其智力成果所享有的所有权，除法律之外的社会规范不能依靠国家强制力保障权利人的合法权益。因此知识产权的保护须有法律的介入，具体是指立法主体规范立法，执法主体严格执法，司法主体公正司法。这一方面体现了国家对知识产权的重视，另一方面维护了社会经济秩序，是社会发展的必然要求。随着法治化进程的推进和创新性国家的建设，知识产权法律保护必会得到加强。

社会因素，是以知识产权保护为中心的社会相关问题的总称，包括公众的认知程度、相关的宣传教育等。之所以将社会因素作为知识产权保护环境的一个要素，是因为任何一项法律、政策及制度的贯彻实施需要群众基础，知识产权的保护需要社会公众的知晓并给予其高度支持和重视，需要社会公众遵守国家机关制定的相关秩序。良好的社会氛围，不仅有利于知识产权相关活动和相关教育的开展，而且有利于贯彻实施相关的法律、政策及制度，进而建立良好的知识经济秩序。

国际因素，指我国知识产权是“舶来品”，受国际社会的知识产权制度影响较大。尤其是在经济全球化的浪潮下，与知识产权保护相关的国际活动、国际条约、文件等对国内的知识产权保护制度产生了深远的影响。如中国加入世界贸易组织（World Trade Organization，WTO）和相关国际知识产权保护专项条约后，真诚地履行了自己承诺的相关义务。这不仅可以提高国际贸易水平，而且利于建立系统科学的国内知识产权保护法律体系，具体方式是通过借鉴国际条约中比较先进的原则、精神、内容等，并结合国内实际情况来构建相关制度体系。

管理与服务因素，指知识产权保护的管理体系和服务体系。将其作为知识产权保护环境的构成要素，是因为普通公众对知识产权的认识有限，不能充分认识到知识产权及其保护的难点和重要性，更不能有效地解决知识产权纠纷。而政府及与知识产权相关的服务行业对知识产权的了解和重视程度高于普通的社会公众，他们通过政策、制度、指令等方式引导和教育普通公众来保护知识产权。

以上是关于陕西省知识产权保护环境研究的总体设计，为了更好地把握陕西省知识产权保护环境的整体情况，揭示目前存在的问题，有必要确定具体的环境评价指标。

（二）知识产权保护环境评价指标体系

根据前文中所述的陕西省知识产权保护环境的构成要素，结合相关文献，本着科学性原则和系统性原则来构建陕西省知识产权保护环境评价指标体系。其中科学性原则是指本书选择的指标具有科学的内涵，便于理解和操作，实用性较强，能够科学地反映陕西省知识产权保护环境的整体情况；系统性原则是指确定的具体指标具有整体性、全面性和可操作性，能有效地避免重复调研和相互矛盾。基于此，本书建立的陕西省知识产权保护环境评价指标体系的具体内容见表4－1所示：

表4－1　陕西省知识产权保护环境评价指标体系

目标层	准则层	操作指标层
陕西省知识产权保护环境评价指标体系	法律环境因素	立法环境
		执法环境
		司法环境
	社会因素	社会公众认知度
		宣传教育
		人才培养
	国际因素	国际监督
		国际贸易发展水平
	管理与服务因素	政府管理体系
		知识产权服务体系

法律环境因素。这部分内容设置的评价指标主要是：陕西省知识产权保护的立法环境、执法环境、司法环境。

社会因素。这部分内容设置的评价指标主要是：陕西省公众对知识产权的认知度、知识产权保护相关的宣传教育、人才培养。

国际因素。这部分内容设置的评价指标包括：国际监督和国际贸易发展水平两方面的内容。

管理与服务因素。这部分内容设置的评价指标包括：政府管理体系和知识产权服务体系两方面的内容。

为了更好地评价陕西省知识产权保护环境的现状，需要正确地为各个环境评价指标确定相应的权重。

（三）陕西省知识产权保护环境评价指标权重的确定

在陕西省知识产权保护环境中，每一个环境指标的重要性是不一样的，各项指标权重的确定将影响整个知识产权保护环境指标体系的整体性和合理性，甚至关系到最后评测结果的信度和效度。因此，本书将各项环境指标的重要性程度确定为各项指标的权重，而各项环境指标的重要性程度是以公众对某一环境评价指标的满意程度来衡量。本书将根据陕西省知识产权保护环境的指标体系设计问卷，以此来调查公众对各项指标的满意程度。计算公式为：

$$Q_{it} = C_{it} / \sum_{j=1}^{k} C_{jt}$$

公式中 Q_{it} 指的是 t 时刻 i 指标的权重；C_{it} 指的是 t 时刻 i 指标的重要度；C_{jt} 指的是 t 时刻 j 指标的重要度；K 指的是指标的具体数量。

（四）实证模型的提出与调研方案的设计

本书将采用实证研究的方式来评价陕西省知识产权保护环境，并且构建相应的模型如下：首先以陕西省知识产权保护环境构成要素为基点，构建陕西省知识产权保护环境的评价体系，并提出研究假设；其次开始评价，利用评价结果分析不同群体对知识产权环境的满意程度，验证研究假设；最后对陕西省知识产权保护环境作出整体分析，揭示其存在的问题，提出相应的建议。

1．研究假设

（1）政府单位对知识产权环境的了解和重视程度较高；

（2）公共管理行业及与知识产权相关的行业对知识产权环境的满意度较高；

（3）经济发达的地区对知识产权的相关问题更加敏感，更加重视知识产权的保护。

2. 调研方案的设计

本次调研的目的是采用合适的方法进行实证研究，验证前文提出的陕西省知识产权环境评价体系的研究模型及研究假设，反映陕西省知识产权保护环境的现状，形成对陕西省知识产权保护环境的整体评价。本次调研的主要内容是：（1）确定陕西省知识产权保护环境的评价指标及指标的权重；（2）探求陕西省内各个单位、行业、地区对知识产权保护环境各要素的了解、重视和需求状况。

本书的调研对象是西安、宝鸡、汉中及榆林的部分公众。这四个地方的经济发展水平、公众的意识水平、知识产权侵权现象的严重程度，以及各单位、行业、地区对知识产权保护环境的各要素的了解、重视和需求存在差异。因此，这四个地方的调研数据能较为客观全面地反映陕西省的知识产权保护环境的整体情况，进而便于笔者提出有针对性的建议。

本次调研共分为三个步骤：一是专家访谈阶段，主要的目标是初步确定陕西省知识产权保护环境评价指标体系和问卷的基本内容；二是预调查阶段，主要目的是完善评价指标体系和问卷；三是正式调查阶段，主要的目的是发放问卷来获取大量的数据，并据此展开实证分析。

本次的调查问卷内容包括：一是被调查者的基本信息，具体包括性别、年龄、受教育程度、月收入、所在单位的性质、所在单位所属的行业以及所在地区；二是陕西省知识产权保护环境各构成要素的情况，具体包括被调查者对各要素的了解程度、重视程度等，本部分可以反映不同单位、不同行业、不同地区对知识产权保护环境的需求及评价，实现假设的验证。为了确保本次调查的有效性和可靠性，本次调查采用问卷调查法。

调查问卷被收回后，剔除无效问卷保留有效问卷得到研究所需的数据，而后采用社会科学统计软件包（Statistical Package for the Social Sciences，SPSS）统计分析所获得的数据。本书将以描述性分析为基础，以方差分析为重点，分析各单位、各行业、各地区对知识产权保护环境的了解、重视及需求程度，以此获得陕西省知识产权保护环境的整体情况。

（五）问卷结果及统计分析

问卷确定后，本书以陕西省四个地区部分公众作为调查对象展开了调查。共发放600份问卷，回收600份，获得了相关调查数据后，使用了SPSS进行了数据的分析，由此获得陕西省知识产权保护环境各构成要素满意度得分情况。本书将满意度分为五个等级，非常不满意、不满意、一般、比较满意和非常满意，分别为其赋值为1分、2分、3分、4分和5分。

根据表4－2可以看出，被调查者对知识产权保护环境的总体满意度得分是3.71，说明社会公众对知识产权保护环境的满意度介于一般与比较满意之间。原因是知识产权是“舶来品”，在我国是一项新型权利，国家及其机关目前仍在摸索阶段，知识产权法庭刚刚进入司法审判领域，相应的制度体系并不是十分完善。因此，对信息获取能力较弱、权利意识不强的公众来说，自然比较陌生，或者说只是处于初步了解的阶段。陕西作为西部地区之一，经济发展相对比较闭塞，对外开放程度较低，创新条件受限，知识经济发展缓慢，并不能完全适用中央政府制定的制度，再加上公众的知识产权意识低等因素导致了陕西的知识产权保护环境并不是很乐观，公众对此满意度介于一般与比较满意之间。

表 4－2　陕西省知识产权保护环境要素的公众满意度得分情况

因素	项目数/个	平均数/分	各要素总分/分	合计/分
法律环境因素	11	3.69	1.48	3.71
社会因素	12	3.70	1.11	
国际因素	6	3.32	0.33	
管理与服务因素	8	3.95	0.79	

资料来源：陕西省知识产权保护环境要素调查问卷。

在所有知识产权保护环境的构成要素中，被调查者对法律环境因素的满意度高于对社会因素的满意度，对国际因素和管理与服务因素的满意度较低。反映在表 4－3 中就是法律环境因素的权重最大，而法律环境因素中各项具体指标的权重差异不大，但三级指标中，权限与手段的完备性以及维权成本和效率的权重更高一些，原因是知识产权保护需要国家强制力保障实施，这就需要法律为执法部门和司法部门赋予足够的权限和手段；而作为权利人更加关注权利的保障和救济，以较小的成本及时有效地维护权利人的合法权利。

权重第二的是社会因素，这对于知识产权的保护非常重要，公众的了解和重视程度一定程度上会决定一项政策、一个制度的实施情况。在这一环境要素中，社会公众认知度更为重要一些，因为国家意志的实现需要坚实的群众基础，公众对知识产权的了解和认知度高，有利于贯彻知识产权保护政策；其次重要的是宣传教育，宣传与教育同样重要，因为都是提高公众认知度，增强公众知识产权意识的重要途径；最后是人才培养，原因是公众对知识产权的认知处于初步了解阶段，对人才培养机构的了解程度自然更低一些。

权重第三的是管理与服务因素，在知识产权保护中需要多种手段共同实施，其中一个重要手段是行政手段，而行政手段的主要表现就是政府管理。首先，政府必须重视知识产权保护，进而才有可能更好地监管中介服务机构等知识产权机构，为知识产权政策的落实提供良好的基础。其次政府还应该重视建设公共服务体系，最后重要的就是建立保护机制，为公众提供良好的公共服务平台。权重最小的是国际因素，因为陕西地处内陆，经济对外开放水平低，从事国际贸易的企业有限，因此外来因素的影响较小。其中，国际社会的监督对陕西省知识产权保护环境的影响较大，尤其是中国作为国际知识产权保护专项条约成员国，从中央到地方，都必须深入学习其精神、原则，完善相应的法律制度，使相关的法律制度与其保持一致。

表 4－3　各项评价指标权重

<table>
<tr><th></th><th>一级指标（权重）</th><th>二级指标（权重）</th><th>三级指标（权重）</th></tr>
<tr><td rowspan="20">知识产权保护环境指标体系</td><td rowspan="10">法律环境因素
40%</td><td>立法 35%</td><td>知识产权法的完备性 9%</td></tr>
<tr><td rowspan="4">执法环境 30%</td><td>权限与手段的完备性 13%</td></tr>
<tr><td>执法主动性 9%</td></tr>
<tr><td>执法持续性 8%</td></tr>
<tr><td>执法公正性 8%</td></tr>
<tr><td rowspan="5">司法环境 35%</td><td>执法、司法专业性 10.5%</td></tr>
<tr><td>维权成本和效率 12%</td></tr>
<tr><td>救济及时性 10%</td></tr>
<tr><td>救济便捷性 10%</td></tr>
<tr><td>司法审判公正 10.5%</td></tr>
<tr><td rowspan="7">社会因素
30%</td><td rowspan="4">社会公众
认知度 45%</td><td>互联网的发展 10%</td></tr>
<tr><td>对知识产权的了解 20%</td></tr>
<tr><td>知识产权保护的重要性 15%</td></tr>
<tr><td>创新意识 5%</td></tr>
<tr><td>宣传教育 35%</td><td>社会宣传活动 20%</td></tr>
<tr><td rowspan="2">人才培养 20%</td><td>知识产权教育 20%</td></tr>
<tr><td>培养机构 10%</td></tr>
</table>

续表

<table>
<tr><th></th><th>一级指标（权重）</th><th>二级指标（权重）</th><th>三级指标（权重）</th></tr>
<tr><td rowspan="11">知识产权保护环境指标体系</td><td rowspan="5">国际因素
10%</td><td rowspan="2">国际监督 65%</td><td>WTO 成员 30%</td></tr>
<tr><td>国际知识产权保护专项条约成员 35%</td></tr>
<tr><td rowspan="3">国际贸易
发展水平 35%</td><td>国际贸易兴趣 15%</td></tr>
<tr><td>国际贸易中队知识产权的关注度 10%</td></tr>
<tr><td>知识产权纠纷 10%</td></tr>
<tr><td rowspan="6">管理与服务因素
20%</td><td rowspan="3">政府管理
体系 65%</td><td>重视程度 25%</td></tr>
<tr><td>政策落实 15%</td></tr>
<tr><td>监管指导 25%</td></tr>
<tr><td rowspan="3">知识产权
服务体系 35%</td><td>知识产权保护机制建设 14%</td></tr>
<tr><td>中介服务体系建设 10%</td></tr>
<tr><td>知识产权公共服务平台建设 11%</td></tr>
</table>

综上所述，在陕西省知识产权保护环境的评价指标体系中，按各项指标权重大小排序，最为重要的是法律环境，其次是社会因素，再次是管理与服务因素，最后是国际因素。

根据表 4-4 可知，各单位对知识产权保护环境的满意度得分都介于 3~4分，即介于一般和比较满意之间，各单位的满意度得分从高到低为：政府部门、科研机构、高等学校、国有企业和其他、民营企业。原因是政府部门是知识产权的管理单位，科研机构、高等学校是从事知识产权研究的单位，他们有条件获取知识产权保护环境的大数据，有能力采用一定的方法分析研究这些数据，所以他们对知识产权的了解比较全面，能够理解知识产权的重要作用，对知识产权整体保护环境的满意度会相对较高。由此假设（1）得到证明，即政府单位对知识产权环境的了解和重视程度较高。

表4-4 各单位对知识产权保护环境的满意度得分

单位：分

单位	法律环境因素	社会因素	国际因素	管理与服务因素	合计
政府部门	3.72	3.75	3.21	4.00	3.74
国有企业	3.63	3.70	3.35	3.91	3.68
民营企业	3.66	3.67	3.33	3.86	3.67
高等学校	3.68	3.71	3.25	3.98	3.71
科研机构	3.71	3.72	3.30	4.04	3.73
其他	3.70	3.60	3.36	3.94	3.68

根据表4-5可知，各行业对知识产权保护环境的满意度得分介于3~4分，说明各行业对此都介于一般和比较满意之间。但各行间存在差异，排名比较靠前的是公共管理行业，原因是公共管理行业有更多的机会接触知识产权，权利意识高于其他行业，能深刻地体会到知识产权的重要作用，重视知识带动经济发展。他们会比较认可自己或其他相关政策和管理，因此对知识产权的保护环境也表现出较高的满意度。由此假设（2）得到证明，即公共管理行业及与知识产权相关的行业对知识产权环境的满意度较高。

表4-5 各行业对知识产权保护环境的满意度得分

单位：分

行业	法律环境因素	社会因素	国际因素	管理与服务因素	合计
制造业	3.69	3.73	3.26	3.91	3.71
采矿业	3.67	3.69	3.40	3.95	3.71
建筑业	3.61	3.72	3.42	4.03	3.71
科学研究和技术服务业	3.66	3.68	3.29	3.97	3.69
电力、热力、燃气及水生产和供应业	3.68	3.63	3.25	3.82	3.65

续表

行业	法律环境因素	社会因素	国际因素	管理与服务因素	合计
信息传输、软件和信息技术服务业	3.71	3.70	3.27	3.92	3.71
交通运输、仓储和邮政业	3.67	3.68	3.35	4.03	3.71
其他	3.65	3.65	3.61	3.91	3.70
公共管理业	3.72	3.72	3.65	4.00	3.77

根据表4－6可知，各地区对知识产权的满意度得分都介于3～4分，说明各地区对知识产权保护环境的满意程度都介于一般和比较满意之间，但存在一定的差异。满意度得分从高到低排序如下：西安、宝鸡、榆林、汉中。重要影响因素是经济发展水平、对外开放水平、相关教育水平等，西安的经济发展水平高于其他地区，较为重视国际贸易和知识产权教育，相应地，当地公众对知识产权的了解和重视程度较高，更加重视知识产权保护，对当地的知识产权保护环境的满意度较高；而汉中的经济发展水平低，与知识产权相关的教育落后，公众并不是很了解和重视知识产权保护，因此其满意程度较低。由此假设（3）得到证明，即经济发达的地区对知识产权的相关问题更加敏感，更加重视知识产权的保护。

表4－6　各地区对知识产权保护环境要素的满意度得分情况

单位：分

地区	法律环境因素	社会因素	国际因素	管理与服务因素	合计
西安	3.72	3.72	3.35	3.97	3.73
宝鸡	3.69	3.74	3.34	3.94	3.72
榆林	3.67	3.69	3.33	3.96	3.70
汉中	3.53	3.68	3.27	3.93	3.62

综上所述，各单位、各行业、各地区对于知识产权保护的满意程度皆介于一般和比较满意之间，但是各因素间存在差别，政府及与知识产权相

关的行业对知识产权保护环境的满意程度高于其他单位和行业，而经济发达地区的公众对知识产权保护环境的满意程度高于经济欠发达的地区。关于具体的差异见下文的调查结果分析。

二、调查结果分析

（一）样本结构分析

1. 性别分布特征

根据调查显示（如图 4－1 所示），被调查者中，男性所占比例为 54.2%，女性所占比例为 45.8%。表明在该样本中男性与女性基本对等，具有较强的代表性。

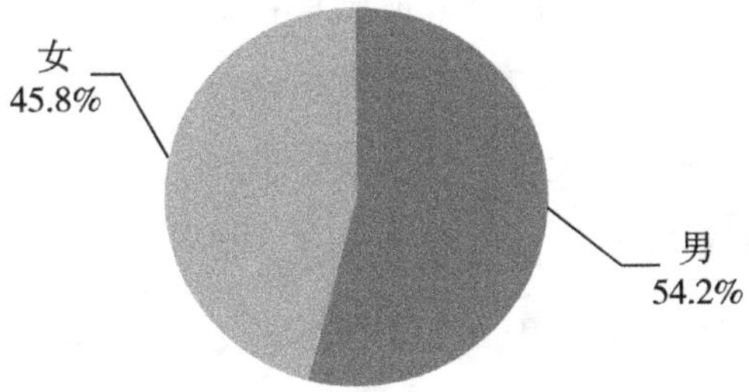

图 4－1　被调查者性别结构分布

2. 年龄分布特征

此次调查中（如图 4－2 所示），18 岁以下被调查者所占比例为 3.2%，18～35 岁占比为 43.5%，36～45 岁占比为 28.8%，46～60 岁占比为 23.3%，60 岁以上占比为 1.2%。结果显示本次调查的主要对象是 18～60 岁群体，而这一群体目前应处于就业期或事业期，其社会交往频繁，对外界的环境较为敏感，创新能力较强，维权意识强，由此可较为客观而全面地反映出陕西省知识产权保护环境的现状。

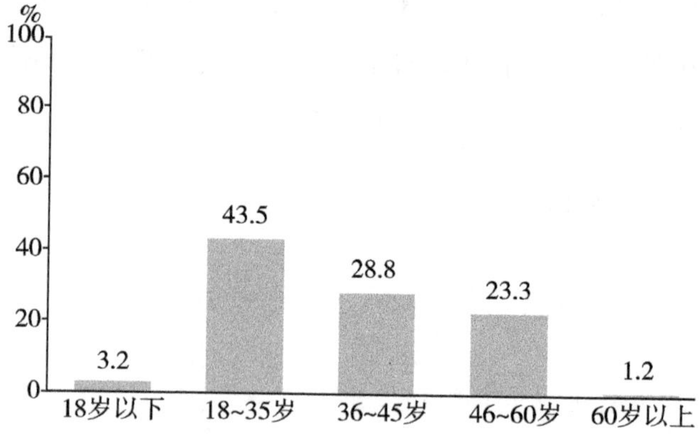

图 4－2 被调查者年龄结构分布

3. 学历分布特征

调查显示（如图 4－3 所示），被调查者中未曾就学所占比例为 2.7%，小学学历和中学学历的共占 42.2%，其中高中学历的占总体被调查者比例为 21.7%。受教育程度为大学（含大专）学历的占比为 52.1%，受教育程度为硕士及以上学历的占比为 3.0%。表明本次调查是以大学生、高中生、初中生为主要的调查对象，不仅能反映受教育的程度与权利意识间的关系，也能反映陕西省知识产权保护的现状和问题。

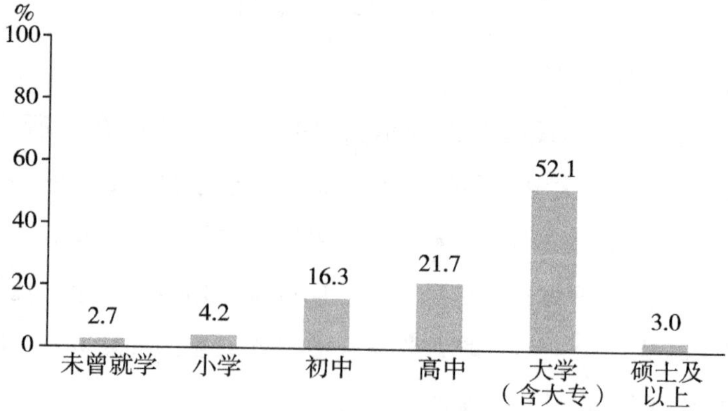

图 4－3 被调查者学历结构分布

4. 月收入分布特征

本次调查中（如图 4-4 所示），被调查者的月收入为 3001～5000 元的人最多，超过一半的被调查者的月收入处于这一区间。然后是 5001～8000 元，月收入落在这一范围内的被调查者占比为 27.5%，居于第二位。排在第三位的月收入为 1001～3000 元，有 11.5% 的被调查的月收入落入这一区间，而被调查者中很少有人的月收入在 1000 元以下和 8000 元以上。由此可见，被调查者的月收入符合目前中国大多数居民的月收入状况。

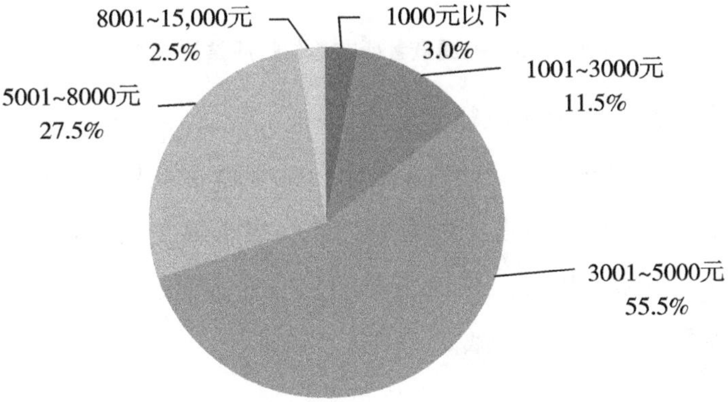

图 4-4　被调查者月收入结构分布

5. 所在单位性质分布特征

由样本可知（如图 4-5 所示），被调查者所在单位的性质为政府部门的占 30.0%，有 25.7% 的被调查者所在的单位属于民营企业，有近三成的被调查者的单位所属性质为高等学校和科研机构，而仅有近一成的被调查者在国有企业工作。表明本次调查能够较为全面地反映不同的单位之间的认识差异性。

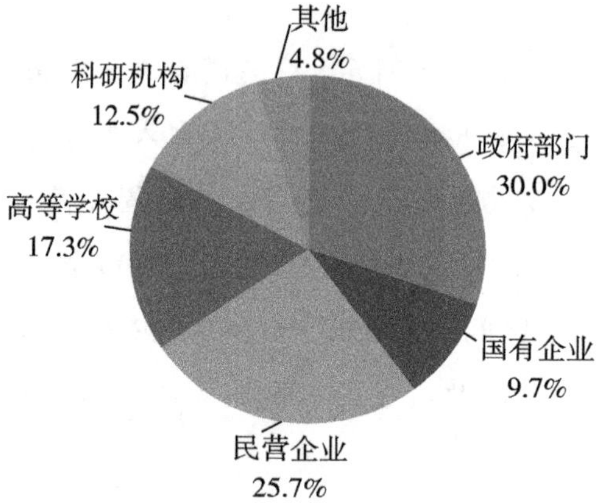

图 4-5 被调查者所在单位性质结构分布

6. 单位所属行业分布特征

调查显示（如图 4-6 所示），从事公共管理业的人有 30%，从事科学研究和技术服务业的人所占比例为 17.2%，居于第二位。从事行业为采矿业，建筑业，电力、热力，交通运输等行业的人比较少。这与被调查者所在单位的性质结构分布相一致。

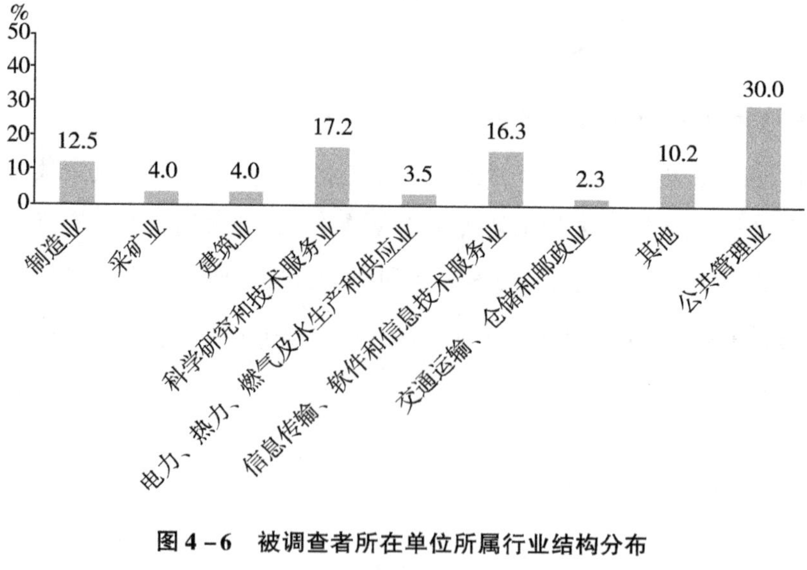

图 4-6 被调查者所在单位所属行业结构分布

7. 被调查者所属区域分布特征

调查显示（如图4－7所示），被调查者所属区域为西安、宝鸡、汉中、榆林四个区域，其中来自西安的被调查者最多，占到了33.3%；其次是汉中和宝鸡，各占25.0%；榆林的人数最少，占到了16.7%。说明该样本能够反映不同地域关于知识产权保护环境的现状，具有较强的代表性。

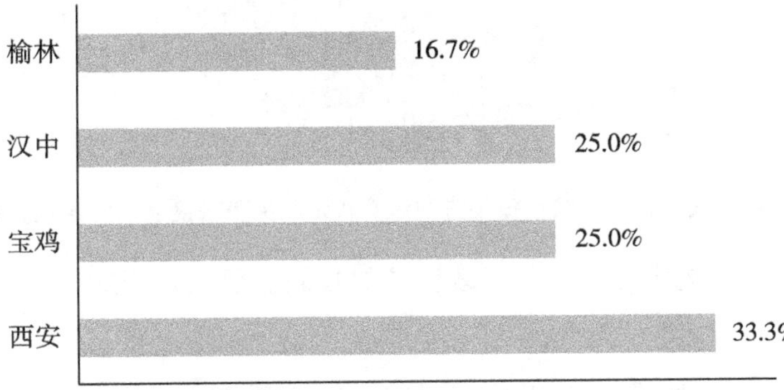

图4－7　被调查人群生活结构分布

（二）关于知识产权保护环境的法律环境因素的分析

1. 陕西省知识产权保护的立法环境

（1）陕西省地方知识产权法的完善程度

调查结果显示（如图4－8所示），近七成的被调查者认为陕西省地方知识产权立法是完善的，有31%的被调查者对此表示不确定，仅4.7%的被调查者认为陕西省关于知识产权的立法并不完善。从总体上来讲，陕西省已经建立起相对完善的知识产权法律保护体系，有利于营造良好的知识产权法治环境。

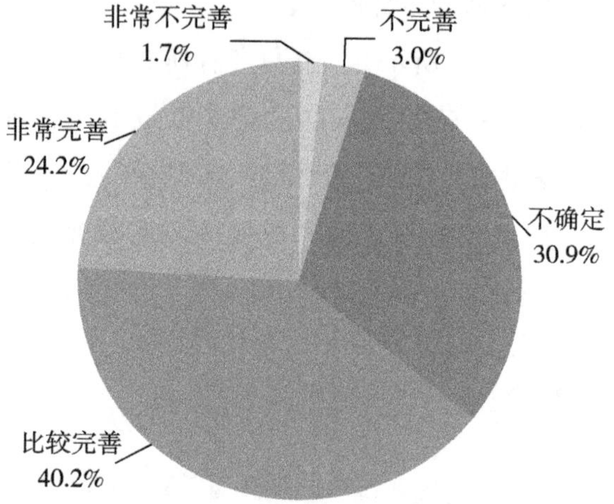

图4－8 被调查者对陕西省地方知识产权法的完善程度认识的结构分布

（2）法律规定的司法和行政保护的权限和手段是否适应知识产权保护的需要

调查显示（如图4－9所示），有71.5%的被调查者认为法律规定的司法和行政保护权限和手段能满足知识产权保护的需要，其中有占总体52.3%的被调查者认为法律规定的司法和行政保护的权限及手段基本能满足知识产权保护的需要；只有6.7%的被调查者认为法律规定的司法和行政保护的权限和手段不能满足知识产权保护的需要；有21.8%的被调查者对此不能确定。综上所述，法律规定的司法和行政保护的权限和手段总体上能适应知识产权保护的需要。

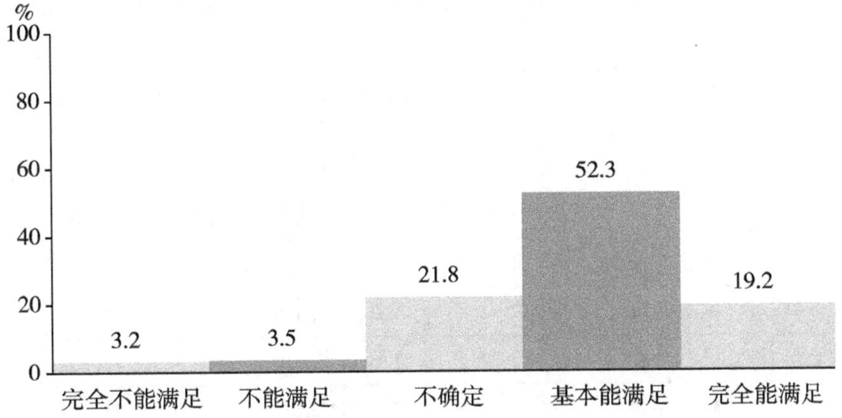

图4－9　被调查者对法定的司法和行政保护的权限和手段是否适应知识产权保护的需要态度的结构分布

根据表4－7得知，从被调查者所在单位性质的角度出发，各单位都有一半以上的人认为法律规定的司法和行政权限与手段能够满足知识产权保护的需要。但是政府部门中有相对较少的人对此现状表示能满足，企业类的单位及事业单位（尤其是国有企业）却有相对较多的人认为现有的权限与手段能够满足知识产权保护的需要，由此反映出政府部门对权限与手段的需求大于其他单位。从被调查者单位所属行业的角度来分析，从事公共管理业中有相对较少的人认为现有的权限与手段能够满足知识产权保护的需要，与知识产权有关的行业（如科学研究和技术服务业）与公共管理行业有同样的表现，而从事其他行业的人则更多地表现出满足于现状，由此反映出公共管理行业对权限与手段的需求大于其他单位。综上所述，政府部门、与知识产权相关的行业对法律规定的保护权限与手段有较高的需求，并不满足于现状。

表 4-7 不同单位、不同行业的被调查者对权限与手段的需求满足程度

单位：%

		法定的司法和行政保护的权限和手段是否适应知识产权保护的需要？					
		完全不能满足	不能满足	不确定	基本能满足	完全能满足	满足度
被调查者所在单位的性质	政府部门	2.2	5.6	26.1	49.4	16.7	66.1
	国有企业	1.7	5.2	13.8	53.4	25.9	79.3
	民营企业	4.5	2.6	24.0	51.3	17.5	68.8
	高等学校	1.9	3.8	22.1	51.0	21.2	72.2
	科研机构	5.3	0.0	18.7	54.7	21.3	76.0
	其他	6.9	0.0	13.8	62.1	17.2	79.3
被调查者单位所属行业	制造业	0.0	0.0	25.3	50.7	24.0	74.7
	采矿业	4.2	0.0	20.8	58.3	16.7	75.0
	建筑业	4.2	0.0	16.7	58.3	20.8	79.2
	科学研究和技术服务业	7.8	2.9	19.4	52.4	17.5	69.9
	电力、热力、燃气及水生产和供应业	4.8	0.0	28.6	52.4	14.3	66.7
	信息传输、软件和信息技术服务业	2.0	4.1	18.4	56.1	19.4	75.5
	交通运输、仓储和邮政业	0.0	7.1	0.0	78.6	14.3	92.9
	其他	4.9	4.9	23.0	41.0	26.2	67.2
	公共管理业	2.2	5.6	26.1	49.4	16.7	66.1

资料来源：陕西省知识产权保护调查问卷统计数据。

2. 陕西省知识产权保护的行政执法环境

(1) 陕西省知识产权保护中行政执法的主动性与持续性分析

本次调查从行政执法的主动性和持续性两方面来反映陕西省知识产权保护中行政执法环境（见表 4-8）。在行政执法的主动性方面，有 40.2% 的被调查者认为行政执法的主动性较好，近三成的被调查者认为行政执法的主动性非常好，而认为行政执法的主动性比较差和非常差的仅占2.7%，有28.3%的被调查者表示对此不了解。这表明在知识产权保护中，行政执法的主动性比较强，且得到大多人认可，但是仍有一小部分人并不了解行政执法的主动性情况。在行政执法的持续性方面，超过七成的被调查者认为行政执法的持续性好，23.3%的被调查者对此并不了解。这表明在知识产权保护中，相关执法机关能够持续执法，而非一次性执法。综上所述，在知识产权保护中，相关行政机关能够主动并持续执法，知识产权的执法环境良好。

表4-8　被调查者对陕西省知识产权保护中行政执法的主动性与持续性满意程度占比

单位：%

	非常差	较差	不了解	较好	非常好
行政执法的主动性	1.0	1.7	28.6	40.2	28.5
行政执法的持续性	1.3	2.7	23.3	51.5	21.2

根据表4-9得知，从事公共管理行业的被调查者有6.7%的人认为行政执法的持续性不强，所有行业中的被调查者皆有六成以上的人认为行政执法的持续性达到较好及以上水平，其中交通运输、仓储和邮政业的绝大部分被调查者认为行政执法的持续性较强。

表4-9　被调查者所在单位所属性质对行政执法持续性评价的分析

单位：%

单位所属行业	被调查者对知识产权保护中行政执法持续性的满意度					
	非常差	较差	不确定	较好	非常好	满意度
制造业	1.3	0.0	25.3	49.3	24.1	100.0
采矿业	0.0	0.0	20.8	54.2	25.0	100.0
建筑业	0.0	0.0	20.8	58.4	20.8	100.0
科学研究和技术服务业	1.0	2.9	20.4	56.3	19.4	100.0

续表

单位所属行业	被调查者对知识产权保护中行政执法持续性的满意度					
	非常差	较差	不确定	较好	非常好	满意度
电力、热力、燃气及水生产和供应业	0.0	0.0	33.3	52.4	14.3	100.0
信息传输、软件和信息技术服务业	2.0	1.0	19.5	55.1	22.4	100.0
交通运输、仓储和邮政业	0.0	0.0	7.1	78.6	14.3	100.0
其他	4.9	1.6	26.2	41.0	26.3	100.0
公共管理业	0.6	6.1	26.1	47.8	19.4	100.0

（2）陕西省知识产权保护中行政和司法机关工作人员的专业性

根据调查结果（如图4－10所示），有六成多的被调查者认为知识产权保护中行政和司法机关工作人员是专业的，仅有6.5%的被调查者认为行政和司法机关的工作人员并不专业。从总体上来讲，行政和司法机关的工作人员是专业的，这表明陕西省知识产权保护的相关行政机关和司法机关趋向于专业化管理。

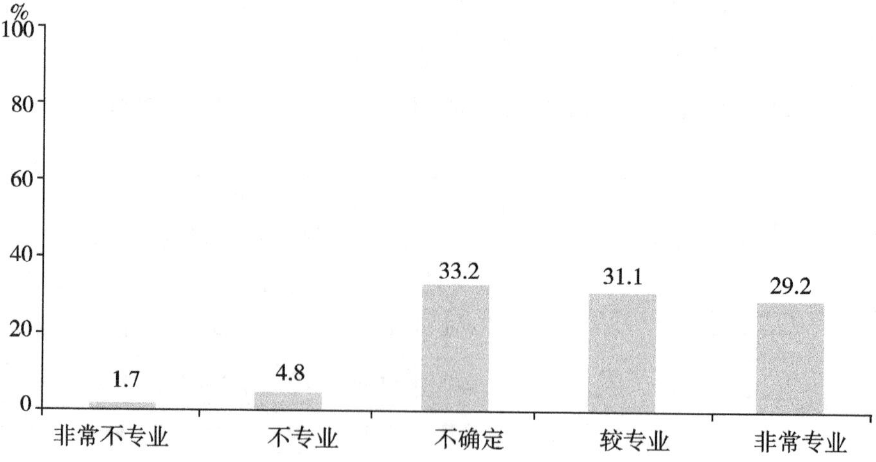

图4－10　被调查者对行政和司法机关工作人员专业性认知分布

根据表 4-10 得知，国有企业、政府部门对行政与司法机关工作人员的专业性认同度较高，而其他单位对行政和司法机关工作人员的专业性的认同度较低。这表明政府比较认同自己的行为，而民营企业及事业单位却对相关人员的专业性表示不认同。

表 4-10 不同单位对行政和司法机关工作人员专业性的认同度分析

单位:%

被调查者所在单位的性质	被调查者对知识产权保护中，行政和司法机关工作人员的专业性认同度					
	非常不专业	不专业	不确定	较专业	非常专业	专业认同度
政府部门	0.0	3.3	30.6	36.7	29.4	66.1
国有企业	1.7	1.7	29.3	25.9	41.4	67.3
民营企业	1.9	5.2	37.7	21.4	33.8	55.2
高等学校	1.9	8.7	30.8	36.5	22.1	58.6
科研机构	2.7	6.7	32.0	34.7	24.0	58.7
其他	6.9	0.0	44.9	31.0	17.2	48.2

3. 陕西省知识产权保护的司法环境

（1）司法审判的公正性分析

根据调查显示（如图 4-11 所示），被调查者中认为司法保护中审判比较公正的有 47.7%，认为非常公正的占 20.0%，认为审判活动的公正性一般的占 25.5%，认为不公正和非常不公正的占 6.8%。由此可知，陕西省知识产权保护中，司法保护的审判总体上是公正的，但在司法改革的这一过程中仍有必要深入改革知识产权司法保护程序，确保审判的公正性，提高司法的公信力。

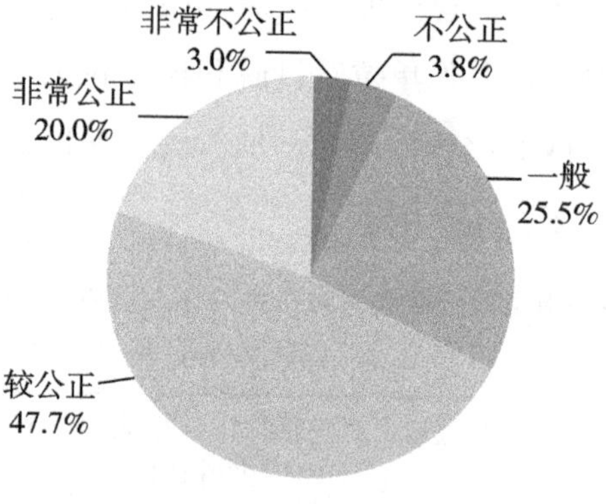

图 4－11　被调查者对陕西省司法保护知识产权中审判的公正性认知分布情况

（2）司法审判和行政执法的地方保护现象调查

调查结果表明（如图 4－12 所示），被调查者中认为在知识产权保护中司法审判和行政执法的地方保护现象严重的有 6.4%，认为不太严重的被调查者所占比例最多为 45.0%，认为不严重的占 25.1%，不确定地方保护现象是否严重的被调查者占 23.5%。由此说明司法机关的审判活动、行政机关的执法行为总体上是公正的，未给予与其有利益牵连的一方以“保护伞”，反映出相关国家机关行使职责时注重追求公平正义，而不是经济利益。

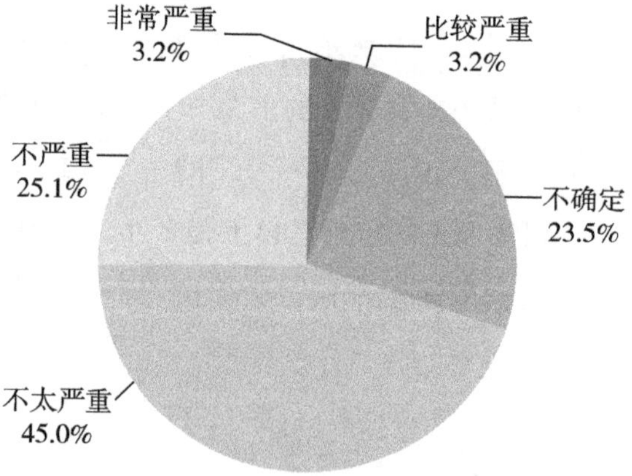

图 4－12　被调查者对行政执法部门地方保护严重情况的认知结构分析

根据表4－11得知，从单位性质的角度分析，大多数单位的被调查者对当前的地方保护现象保持乐观态度，但是通过纵向比较可以发现，政府部门是比较乐观的，而企业和事业单位中相对较多的人认为当前知识产权保护中地方保护主义严重。这主要是由于地方保护现象的保护主体就是政府，被保护主体是企业，受害方是与被保护主体存在竞争关系的其他企业，而政府一般不会贬低自己的行为，自然对这种现象持乐观态势。从地域角度来看，当前宝鸡、汉中的地方保护主义比西安、榆林的要严重，其中汉中的地方保护主义最严重，宝鸡次之，榆林和西安再次之。这其中的原因是经济发展水平不同：西安、榆林的经济发展水平较高，地方保护主义不太严重；相反汉中的经济发展水平较低，公众对地方保护主义很敏感。这些原因导致了地方保护主义的地区差异性。

表4－11　被调查者所在单位性质、地域对地方保护主义现象的感知分析

单位：%

		被调查者对知识产权保护中，司法审判和行政执法的地方保护现象严重与否的感知度					
		非常严重	比较严重	不确定	不太严重	不严重	严重度
被调查者所在单位的性质	政府部门	2.2	1.7	20.0	46.7	29.4	3.9
	国有企业	3.4	5.2	24.1	39.7	27.6	8.6
	民营企业	3.9	2.6	23.3	48.1	22.1	6.5
	高等学校	3.8	3.8	27.9	44.2	20.3	7.6
	科研机构	1.3	6.7	24.0	38.7	29.3	8.0
	其他	6.9	0.0	27.6	48.3	17.2	6.9
被调查者所在的地域	西安	2.5	2.5	25.5	45.5	24.0	5.0
	宝鸡	3.3	4.0	24.0	42.7	26.0	7.3
	汉中	3.3	4.7	22.0	45.3	24.7	8.0
	榆林	4.0	1.0	21.0	47.0	27.0	5.0

4. 关于陕西省知识产权侵权的相关情况

（1）知识产权侵权现象的了解情况

由调查可知（如图4－13所示），有57.3%的被调查者认为陕西省知识产权侵权的现象未达到严重程度，有17.9%的被调查者认为这种现象达到了比较严重及以上的程度。

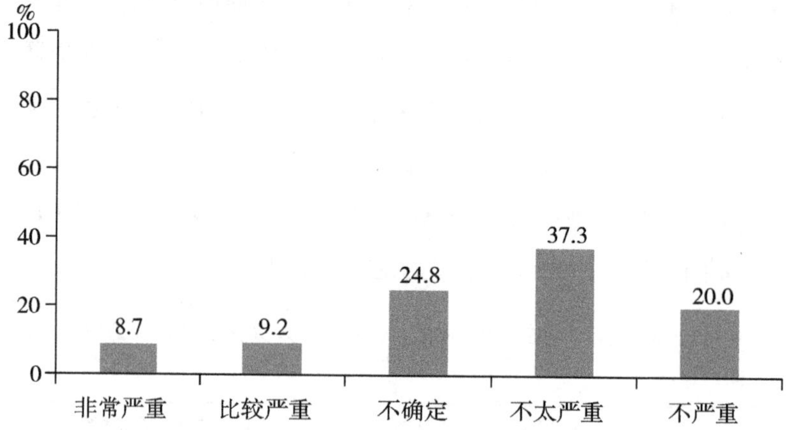

图4－13　被调查者对陕西省知识产权侵权现象严重程度的认知度分布

根据表4－12可知，从单位性质的角度分析，政府部门及科研机构中有超过六成多的被调查者认为陕西省的知识产权侵权现象不是很严重，而企业单位中有较多比例的认为知识产权侵权现象严重。造成这种差异的原因是企业单位作为主要的工业产权权利人，离开当地政府的保护的知识产权容易受到他人侵犯，从而对此认识比较深刻，但趋向于片面、感性。从行业的角度来看，从事于交通类、电力等生产和供应业的被调查者认为陕西省的知识产权侵权现象并不很严重，建筑业、制造业和信息技术服务业的被调查者认为这种现象较严重。原因是资源性质的行业和管理服务性质的行业的创新能力有限，拥有较少的知识产权，对此感知不深刻。综上所述，政府、科研机构、国有企业和民营企业之间存在差异，前两者的态度趋于乐观，后两者趋于悲观，结合信息的全面性、真实性及评价者的客观性，陕西省的知识产权侵权现象具有行业差异性。

表 4-12 不同单位、行业的被调查者对知识产权侵权现象的感知度分析

单位：%

被调查者所在单位的性质	被调查者对陕西省知识产权侵权现象严重程度感知度					
	非常严重	比较严重	不确定	不太严重	不严重	严重度
政府部门	4.4	7.8	26.1	42.8	18.9	12.2
国有企业	17.2	15.5	15.6	37.9	13.8	32.7
民营企业	11.7	9.7	25.3	33.8	19.5	21.4
高等学校	10.6	9.6	22.1	37.5	20.2	20.2
科研机构	5.3	6.7	26.7	40.0	21.3	12.0
其他	3.4	3.4	41.4	13.9	37.9	6.8
制造业	14.7	8.0	22.7	29.3	25.3	22.7
采矿业	4.2	12.5	29.2	41.6	12.5	16.7
建筑业	8.3	16.7	33.3	29.2	12.5	25.0
科学研究和技术服务业	8.7	2.9	30.2	38.8	19.4	11.6
电力、热力、燃气及水生产和供应业	4.8	4.8	23.8	38.1	28.5	9.6
信息传输、软件和信息技术服务业	12.2	10.2	22.5	26.5	28.6	22.4
交通运输、仓储和邮政业	7.1	0.0	21.4	57.2	14.3	7.1
其他	11.5	21.3	16.4	42.6	8.2	32.8
公共管理业	4.4	7.8	26.1	42.8	18.9	12.2

（2）知识产权遭受侵犯时处理方式的了解情况

调查结果显示（如表 4-13 所示），当知识产权被侵犯时，被调查者中有 36.7% 的人知道可以到法院提起诉讼或者找政府主管部门处理知识产权纠纷，认为只能到法院提起诉讼维权的占 9.3%，认为只能找政府管理部门处理的占 9.0%，不知道如何处理知识产权纠纷的有 25.2%，而认为无法解决、只能自认倒霉的占19.8%。这说明人们对知识产权纠纷的处理方式的了解程度较低，而且认知具有片面性和主观性，对相关部门的信任程度低，这可能与执法部门的执法行为、司法部门的不公正审判行为等有关。

表4-13 知识产权遭受侵犯时处理方式的了解情况

选项	频率/次	有效百分比/%
只能到法院提起诉讼	56	9.3
只能找政府主管部门	54	9.0
不知道	151	25.2
可以到法院提起诉讼也可以到政府主管部门	220	36.7
找谁都白搭，自认倒霉	119	19.8
合计	600	100.0

根据表4-14得知，从年龄的角度来分析，60岁以上和18岁以下的被调查者分别有42.9%和26.3%的人对行政救济方式和司法救济方式的信任度不高，认为找了也白搭，或者他们可能根本就不知道如何处理知识产权解纷；18~45岁的被调查者相对于其他年龄阶段的人，有较多的人知道行政救济和司法救济中的一种。而两种方式都知道的集中在18~60岁，这表明已经参加工作的人比较了解如何处理知识产权纠纷，而未成年人和60岁以上的人很少有人知道处理的途径。从受教育程度的角度来看，未曾就学的人基本上不知如何处理知识产权侵权问题或认为找谁都白搭；较多的高中生两种方式都知道；大学（含大专）、硕士及以上的学历的人各有接近五成的人两种方式都知道。综上所述，拥有工作或受过一定教育的人更有可能知道如何处理知识产权纠纷，而且对处理途径的信任度较高。

表 4－14　年龄、受教育程度对知识产权侵权处理途径的认知情况

单位:%

		被调查者在知识产权被侵犯时对处理方式的认知度				
		只能到法院提起诉讼	只能找政府主管部门	不知道	可以到法院提起诉讼也可以到政府主管部门	找谁都白搭，自认倒霉
年龄	18 岁以下	5.3	5.3	57.9	5.2	26.3
	18～35 岁	9.2	10.3	19.9	36.8	23.8
	36～45 岁	12.1	9.2	23.7	39.3	15.7
	46～60 岁	7.1	7.1	31.4	38.7	15.7
	60 岁以上	0.0	0.0	42.9	14.3	42.8
受教育程度	未曾就学	0.0	0.0	37.5	6.2	56.3
	小学	12.0	4.0	44.0	12.0	28.0
	初中	8.2	8.2	31.6	36.7	15.3
	高中	16.2	8.5	17.7	29.2	28.4
	大学（含大专）	7.7	9.9	24.3	42.8	15.3
	硕士及以上	0.0	16.7	22.2	44.4	16.7

(3) 知识产权遭受侵犯时处理方式的选择情况

根据调查结果显示（如表 4－15 所示），当人们的知识产权被侵害时，在充分考虑维权成本和效率后，有 15% 的人愿意到法院提起诉讼，有近一半的人愿意到政府管理部门去处理知识产权纠纷，而不知道选择哪种救济途径的有 26.5%，先比较、再决定的占 6.3%。由此说明，到政府主管部门维护知识产权的成本较低，而且效率较高；法院救济与政府主管部门救济相比则需投入较高的成本，且诉讼时间较长导致效率较低；而有三成的人并不知道哪种救济方式的成本更低、效率更低，相关部门要加强行政救济和司法救济宣传教育，以保证人们的知识产权能够及时地得到保护，避免社会不稳定局面的形成。

表4－15 被调查者在知识产权遭到破坏时处理方法的选择情况

选项	频率/次	有效百分比/%
到法院提起诉讼	90	15.0
到政府主管部门处理	279	46.5
不知道	159	26.5
先比较、再决定	38	6.3
谁也不找，省得麻烦	34	5.7
合计	600	100.0

根据表4－16得知，当人们的知识产权被侵犯，大多数人会选择行政救济或者司法救济中的一种，而且更有可能选择行政处理而非诉讼。其中从单位性质的角度分析得知，无论所在何类单位，选择行政处理的人都比选择司法救济的人多出三成左右；在选择何种救济方式时，行业之间的差异性较高，造成这种差异的原因是：一是诉讼的成本高于行政处理的成本；二是诉讼的效率比行政处理的效率低，往往需要花费较多的人力、物力和财力；三是公众受“厌诉”心理的影响。

表4－16 不同单位、不同行业的被调查者选择的救济方式情况

单位：%

		被调查者在知识产权被侵犯，从维权成本和效率考虑，对救济方式的选择占比				
		到法院提起诉讼	到政府主管部门处理	不知道	先比较、再决定	谁也不找，省得麻烦
被调查者所在单位的性质	政府部门	14.4	46.7	27.8	6.7	4.4
	国有企业	13.8	46.6	29.3	6.9	3.4
	民营企业	14.9	46.1	26.6	5.2	7.2
	高等学校	14.4	44.2	29.8	7.8	3.8
	科研机构	17.3	49.3	16.0	6.7	10.7
	其他	17.2	48.3	27.6	3.5	3.4

续表

		被调查者在知识产权被侵犯，从维权成本和效率考虑，对救济方式的选择占比				
		到法院提起诉讼	到政府主管部门处理	不知道	先比较、再决定	谁也不找，省得麻烦
被调查者单位所属行业	制造业	8.0	54.7	24.0	2.7	10.6
	采矿业	33.3	37.5	16.7	4.2	8.3
	建筑业	16.7	45.8	33.3	0.0	4.2
	科学研究和技术服务业	15.5	48.5	26.2	4.9	4.9
	电力、热力、燃气及水生产和供应业	14.3	57.1	9.5	9.5	9.6
	信息传输、软件和信息技术服务业	19.4	38.8	31.6	6.1	4.1
	交通运输、仓储和邮政业	7.1	57.1	21.4	0.0	14.4
	其他	11.5	42.6	26.2	16.4	3.3
	公共管理业	14.4	46.7	27.8	6.7	4.4

（4）陕西省获取知识产权维权救济的及时性分析

调查显示（如图 4－14 所示），被调查者中有超过七成的人认为陕西省知识产权维权救济及时，认为非常及时的占 38%，认为救济不及时和非常不及时的占 7%。这说明当人们的知识产权遭受侵犯时，大部分能够及时地获得救济，这与司法机关和行政机关的专业性、公正性有着密切的联系，更与近几年知识产权法律保护力度的提高密不可分。

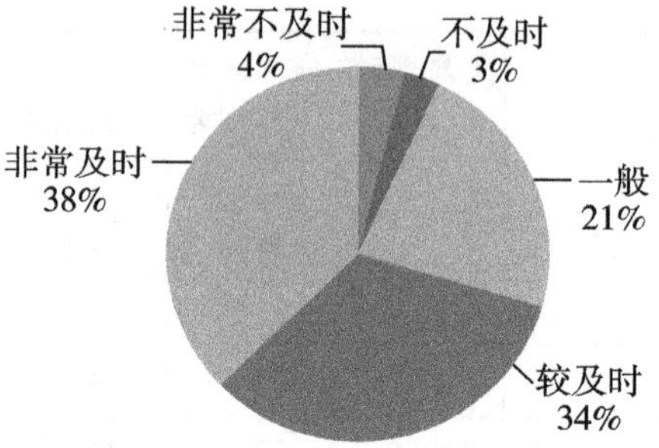

图 4－14　被调查者对陕西省获取知识产权维权救济的及时性认知度分布

（5）陕西省获取知识产权维权救济的便捷性分析

分析调查结果可知（如图 4－15 所示），有近四成的被调查者认为在陕西省获取知识产权维权救济非常便捷，有 31.7% 的被调查者认为获取维权救济是比较便捷的，认为获取维权救济非常不便捷和不便捷的仅占 3.7%。根据分析得知，当权利人的知识产权被侵犯，大部分能够获得便捷的维权救济。

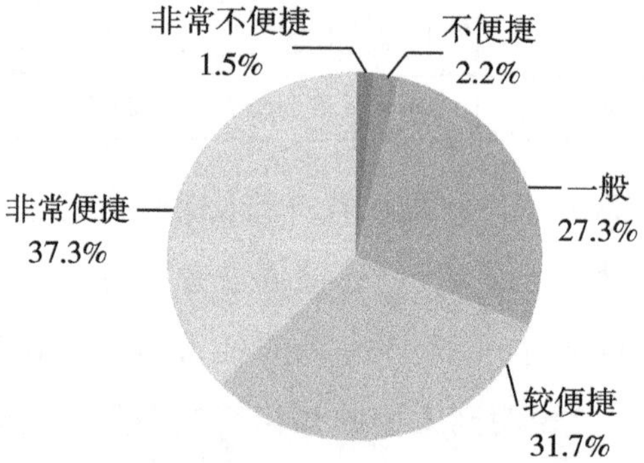

图 4－15　被调查者对陕西省获取知识产权维权救济的便捷性认知分布

根据表 4－17 可知，从性别角度来看，相对于男生来讲，更多的女生认为能及时地、便捷地获取维权救济；从被调查者所在单位的性质来看，相对于政府部门、国有企业、科研机构的被调查者而言，高等学校、民营企业的被调查者则认为能及时地、便捷地获取维权救济。

表 4－17　不同性别、单位性质的被调查者对获取维权救济的及时性、便捷性的评价

单位：%

		被调查者对陕西省获取维权救济是否及时的认知度					被调查者对陕西省获取维权救济是否便捷的认知度				
		非常不及时	不及时	一般	较及时	非常及时	非常不便捷	不便捷	一般	较便捷	非常便捷
性别	男	3.1	3.1	25.5	32.9	35.4	0.9	1.9	25.8	40.0	31.4
	女	1.8	3.6	19.3	35.3	40.0	2.2	2.5	29.1	34.2	32.0
所在单位的性质	政府部门	1.2	8.3	23.9	27.2	39.4	2.2	1.8	29.4	37.2	29.4
	国有企业	5.2	1.7	36.2	37.9	19.0	1.7	5.2	29.3	34.5	29.3
	民营企业	2.6	1.2	19.5	40.3	36.4	1.9	0.0	26.0	39.0	33.1
	高等学校	2.9	0.0	15.4	37.5	44.2	0.0	1.9	24.0	40.4	33.7
	科研机构	2.7	1.3	30.7	28.0	37.3	0.0	4.0	26.7	37.3	32.0
	其他	3.6	3.4	10.3	37.9	44.8	3.5	6.9	31.0	24.1	34.5

（三）关于知识产权保护的社会因素

1. 社会公众认知度分析

（1）对知识产权的了解情况

根据调查结果显示（如图 4－16 所示），有 30.8% 的调查对象非常了解知识产权。有 31.5% 的被调查者是比较了解知识产权的，对知识产权了解程度为一般的占 33.8%，很少有人不太了解或者不了解知识产权。

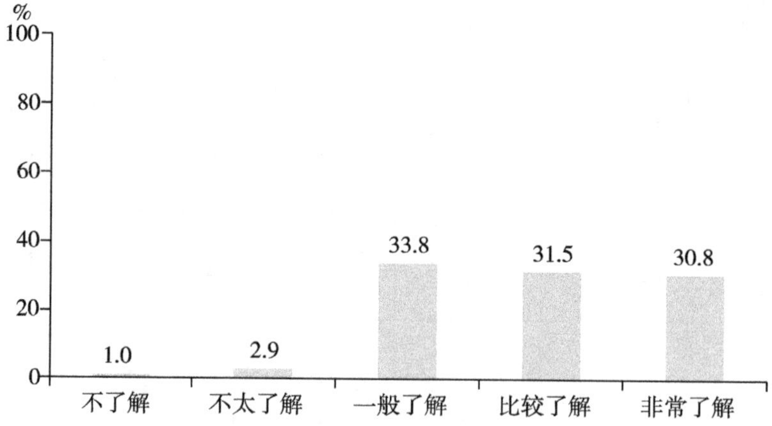

图 4－16　被调查者对于知识产权的了解情况分布

根据表 4－18 得知，基本上每个行业的被调查者都了解知识产权，但了解程度存在行业差异。从事科学研究和技术服务业、公共管理行业的被调查者有近七成的人对知识产权达到比较了解及以上的程度，从事电力等生产和供应业的有近一半的人对此限于一般了解的水平。这种差异是由于不同的行业性质和创新能力等造成的。

表 4－18　不同行业的被调查者对知识产权的了解程度

单位：%

被调查者单位所属行业	被调查者对知识产权了解程度占比					
	不了解	不太了解	一般了解	比较了解	非常了解	了解度
制造业	4.0	2.7	36.0	21.3	36.0	57.3
采矿业	8.3	0.0	29.2	37.5	25.0	62.5
建筑业	0.0	0.0	45.8	29.2	25.0	54.2
科学研究和技术服务业	1.0	1.9	28.1	28.2	40.8	69.0
电力、热力、燃气及水生产和供应业	0.0	4.8	47.6	23.8	23.8	47.6
信息传输、软件和信息技术服务业	3.1	1.9	33.7	32.7	28.6	61.3
交通运输、仓储和邮政业	0.0	0.0	35.7	42.9	21.4	64.3
其他	1.6	4.9	41.0	32.8	19.7	52.5
公共管理业	0.0	1.7	31.1	36.1	31.1	67.2

（2）知识产权保护的重要性分析

根据调查显示（如图 4－17 所示），在知识产权保护的重要性方面，有 40.8% 的被调查者认为知识产权的保护是非常重要的，33.0% 的被调查者认为知识产权保护是重要的，仅有 4.0% 的被调查者认为知识产权保护不重要和完全不重要。多数人认为知识产权保护是重要的，可见人们对于知识产权保护的意识较强，这利于营造良好的知识产权保护环境，减少相关机关执法和司法活动的阻力。

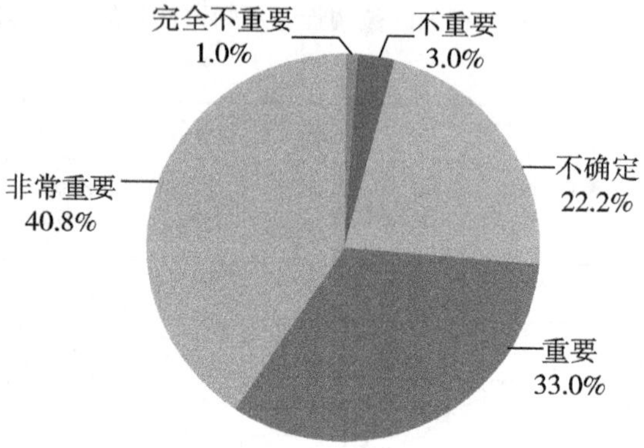

图 4 – 17　被调查者对知识产权保护的重要性认知度分布

（3）互联网技术的发展对陕西省知识产权保护环境的影响

根据调查显示（如图 4 – 18 所示），有 51.3% 的被调查者认为互联网技术的发展对陕西省知识产权保护环境的影响非常大，有 22.3% 的调查对象认为有影响，有 3.2% 的被调查者认为互联网技术对陕西省知识产权保护环境没影响。据此得出，互联网技术的发展对陕西省知识产权保护环境产生了影响，而且一定程度上是较大的影响。互联网不仅能提供庞大的信息数据库，而且能提供便捷的传播途径和监督方式，这为陕西省知识产权保护创造了网络环境，利于相关工作的改进。

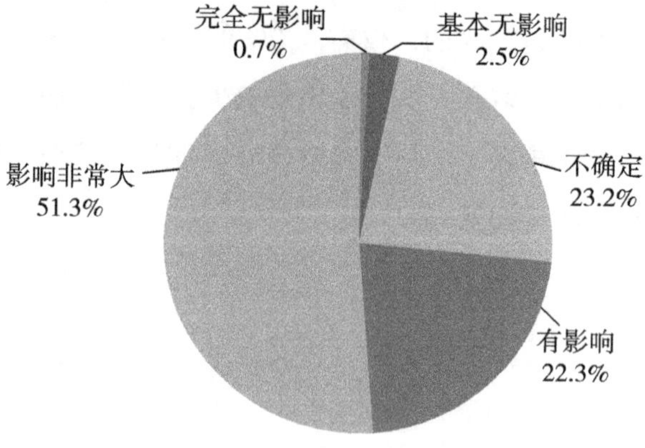

图 4 – 18　被调查者对互联网技术对于陕西省知识产权保护环境影响的认知度分布

2. 陕西省知识产权宣传教育情况

(1) 社会宣传活动

①相关机构举行知识产权宣传活动频繁程度

根据调查可知（如图4－19所示），有61%的被调查者认为相关机构举行的知识产权宣传活动次数少，只有12%的人认为相关机构举行的知识产权宣传活动次数比较多。分析得出：陕西省相关机构举行的知识产权宣传活动并不频繁，这可能导致相关政策的实施受到阻碍，因此相关机构应增加与知识产权相关的宣传活动，提高社会公众对知识产权的认知度，增强其知识产权权利意识，增强社会公众对相关机构的信任程度，保障其合法权利，当权利受侵犯时公众能够找到及时维权的途径。

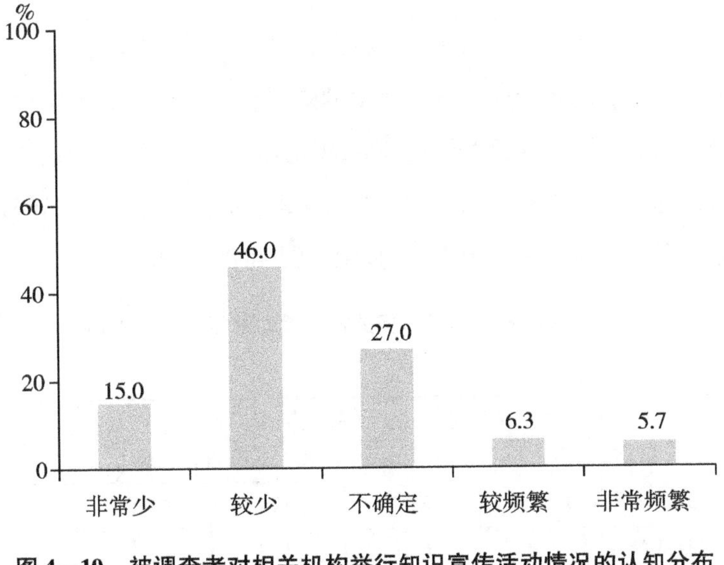

图4－19 被调查者对相关机构举行知识宣传活动情况的认知分布

②相关机构开展知识产权宣传活动的效果

由调查可知（如图4－20所示），超过七成的被调查者认为相关机构开展的知识产权宣传活动效果好，由此表明相关机构开展知识产权宣传活动的效果总体上是好的，但这种评价存在一定的差异性。

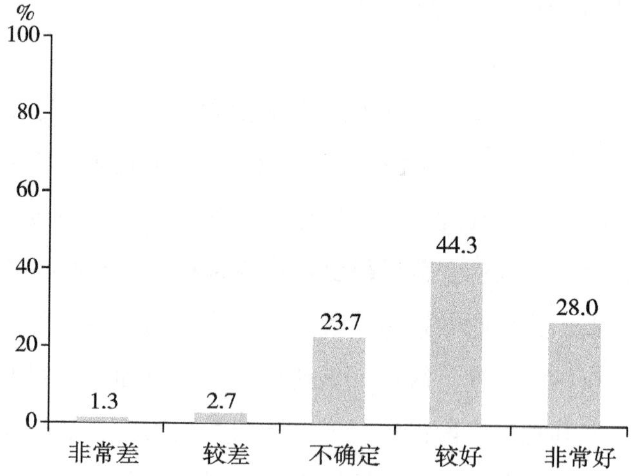

图 4－20　被调查者对相关机构开展知识产权宣传活动效果认知分布

根据表 4－19 得知，民营企业及科研机构相对其他单位来讲，较多的人认为相关机构开展的知识产权宣传活动的效果差，而来自高等学校、国有企业、政府部门的人则认为相关机构开展的知识产权宣传活动的效果较好，这主要是因为这些机构是根据国家的意志来采取一定行为，所以是经过深思熟虑进行综合评估，对相关机构行为的效果更有可能给出较好的评价。

表 4－19　单位性质对相关宣传活动效果评价的影响

单位：%

		被调查者对在知识产权保护中，司法审判和行政执法的地方保护现象严重与否的认知度				
		非常差	较差	不确定	较好	非常好
所在单位的性质	政府部门	1.1	0.0	25.5	46.7	26.7
	国有企业	3.4	3.4	17.2	48.3	27.7
	民营企业	0.6	5.2	24.7	44.8	24.7
	高等学校	1.0	2.9	19.2	48.1	28.8
	科研机构	1.3	4.0	25.4	40.0	29.3
	其他	3.4	0.0	41.5	17.2	37.9

(2) 知识产权教育

①相关教育对改善知识产权保护环境的重要性

调查显示（如图4－21所示），被调查者中有45.8%的人认为相关教育对于改善知识产权保护环境非常重要，有35.2%的人认为这是重要的，仅有4%的人认为相关教育对知识产权保护环境并不重要。从总体上来讲，相关教育对改善知识产权保护环境是必要的，要加强相关教育。

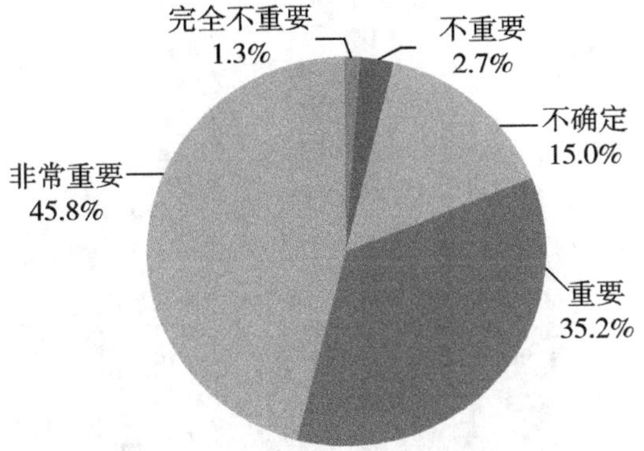

图4－21 被调查者认为相关教育对改善知识产权保护环境的重要性认知分布

②是否接受过学校或其他组织举办的有关知识产权保护的相关教育

根据调查显示（如图4－22所示），有近七成的被调查者未接受过相关教育，表明陕西省在相关教育方面做得不到位，应加强相关教育。

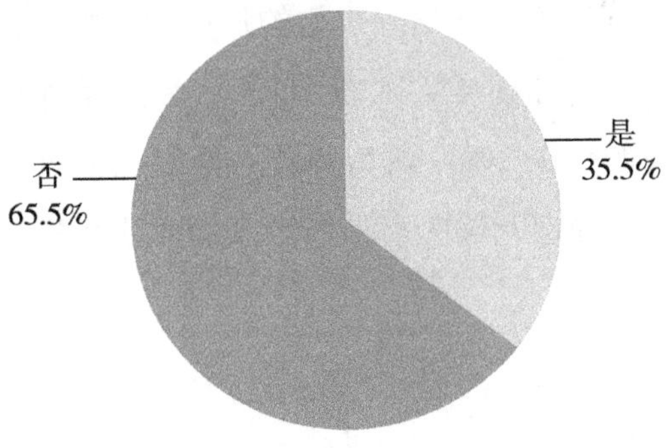

图4－22 被调查者是否接受过学校或其他组织举办的有关知识产权保护的相关教育分布

3. 陕西省知识产权人才培养情况

（1）对于陕西省知识产权人才培养机构的了解情况

根据调查结果表明（如图 4－23 所示），仅有 5.2% 的被调查者对陕西省知识产权人才培养机构有了解，而超过八成的被调查者对陕西省知识产权培养机构不了解，甚至完全不了解。这说明相关培养机构的社会了解度低，一方面可能是宣传不到位，另一方面是人们对此关注度不高。

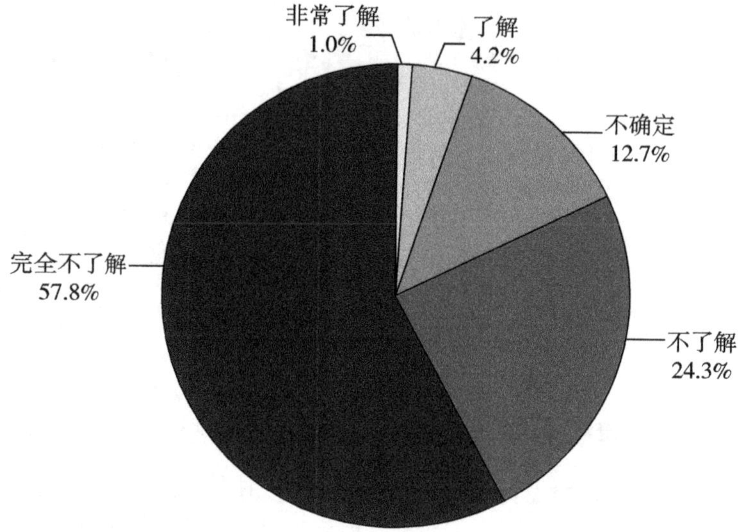

图 4－23　被调查者对陕西省知识产权人才培养机构的了解情况分布

（2）陕西省知识产权人才培养机构的师资力量的情况

由调查结果可知（如图 4－24 所示），认为陕西省知识产权人才培养机构的师资力量差的占 3.5%，认为师资力量好的占有近四成的比例，有大多数人对此表示不确定，这主要是因为人们对陕西省知识产权人才培养机构并不了解。

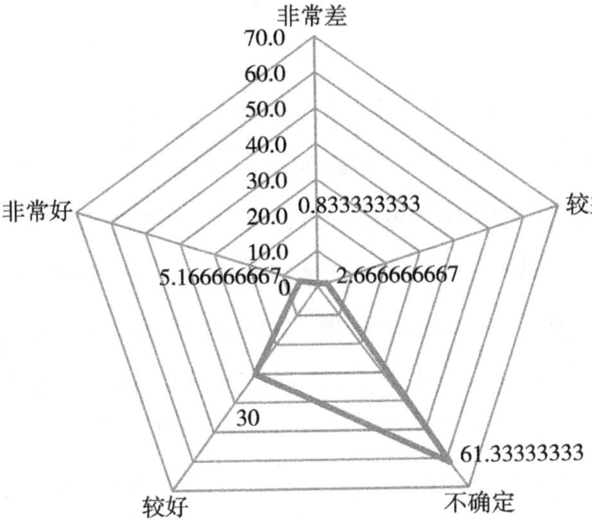

图 4－24　被调查者对陕西省知识产权人才培养机构的师资力量认知情况的结构分布

4. 陕西省知识产权保护的情况

分析调查可知（如图 4－25 所示），有 53.4% 的被调查者认为陕西省的知识产权保护很好，有 25.5% 的人认为陕西省的知识产权保护一般，有一小部分人认为陕西省的知识产权保护差。由此可知，陕西省的知识产权保护状况整体良好。

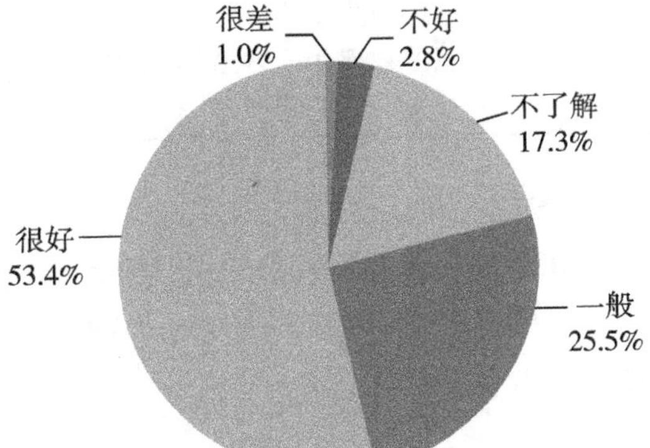

图 4－25　被调查者对陕西省知识产权保护的情况认知结构分布

（四）国际因素

1. 国际监督——中国加入相关国际组织对于陕西省知识产权保护的影响

根据调查结果显示（如表4－20所示），从中国加入世界贸易组织对于陕西省知识产权保护的影响角度来分析，有近七成的被调查者认为中国这一行为对于陕西省知识产权保护具有一定的影响，认为未对陕西省知识产权保护产生影响的比例仅占4.5%。这表明中国加入WTO对于陕西省知识产权保护具有影响力，这不仅体现在相关法律规章的制定方面，也体现在公众意识的提高方面。从中国成为一批关于知识产权保护的国际公（条）约的成员国对于陕西省知识产权保护的影响角度来分析，有62.5%的被调查者认为中国这一举措对陕西省的知识产权保护具有影响，其影响的体现同上文。

表4－20　中国加入相关国际组织对于陕西省知识产权保护的影响

单位：%

	重要性程度百分比				
	完全无影响	基本无影响	不确定	有影响	影响非常大
被调查者认为中国加入WTO对于陕西省知识产权保护的影响	1.3	3.2	25.7	25.0	44.8
被调查者认为中国成为国际知识产权保护专项条约成员国对于陕西省知识产权保护的影响	1.3	2.7	33.5	26.5	36.0

2. 国际贸易发展水平

（1）被调查者所在单位对于国际贸易的兴趣情况

根据调查显示（如图4－26所示），42.0%的调查对象所在单位对国际贸易感兴趣，但其中仅有2.0%的单位已经开展国际贸易，对国际贸易不太感兴趣的调查对象所在单位占到21.8%。由此可知，大部分被调查者所在单位对国家贸易比较感兴趣，但这其中多数并没开展国际贸易，究其原因，一是国际贸易的风险较大，二是会使成本增加，竞争力受到打击。

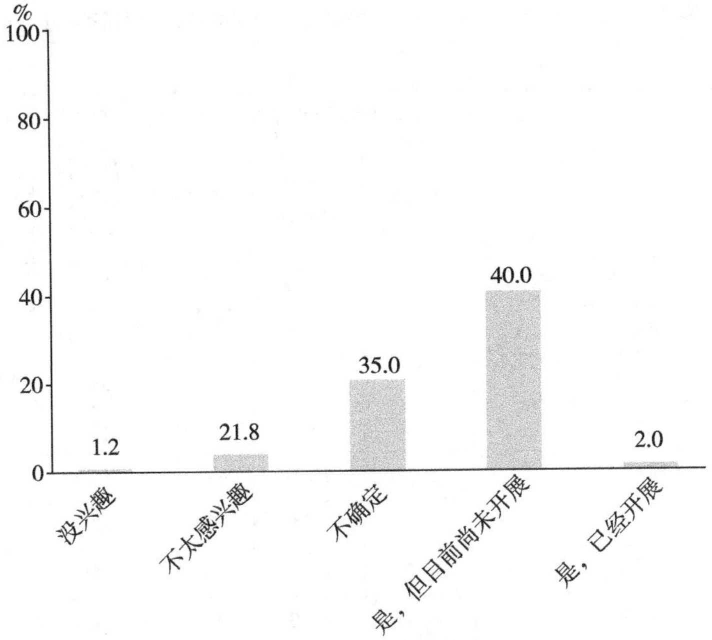

图4－26　被调查者所在单位对于国际贸易的兴趣情况

根据表4－21得知，在对国际贸易方面，单位之间、行业之间以及地区之间存在一定的差异性。首先，从单位性质角度来分析，近四成的政府部门对国际贸易感兴趣，但是却未开展有关贸易活动；比较多的国有企业已经开展了相关活动，其次是高等学校、科研机构、民营企业。这种差异的原因是企业以营利为目的，政府以服务为目的，其主要职能是调控市场经济。其次，从行业角度来分析，以电力类为代表的行业对国际贸易不是很感兴趣，公共管理业表现出更多的不确定性。从相关贸易活动的开展情况来看，以采矿业为代表的行业已经开展了一些活动，而公共管理等行业未开展国际贸易活动。最后，从地域角度分析，由于对外开放水平不同，经济发展水平不同，西安对国际贸易的兴趣比其他地区更强烈，开展的贸易活动也比其他地区频繁。

表4-21 不同单位、行业、地域的被调查者对国际贸易态度区别

单位:%

		被调查者所在的单位是否对开展国际贸易感兴趣				
		没兴趣	不太感兴趣	不确定	是，但目前尚未开展	是，已经开展
被调查者所在单位的性质	政府部门	0.0	19.4	42.8	37.8	0.0
	国有企业	1.7	32.8	25.8	34.5	5.2
	民营企业	1.9	24.0	32.5	39.7	1.9
	高等学校	1.9	23.1	26.9	45.2	2.9
	科研机构	1.3	16.0	40.0	40.0	2.7
	其他	0.0	13.8	34.5	48.3	3.4
被调查者单位所属行业	制造业	0.0	22.7	29.3	45.3	2.7
	采矿业	4.2	29.2	16.7	41.7	8.2
	建筑业	4.2	8.3	45.8	41.7	0.0
	科学研究和技术服务业	1.9	26.2	32.0	35.0	4.9
	电力、热力、燃气及水生产和供应业	4.8	28.6	19.0	47.6	0.0
	信息传输、软件和信息技术服务业	2.0	23.5	29.6	42.9	2.0
	交通运输、仓储和邮政业	0.0	28.6	42.9	28.5	0.0
	其他	0.0	16.4	39.3	42.6	1.7
	公共管理业	0.0	19.4	42.8	37.8	0.0
被调查者所在的地区	西安	0.0	21.0	32.0	42.5	4.5
	宝鸡	2.0	23.3	35.3	38.0	1.4
	汉中	2.0	22.0	36.7	39.3	0.0
	榆林	1.0	21.0	38.0	39.0	1.0

（2）与外资企业合作时是否关注合同中的知识产权条款

根据调查显示（如图 4－27 所示），在与外资企业合作时，有 33.7% 的被调查者表示会非常关注合同中的知识产权条款，36.0% 的人表示会关注其中的知识产权条款，仅有 5.5% 的人不关注其中知识产权条款。由此得知，在与外企合作时，国内一方基本上都会关注合同中的知识产权条款，但调查对象中有 36.0% 的人一般不会审查相关条款，这表明关注意识与审查行为并不同步。

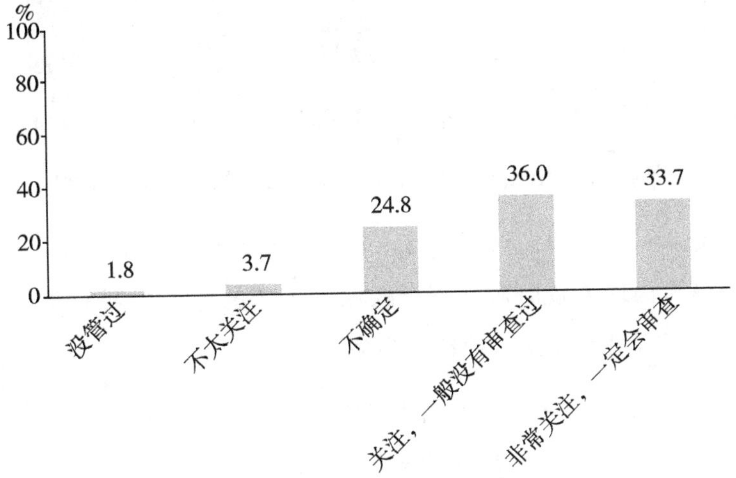

图 4－27 与外资企业合作时是否关注合同中的知识产权条款

（五）管理与服务因素

1. 政府管理体系

（1）陕西省各级地方政府对知识产权保护工作的重视程度

根据调查显示（如图 4－28 所示），有 74.1% 的被调查者认为陕西省各级地方政府重视知识产权保护工作，其中认为非常重视的被调查者占总调查对象的 29.8%；认为陕西省各级地方政府不重视知识产权保护工作的仅占 6.0%。由此可知，陕西省各级地方政府重视知识产权保护工作，实施知识产权强化与应用战略。

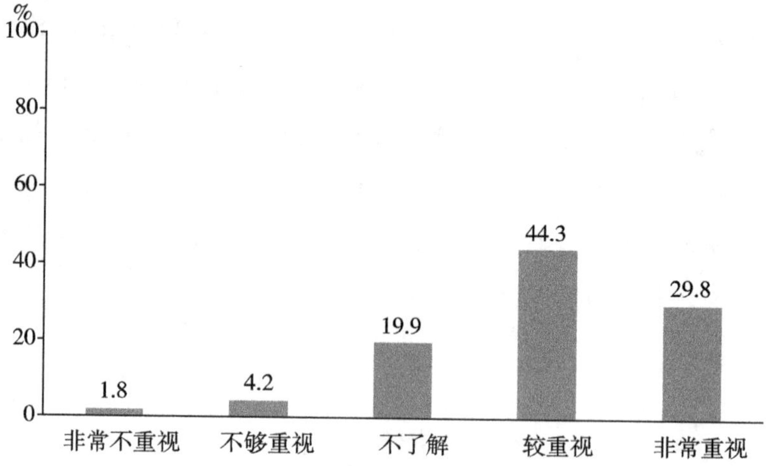

图 4－28 地方政府对知识产权保护工作的重视程度情况

根据表 4－22 得知，政府部门比较重视知识产权保护工作。不同地区的被调查者认为地方政府对知识产权保护工作的重视程度是存在差异的，西安市的重视程度明显比其他地区要高。

表 4－22 不同单位、不同地区的被调查者认为地方政府对知识产权保护工作的重视程度

单位：%

		被调查者认为陕西省各级地方政府对知识产权保护工作的重视程度					
		非常不重视	不够重视	不了解	较重视	非常重视	重视度
被调查者所在单位的性质	政府部门	0.0	1.7	19.4	47.8	31.1	78.9
	国有企业	3.4	8.6	13.9	53.4	20.7	74.1
	民营企业	2.6	5.2	19.5	43.5	29.2	72.7
	高等学校	1.9	4.8	20.2	44.2	28.8	73.0
	科研机构	0.0	5.3	21.3	42.7	30.7	73.4
	其他	10.3	0.0	31.1	13.8	44.8	58.6

续表

		被调查者认为陕西省各级地方政府对知识产权保护工作的重视程度					
		非常不重视	不够重视	不了解	较重视	非常重视	重视度
被调查者所在的地区	西安	1.5	3.5	13.6	50.7	30.7	81.4
	宝鸡	1.3	2.7	25.0	39.0	32.0	71.0
	汉中	3.3	2.0	19.3	46.7	28.7	75.4
	榆林	1.0	11.0	20.0	42.0	26.0	68.0

（2）陕西省对国家知识产权相关政策的落实执行情况

据图4－29得知，有45.8%被调查者认为陕西省对国家知识产权相关政策的落实执行情况很好，有近四成的人认为落实执行情况比较好，认为落实执行情况差的人占4.5%。由此可知，陕西省对国家知识产权相关政策的落实执行情况总体上呈现良好状态。

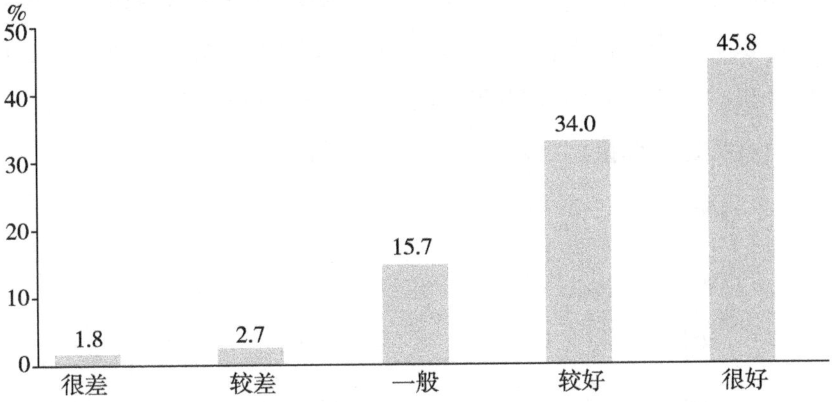

图4－29　被调查者认为陕西省对国家知识产权相关政策的落实执行情况

2. 知识产权服务体系

（1）陕西省知识产权预警应急机制建设情况

根据图4－30可得，被调查者中，有近八成的人认为陕西省知识产权的预警应急机制建设已达到完善水准。据此可知，陕西省已经建立起相对完善的知识产权预警应急机制，以此来实现对知识产权的科学合理保护。

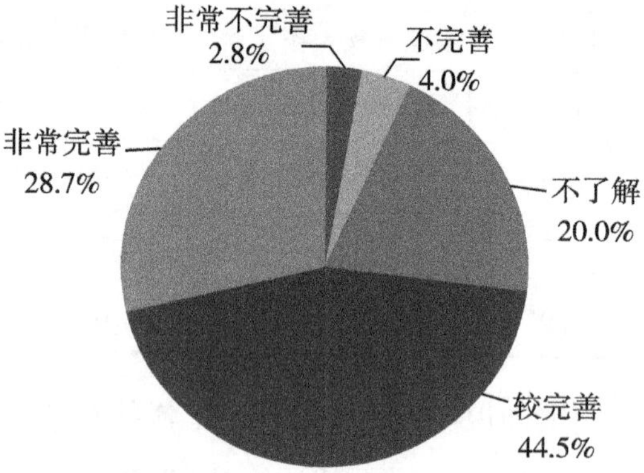

图 4－30　被调查者对陕西省知识产权预警应急机制建设情况认知度分布

（2）中介服务体系建设

①对陕西省知识产权中介服务机构的了解程度

根据调查显示（如图 4－31 所示），有超过七成的被调查者了解陕西省知识产权中介服务机构，有 7.5% 的被调查者不了解陕西省的知识产权中介服务机构。由此可知，陕西省的知识产权中介服务机构的知名度较高，可见宣传比较到位。

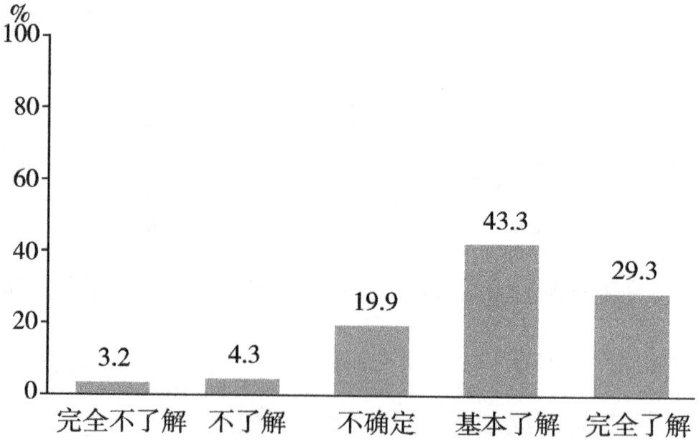

图 4－31　被调查者对陕西省中介服务机构的了解程度

根据表4－23可知，政府部门、高等学校和科研机构对陕西省的知识产权中介服务机构了解程度较高，国有企业和民营企业等企业类的单位对此了解程度较低。这是因为各自的宗旨不同，政府部门等是以服务为宗旨的，中介服务机构的建设和管理是其服务的内容之一，而企业是以经济利益最大化为宗旨的，他们缺乏了解中介服务机构的积极性和主动性。

表4－23　不同单位性质的被调查者对陕西省中介服务机构的了解程度

单位：%

被调查者所在单位的性质	被调查者对陕西省知识产权中介服务机构的了解程度				
	完全不了解	不了解	不确定	基本了解	完全了解
政府部门	1.1	4.4	18.4	47.2	28.9
国有企业	5.2	13.8	13.8	48.3	18.9
民营企业	6.5	5.2	19.5	40.9	27.9
高等学校	2.9	1.0	20.2	45.1	30.8
科研机构	1.3	1.3	21.4	42.7	33.3
其他	0.0	0.0	37.9	17.2	44.9

②陕西省知识产权中介服务机构是否满足其知识产权保护的需要

根据调查显示（如表4－24所示），从陕西省知识产权中介服务机构的数量方面来分析，仅有4.7%的被调查者认为中介服务机构的数量不能满足陕西省知识产权保护的需要，而有64.5%的被调查者认为现有的中介服务机构数量能满足现实需要。这表明陕西省现有的中介服务机构数量大体上能够满足现实需要。现阶段相关政府部门的任务之一是采取紧缩政策，以防机构臃肿；任务之二是加强监管和指导，定期培训相关工作人员，保证其工作的合法性、合理性；任务之三是制定相关法规，保持中介机构的中立性和服务性。从陕西省知识产权中介服务机构的从业人员方面来分析，有79.8%的被调查者认为陕西省知识产权中介服务机构的从业人员能够满足知识产权保护的需要，这表明从业人员基本上饱满，要进行精英化改造。相关机构目前的任务之一是定期培训，提高从业人员的专业素养和职业道德；任务之二是制定奖惩制度，建立晋升、淘汰机制，提高从业人员的积极性。

表4-24 被调查者对陕西省知识产权中介服务机构是否满足其知识产权保护的需要的认知

单位：%

	满足程度				
	完全不能满足	不能满足	不确定	基本能满足	完全能满足
陕西省知识产权中介服务机构的数量能否满足陕西省知识产权保护的需要	1.5	3.2	30.8	36	28.5
陕西省知识产权中介服务机构的从业人员能否满足知识产权保护的需要	2.2	3	15	47	32.8

③陕西省地方政府对中介机构的监管指导情况

由图4-32可知，被调查者中认为陕西省地方政府对中介机构的监管指导情况好的占76.7%，其中认为非常好的占总体调查对象的21.7%；认为监管有所欠缺的占5.3%。由此可知，陕西省地方政府对中介机构相对较好地实施了监管指导，预防了中介机构的不正当行为，这有利于净化知识产权保护环境，形成良好的保护机制。在日后的工作中，地方政府也必须加强监管指导。

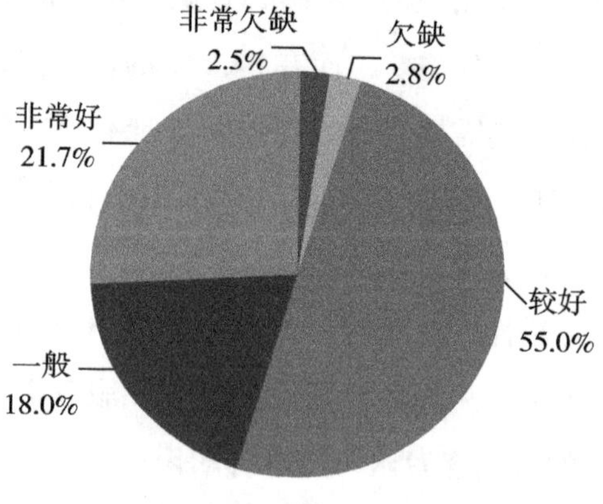

图4-32 被调查者对陕西省地方政府对中介机构的监管指导情况的认知度分布

3. 陕西省知识产权保护的公共服务情况

根据调查（如图 4－33 所示），认为陕西省知识产权保护公共服务体系达到较好水平的被调查者占 40.8%，认为已经非常好的占 25.5%，认为还存有欠缺的占 7.5%。说明陕西省知识产权保护公共服务总体上较好，但是仍有所欠缺，政府部门要健全公共服务体系，提高公共服务水平。

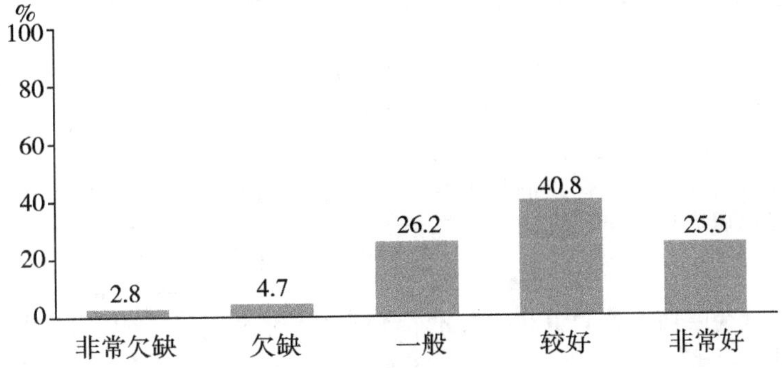

图 4－33　被调查者对陕西省知识产权保护的公共服务情况的认识度分布

三、差异性分析

（一）不同年龄阶段对知识产权相关问题的差异性认知

根据表 4－25 得知，这些因素的显著性值都小于 0.01，因此不同的年龄阶段对这些问题的认识存在显著差异。

表 4－25　不同年龄阶段的方差分析

		平方和	df	均方	F	显著性
被调查者认为知识产权保护的相关教育对改善知识产权保护环境的重要性如何？	组间	15.49424	4	3.87356	5.034765	0.000537326
	组内	457.7708	595	0.769363		
	总数	473.265	599			

续表

		平方和	df	均方	F	显著性
被调查者认为陕西省的知识产权人才培养的师资力量如何?	组间	8.156028	4	2.039007	4.774836	0.000848479
	组内	254.084	595	0.427032		
	总数	262.24	599			

表 4－26 中，显著性概率分别约为 0.525、0.229，都大于 0.05，因此这些组数据具有方差齐性，应读取多重比较表格中的 LSD 值。

表 4－26　方差齐性检验（相等）

		F	Sig.
被调查者认为知识产权保护的相关教育对改善知识产权保护环境的重要性如何?	假设方差相等	0.403799	0.525377
	假设方差不相等		
被调查者认为陕西省的知识产权人才培养的师资力量如何?	假设方差相等	1.452076	0.228672
	假设方差不相等		

根据表 4－27 分析可知，年龄在 18 岁以下的被调查者与 18～35 岁、46～60 岁及 60 岁以上的被调查者之间存在显著性差异，因为显著性值分别约为 0.001、0.002、0.040，均小于 0.05。根据同样的道理，可以按照各个年龄阶段对此问题所持的重视程度按从低到高排序：18 岁以下、36～45岁、46～60 岁、18～35 岁、60 岁以上。结合前文大多数人认为知识产权相关教育对改善知识产权保护环境是比较重要的，可得 18 岁以下的人认为相关教育对改善知识产权保护环境的作用较低，对相关教育的重视程度比较低。

表 4－27　不同年龄阶段对相关教育的重视程度多重比较结果

因变量		年龄阶段		均值差（I－J）	标准误	显著性
被调查者认为知识产权保护的相关教育对改善知识产权保护环境的重要性如何？	LSD	18 岁以下	18～35 岁	－0.68643*	0.208424	0.001048466
			36～45 岁	－0.41466383	0.21199	0.050926818
			46～60 岁	－0.66842*	0.214449	0.001915605
			60 岁以上	－0.79699*	0.387817	0.040307704
		18～35 岁	18 岁以下	0.68643*	0.208424	0.001048466
			36～45 岁	0.27176*	0.085994	0.001656207
			46～60 岁	0.018007663	0.091887	0.844695507
			60 岁以上	－0.11056377	0.335942	0.742183731
		36～45 岁	18 岁以下	0.414663827	0.21199	0.050926818
			18～35 岁	－0.27176*	0.085994	0.001656207
			46～60 岁	－0.25376*	0.099713	0.011182836
			60 岁以上	－0.38232865	0.338166	0.258681043
		46～60 岁	18 岁以下	0.66842*	0.214449	0.001915605
			18～35 岁	－0.01800766	0.091887	0.844695507
			36～45 岁	0.25376*	0.099713	0.011182836
			60 岁以上	－0.12857143	0.339712	0.705215284
		60 岁以上	18 岁以下	0.79699*	0.387817	0.040307704
			18～35 岁	0.110563766	0.335942	0.742183731
			36～45 岁	0.382328654	0.338166	0.258681043
			46～60 岁	0.128571429	0.339712	0.705215284

（二）不同受教育程度对知识产权相关问题的差异性认知

通过分析表 4－28 得知，表中所列的因素的显著性值都小于 0.01，因此不同的受教育群体对以下问题的认识是存在显著差异的。

表 4-28 受教育程度的方差分析

		平方和	df	均方	F	显著性
如果被调查者的知识产权被侵犯，从维权成本和效率考虑，被调查者愿意如何处理?	组间	15.852	5	3.170400737	3.194785	0.007430881
	组内	589.4663	594	0.992367558		
	总数	605.3183	599			
被调查者认为在知识产权保护中，司法保护中审判的公正性如何?	组间	15.35462	5	3.070923555	3.783214	0.002215879
	组内	482.1637	594	0.811723427		
	总数	497.5183	599			
被调查者觉得知识产权保护的重要性如何?	组间	15.27312	5	3.054624067	3.755684	0.00234628
	组内	483.1202	594	0.813333692		
	总数	498.3933	599			
被调查者认为相关机构举行知识产权宣传活动的次数?	组间	16.09863	5	3.219726615	3.243014	0.006736521
	组内	589.7347	594	0.992819361		
	总数	605.8333	599			
被调查者认为相关机构开展的知识产权保护宣传活动的效果如何?	组间	13.58571	5	2.717141053	3.751228	0.002368085
	组内	430.2543	594	0.72433383		
	总数	443.84	599			
被调查者认为陕西省的知识产权人才培养的师资力量如何?	组间	11.69494	5	2.3389871	5.545343	5.29218E-05
	组内	250.5451	594	0.421793038		
	总数	262.24	599			
被调查者或被调查者所在的单位是否对开展国际贸易感兴趣?	组间	12.19096	5	2.43819106	3.522032	0.003803935
	组内	411.2074	594	0.692268313		
	总数	423.3983	599			

根据表 4-29 得知，显著性概率的 P 值都大于 0.05，说明方差是齐性的，应读取多重比较中的 LSD 值。

表4-29　方差齐性检验（相等）

		F	Sig.
如果被调查者的知识产权被侵犯，从维权成本和效率考虑，被调查者愿意如何处理？	假设方差相等	0.114227	0.735501
	假设方差不相等		
被调查者认为在知识产权保护中，司法保护中审判的公正性如何？	假设方差相等	0.440261	0.507252
	假设方差不相等		
被调查者觉得知识产权保护的重要性如何？	假设方差相等	1.420322	0.233823
	假设方差不相等		
被调查者认为相关机构举行知识产权宣传活动的次数？	假设方差相等	0.135487	0.71294
	假设方差不相等		
被调查者认为相关机构开展的知识产权保护宣传活动的效果如何？	假设方差相等	1.521558	0.217868
	假设方差不相等		
被调查者认为陕西省的知识产权人才培养的师资力量如何？	假设方差相等	1.452076	0.228672
	假设方差不相等		
被调查者或被调查者所在的单位是否对开展国际贸易感兴趣？	假设方差相等	0.190364	0.662771
	假设方差不相等		

选择其中对知识产权保护的重要性认知因素进行多重比较（如表4-30所示），被调查者中，受教育程度为未曾就学的与小学、初中、硕士及以上的之间存在显著性差异，原因是其比较的P值都小于0.05。除此以外，被调查者中，受教育程度为小学与高中之间，初中与高中、大学之间，高中与硕士及以上之间也存在显著的差异。通过比较，得知处于各个受教育程度的被调查者认为知识产权的保护重要性程度由低到高排序如下：硕士及以上、小学、初中、大学、高中、未曾就学。

表 4－30　不同受教育程度对知识产权保护重视程度的多重比较结果

因变量		受教育程度		均值差（I－J）	标准误	显著性
被调查者觉得知识产权保护的重要性如何？	LSD	未曾就学	小学	0.63750*	0.288733	0.027631
			初中	0.53954*	0.243172	0.02688
			高中	0.168269	0.238935	0.481554
			大学（含大专）	0.319289	0.231153	0.16771
			硕士及以上	0.77083*	0.309869	0.013134
		小学	未曾就学	－0.63750*	0.288733	0.027631
			初中	－0.09796	0.202071	0.628014
			高中	－0.46923*	0.196951	0.01751
			大学（含大专）	－0.31821	0.187435	0.090086
			硕士及以上	0.133333	0.27878	0.632631
		初中	未曾就学	－0.53954*	0.243172	0.02688
			小学	0.097959	0.202071	0.628014
			高中	－0.37127*	0.120647	0.002185
			大学（含大专）	－0.22025*	0.104393	0.03529
			硕士及以上	0.231293	0.231267	0.317665
		高中	未曾就学	－0.16827	0.238935	0.481554
			小学	0.46923*	0.196951	0.01751
			初中	0.37127*	0.120647	0.002185
			大学（含大专）	0.15102	0.094101	0.109052
			硕士及以上	0.60256*	0.226807	0.008103
		大学（含大专）	未曾就学	－0.31929	0.231153	0.16771
			小学	0.318211	0.187435	0.090086
			初中	0.22025*	0.104393	0.03529
			高中	－0.15102	0.094101	0.109052
			硕士及以上	0.45154*	0.218595	0.039293

续表

因变量		受教育程度		均值差（I-J）	标准误	显著性
被调查者觉得知识产权保护的重要性如何？	LSD	硕士及以上	未曾就学	-0.77083*	0.309869	0.013134
			小学	-0.13333	0.27878	0.632631
			初中	-0.23129	0.231267	0.317665
			高中	-0.60256*	0.226807	0.008103
			大学（含大专）	-0.45154*	0.218595	0.039293

（三）不同单位性质对知识产权相关问题的差异性认知

由表4-31得知，表中所列的因素的显著性值都小于0.01，因此不同的单位性质对知识产权的相关问题的认识是存在显著差异的。

表4-31　单位性质的方差分析

		平方和	df	均方	F	显著性
被调查者认为陕西省地方知识产权立法的完善程度？	组间	13.60345	5	2.72069	3.510835	0.003893
	组内	460.3149	594	0.774941		
	总数	473.9183	599			
被调查者是否接受过学校或其他组织举办的有关知识产权保护的相关教育？	组间	5.55109	5	1.110218	5.002275	0.000169
	组内	131.8339	594	0.221943		
	总数	137.385	599			

根据表4-32可以得出，显著性概率的P值都大于0.05，说明方差是齐性的，应读取多重比较表格中的LSD值。

表 4-32 方差齐性检验（相等）

		F	Sig.
如果被调查者的知识产权被侵犯，从维权成本和效率考虑，被调查者愿意如何处理？	假设方差相等	0.114227	0.735501
	假设方差不相等		
法律规定中，司法和行政保护的权限和手段是否适应知识产权保护的需要？	假设方差相等	3.077351	0.079902
	假设方差不相等		
被调查者认为陕西省侵犯知识产权现象严重程度怎么样？	假设方差相等	2.438037	0.118953
	假设方差不相等		
被调查者了解知识产权吗？	假设方差相等	0.268288	0.604674
	假设方差不相等		
被调查者觉得知识产权保护的重要性如何？	假设方差相等	1.420322	0.233823
	假设方差不相等		
被调查者认为陕西省在知识产权保护怎么样？	假设方差相等	0.564583	0.452715
	假设方差不相等		
被调查者认为中国成为国际知识产权保护专项条约成员国对于陕西省知识产权保护的影响？	假设方差相等	0.379254	0.538237
	假设方差不相等		
被调查者或被调查者所在的单位是否对开展国际贸易感兴趣？	假设方差相等	0.190364	0.662771
被调查者认为陕西省各级地方政府对知识产权保护工作的重视程度	假设方差相等	0.288566	0.591341
	假设方差不相等		
被调查者认为陕西省知识产权保护公共服务	假设方差相等	2.879487	0.090235
	假设方差不相等		
被调查者是否了解陕西省有哪些知识产权中介服务机构？	假设方差相等	1.888527	0.169883
	假设方差不相等		

1. 法律环境因素

从以下三个方面来分析法律环境因素，具体包括侵权救济方式的选择、法律规定的权限与手段是否满足知识产权保护的需要和陕西省知识产权侵犯现象。

首先，从选择侵权救济角度来分析，根据表 4-33 可知，虽然所有的显著性概率P值均大于0.05，各个单位之间的差异性不显著，但是仍然存在一些非显著的差异，例如科研单位均值大于其他的所有单位，其他性质的单位对此问题的均值却小于别的所有单位，通过比较可知均值从小到大的分别是：其他、国有企业、政府部门、高等学校、民营企业、科研单位。结合前述有较大比例的被调查者选择行政救济方式处理知识产权纠纷，由此可得出以下结论：与知识产权相关的单位，如科研单位在选择侵权救济方式时比较理性，注重平衡维权成本和效率，而其他单位可能受"厌诉"心理的影响，倾向选择行政救济。

表4-33　选择侵权救济方式的差异性分析

因变量		单位类型		均值差(I-J)	标准误	显著性
如果被调查者的知识产权被侵犯，从维权成本和效率考虑，被调查者愿意如何处理？	LSD	政府部门	国有企业	0.003448	0.152326	0.981947
			民营企业	-0.03506	0.110742	0.751631
			高等学校	-0.02308	0.124263	0.852736
			科研机构	-0.04	0.138656	0.773078
			其他	0.124138	0.201871	0.538832
		国有企业	政府部门	-0.00345	0.152326	0.981947
			民营企业	-0.03851	0.155428	0.804384
			高等学校	-0.02653	0.165334	0.872594
			科研机构	-0.04345	0.176408	0.805539
			其他	0.12069	0.229447	0.599083
		民营企业	政府部门	0.035065	0.110742	0.751631
			国有企业	0.038513	0.155428	0.804384
			高等学校	0.011988	0.128047	0.925441
			科研机构	-0.00494	0.142057	0.972299
			其他	0.159203	0.204222	0.435962

续表

因变量		单位类型		均值差（I－J）	标准误	显著性
如果被调查者的知识产权被侵犯，从维权成本和效率考虑，被调查者愿意如何处理？	LSD	高等学校	政府部门	0.023077	0.124263	0.852736
			国有企业	0.026525	0.165334	0.872594
			民营企业	－0.01199	0.128047	0.925441
			科研机构	－0.01692	0.152832	0.911868
			其他	0.147215	0.211859	0.487407
		科研机构	政府部门	0.04	0.138656	0.773078
			国有企业	0.043448	0.176408	0.805539
			民营企业	0.004935	0.142057	0.972299
			高等学校	0.016923	0.152832	0.911868
			其他	0.164138	0.220609	0.457158
		其他	政府部门	－0.12414	0.201871	0.538832
			国有企业	－0.12069	0.229447	0.599083
			民营企业	－0.1592	0.204222	0.435962
			高等学校	－0.14721	0.211859	0.487407
			科研机构	－0.16414	0.220609	0.457158

其次，从不同单位对权限与手段的需求差异角度分析，根据表4－34得出，各类单位之间的差异，按均值差从低到高排序如下：政府部门、民营企业、其他、高等学校、科研单位、国有企业，结合前文分析可得出如下结论：政府部门对相关的权限与手段需求较大，并不满足于现状，而作为政府行为的接受者，其他单位则对法律规定的权限和手段比较满足，原因是普通公众可能并不了解也不关心实际操作所需。

表 4-34　不同单位对权限与手段的满足程度

因变量		单位类型		均值差(I-J)	标准误	显著性
法律规定中，司法和行政保护的权限和手段是否适应知识产权保护的需要?	LSD	政府部门	国有企业	-0.23774	0.136341	0.081727
			民营企业	-0.01898	0.099121	0.848248
			高等学校	-0.12799	0.111223	0.250293
			科研机构	-0.13889	0.124106	0.263543
			其他	-0.09981	0.180687	0.580894
		国有企业	政府部门	0.237739	0.136341	0.081727
			民营企业	0.218764	0.139118	0.116365
			高等学校	0.109748	0.147985	0.458612
			科研机构	0.098851	0.157896	0.531523
			其他	0.137931	0.20537	0.502084
		民营企业	政府部门	0.018975	0.099121	0.848248
			国有企业	-0.21876	0.139118	0.116365
			高等学校	-0.10902	0.11461	0.341894
			科研机构	-0.11991	0.12715	0.34602
			其他	-0.08083	0.182791	0.658495
		高等学校	政府部门	0.127991	0.111223	0.250293
			国有企业	-0.10975	0.147985	0.458612
			民营企业	0.109016	0.11461	0.341894
			科研机构	-0.0109	0.136794	0.936532
			其他	0.028183	0.189627	0.881901
		科研机构	政府部门	0.138889	0.124106	0.263543
			国有企业	-0.09885	0.157896	0.531523
			民营企业	0.119913	0.12715	0.34602
			高等学校	0.010897	0.136794	0.936532
			其他	0.03908	0.197459	0.843178

续表

因变量		单位类型		均值差（I－J）	标准误	显著性
法律规定中，司法和行政保护的权限和手段是否适应知识产权保护的需要？	LSD	其他	政府部门	0.099808	0.180687	0.580894
			国有企业	－0.13793	0.20537	0.502084
			民营企业	0.080833	0.182791	0.658495
			高等学校	－0.02818	0.189627	0.881901
			科研机构	－0.03908	0.197459	0.843178

最后，从陕西省的知识产权侵权现象的严重度来分析，根据表4－35中均值差从低到高，排序大致如下：国有企业、民营企业、高等学校、政府部门、科研单位、其他。结合前文分析得知有一半以上的被调查者认为侵权现象并不严重，得出如下结论：政府部门及与知识产权相关的单位认为目前知识产权侵权现象比较严重，而其他单位（尤其是企业类单位）则认为知识产权侵权现象并不严重，原因是政府认识问题比较全面、理性。

表4－35　不同单位对知识产权侵权现象的认知差异

因变量		单位类型		均值差（I－J）	标准误	显著性
被调查者认为陕西省侵犯知识产权现象严重程度怎么样？	LSD	政府部门	国有企业		0.174523	0.005752
			民营企业	0.242785	0.12688	0.056164
			高等学校	0.167735	0.142371	0.239207
			科研机构	－0.01444	0.158861	0.927583
			其他	－0.15421	0.231288	0.505182
		国有企业	政府部门		0.174523	0.005752
			民营企业	－0.24093	0.178077	0.176583
			高等学校	－0.31598	0.189427	0.095825
			科研机构		0.202114	0.013993
			其他	0.262883	0.015534	

续表

因变量		单位类型		均值差（I－J）	标准误	显著性
被调查者认为陕西省侵犯知识产权现象严重程度怎么样？	LSD	民营企业	政府企业	－0.24278	0.12688	0.056164
			国有企业	0.240931	0.178077	0.176583
			高等学校	－0.07505	0.146706	0.609144
			科研机构	－0.25723	0.162758	0.114538
			其他	－0.397	0.233981	0.090275
		高等学校	政府部门	－0.16774	0.142371	0.239207
			国有企业	0.315981	0.189427	0.095825
			民营企业	0.07505	0.146706	0.609144
			科研机构	－0.18218	0.175103	0.298572
			其他	－0.32195	0.242731	0.185229
		科研机构	政府企业	0.014444	0.158861	0.927583
			国有企业		0.202114	0.013993
			民营企业	0.257229	0.162758	0.114538
			高等学校	0.182179	0.175103	0.298572
			其他	－0.13977	0.252756	0.580483
		其他	政府企业	0.154215	0.231288	0.505182
			国有企业		0.262883	0.015534
			民营企业	0.397	0.233981	0.090275
			高等学校	0.32195	0.242731	0.185229
			科研机构	0.13977	0.252756	0.580483

2．社会因素

根据表4－36分析得知，对于知识产权的了解程度按照从低到高排列依次是：其他、科研单位、高等学校、民营企业、政府单位、国有企业。而从知识产权保护的重要性方面按从低到高排序，则是其他、国有企业、科研单位、民营企业、高等学校、政府部门，结合前文得出的被调查者总体上了解知识产权且重视知识产权保护的结论，可以总结出：政府部门对知识产权的了解程度较高，认为知识产权保护非常重要，而其他单位对知识产权的了解程度较低、对其保护的重视程度较低。原因主要是政府部门比较客观、全面地评价这一问题，而普通公众则比较主观和片面。

表4-36　不同单位对知识产权的了解与重视程度差异

因变量		单位类型		均值差（I-J）	标准误	显著性
被调查者了解知识产权吗?	LSD	政府部门	国有企业	-0.06782	0.140188	0.628742
			民营企业	0.116017	0.101918	0.255437
			高等学校	0.130128	0.114362	0.255635
			科研机构	0.153333	0.127608	0.229998
			其他	—	0.185786	0.005436
		国有企业	政府部门	0.067816	0.140188	0.628742
			民营企业	0.183833	0.143043	0.199238
			高等学校	0.197944	0.15216	0.193799
			科研机构	0.221149	0.162351	0.173661
			其他	—	0.211164	0.005675
		民营企业	政府部门	-0.11602	0.101918	0.255437
			国有企业	-0.18383	0.143043	0.199238
			高等学校	0.014111	0.117844	0.904728
			科研机构	0.037316	0.130738	0.775417
			其他	—	0.187949	0.032691
		高等学校	政府部门	-0.13013	0.114362	0.255635
			国有企业	-0.19794	0.15216	0.193799
			民营企业	-0.01411	0.117844	0.904728
			科研机构	0.023205	0.140654	0.869016
			其他	0.194977	0.046903	—

续表

因变量		单位类型		均值差（I－J）	标准误	显著性
被调查者了解知识产权吗？	LSD	科研机构	政府部门	－0.15333	0.127608	0.229998
			国有企业	－0.22115	0.162351	0.173661
			民营企业	－0.03732	0.130738	0.775417
			高等学校	－0.02321	0.140654	0.869016
			其他	0.365057	0.20303	0.072678
		其他	政府部门	—	0.185786	0.005436
			国有企业	—	0.211164	0.005675
			民营企业	—	0.187949	0.032691
			高等学校	—	0.194977	0.046903
			科研机构	－0.36506	0.20303	0.072678
被调查者觉得知识产权保护的重要性如何？	LSD	政府部门	国有企业	0.14387	0.137947	0.297403
			民营企业	0.057215	0.100289	0.568552
			高等学校	0.045726	0.112533	0.684641
			科研机构	0.121111	0.125568	0.335183
			其他	0.264559	0.182815	0.148385
		国有企业	政府部门	－0.14387	0.137947	0.297403
			民营企业	－0.08665	0.140756	0.538371
			高等学校	－0.09814	0.149727	0.512413
			科研机构	－0.02276	0.159755	0.886766
			其他	0.12069	0.207788	0.561576
		民营企业	政府部门	－0.05722	0.100289	0.568552
			国有企业	0.086655	0.140756	0.538371
			高等学校	－0.01149	0.11596	0.921114
			科研机构	0.063896	0.128647	0.619601
			其他	0.207344	0.184944	0.26269

续表

因变量		单位类型		均值差（I－J）	标准误	显著性
被调查者觉得知识产权保护的重要性如何?	LSD	高等学校	政府部门	－0.04573	0.112533	0.684641
			国有企业	0.098143	0.149727	0.512413
			民营企业	0.011489	0.11596	0.921114
			科研机构	0.075385	0.138406	0.586189
			其他	0.218833	0.19186	0.254502
		科研机构	政府企业	－0.12111	0.125568	0.335183
			国有企业	0.022759	0.159755	0.886766
			民营企业	－0.0639	0.128647	0.619601
			高等学校	－0.07538	0.138406	0.586189
			其他	0.143448	0.199784	0.47303
		其他	政府企业	－0.26456	0.182815	0.148385
			国有企业	－0.12069	0.207788	0.561576
			民营企业	－0.20734	0.184944	0.26269
			高等学校	－0.21883	0.19186	0.254502
			科研机构	－0.14345	0.199784	0.47303

（四）不同行业对知识产权相关问题的差异性认知

根据表4－37所示，可知显著性概率的P值都大于0.05，说明方差是齐性的，应读取多重比较表格中的LSD值。

表4－37 方差齐性检验（相等）

		F	Sig.
被调查者认为陕西省侵犯知识产权现象严重程度怎么样?	假设方差相等	2.438037	0.118953
	假设方差不相等		

续表

		F	Sig.
被调查者了解知识产权吗？	假设方差相等	0. 268288	0. 604674
	假设方差不相等		
被调查者觉得知识产权保护的重要性如何？	假设方差相等	1. 420322	0. 233823
	假设方差不相等		
被调查者认为陕西省在知识产权保护怎么样？	假设方差相等	0. 564583	0. 452715
	假设方差不相等		
被调查者是否了解陕西省有哪些知识产权中介服务机构？	假设方差相等	1. 888527	0. 169883
	假设方差不相等		
被调查者认为陕西省知识产权中介服务机构的数量能否满足陕西省知识产权保护的需要？	假设方差相等	0. 183829	0. 668257
	假设方差不相等		

首先，根据表4－38所示，多重比较不同行业所认识的法律环境因素，公共管理行业认为知识产权侵权现象比较严重，而其他行业的态度则相对来说乐观一些。

表4－38　不同行业对知识产权侵权现象的认知差异

		行业类别		均值差（I－J）	标准误	显著性
被调查者认为陕西省侵犯知识产权现象严重程度怎么样？	LSD	公共管理业	制造业	0. 212	0. 1592	0. 1831
			采矿业	0. 181	0. 2518	0. 47355
			建筑业	0. 431	0. 2518	0. 08776
			科学研究和技术服务业	0. 066	0. 1431	0. 64453
			电力、热力、燃气及水生产和供应业	－0. 17	0. 2672	0. 52326
			信息传输、软件和信息技术服务业	0. 149	0. 1454	0. 30573
			交通运输、仓储和邮政业	－0. 08	0. 3214	0. 81464
			其他	0. 1716	0. 00435	—

其次，根据表4－39所示，多重比较不同行业所认识的社会因素，公共管理行业比其他行业了解知识产权，其主要原因是公共管理行业经常接触这方面的知识，比较关注知识产权问题，甚至经常遇到此类解纷；同理，公共管理行业及与知识产权相关的行业比其他的行业重视知识产权保护。

表4－39 不同行业对社会因素的认知差异

因素		行业类别		均值差（I－J）	标准误	显著性
被调查者了解知识产权吗？	LSD	公共管理业	制造业	0.14	0.1277	0.2734
			采矿业	0.258	0.2019	0.20126
			建筑业	0.175	0.2019	0.38646
			科学研究和技术服务业	－0.09	0.1148	0.42531
			电力、热力、燃气及水生产和供应业	0.3	0.2143	0.162
			信息传输、软件和信息技术服务业	0.15	0.1166	0.19795
			交通运输、仓储和邮政业	0.11	0.2578	0.67112
			其他	0.1377	0.01774	—
被调查者觉得知识产权保护的重要性如何？	LSD	公共管理业	制造业	0.041	0.1257	0.74366
			采矿业	－0.09	0.1987	0.65476
			建筑业	－0.05	0.1987	0.81221
			科学研究和技术服务业	0.21	0.113	0.06395
			电力、热力、燃气及水生产和供应业	0.113	0.2108	0.59057
			信息传输、软件和信息技术服务业	0.09	0.1148	0.43491
			交通运输、仓储和邮政业	0.233	0.2537	0.35969
			其他	0.046	0.1355	0.7323

最后，根据表 4－40 所示，多重比较不同行业所认识的知识产权服务因素，可知公共管理行业及与知识产权相关的科学研究和技术服务业比较了解陕西省知识产权中介服务机构，而其他行业对此的了解程度比较低，这与不同行业的工作性质相关。

表 4－40　不同行业对陕西省知识产权公共服务因素的认知差异

因素		行业类别		均值差（I－J）	标准误	显著性
被调查者是否了解陕西省有哪些知识产权中介服务机构？	LSD	公共管理业	制造业	0. 13	0. 1339	0. 33187
			采矿业	0. 192	0. 2117	0. 36553
			建筑业	0. 06	0. 2117	0. 78295
			科学研究和技术服务业	－0. 02	0. 1203	0. 88989
			电力、热力、燃气及水生产和供应业	0. 221	0. 2246	0. 32459
			信息传输、软件和信息技术服务业	0. 136	0. 1223	0. 26509
			交通运输、仓储和邮政业	0. 34	0. 2702	0. 20821
			其他	0. 131	0. 1443	0. 36479

（五）不同地区对知识产权相关问题的差异性认知

根据表 4－41 得知，各因素的显著性 P 值都小于 0. 01，因此不同地区在对知识产权的相关问题的认知上是存在显著差异的。

表 4－41　不同地区之间方差分析

		平方和	df	均方	F	显著性
被调查者认为陕西省的知识产权人才培养的师资力量如何？	组间	5. 936667	3	1. 978889	4. 601648	0. 003408
	组内	256. 3033	596	0. 430039		
	总数	262. 24	599			

续表

		平方和	df	均方	F	显著性
被调查者或被调查者的单位是否曾与任何境外企业发生过知识产权纠纷?	组间	0.12	3	0.04	4.09622	0.006811
	组内	5.82	596	0.009765		
	总数	5.94	599			

根据表4-42得知，表中数据的显著性概率P值都大于0.05，说明这些组数据具有方差齐性，应读取多重比较表格中的LSD值。

表4-42 不同地区的方差齐性检验（相等）

		F	Sig.
法律规定中，司法和行政保护的权限和手段是否适应知识产权保护的需要?	假设方差相等		
	假设方差不相等	3.0774	0.08
被调查者认为陕西省侵犯知识产权现象严重程度怎么样?	假设方差相等		
	假设方差不相等	2.438	0.119
被调查者了解知识产权吗?	假设方差相等		
	假设方差不相等	0.2683	0.605
被调查者觉得知识产权保护的重要性如何?	假设方差相等		
	假设方差不相等	1.4203	0.234
被调查者认为中国加入WTO对于陕西省知识产权保护的影响?	假设方差相等		
	假设方差不相等	1.8474	0.175
被调查者认为中国成为国际知识产权保护专项条约成员国对于陕西省知识产权保护的影响?	假设方差相等		
	假设方差不相等	0.3793	0.538
被调查者或被调查者单位是否曾与任何境外企业发生过知识产权纠纷?	假设方差相等		
	假设方差不相等	1.5268	0.217
被调查者认为陕西省各级地方政府对知识产权保护工作的重视程度	假设方差相等		
	假设方差不相等	0.2886	0.591

续表

		F	Sig.
被调查者是否了解陕西省有哪些知识产权中介服务机构？	假设方差相等		
	假设方差不相等	1.8885	0.17

根据表4－43分析不同地区对法律环境因素的认知差异，得出以下顺序：西安、宝鸡、榆林、汉中，西安、宝鸡、汉中、榆林。结合前文分析得出的相关结论，由此可以得出：西安政府认为应投入更多的法律成本满足实际所需，其次是宝鸡，再次是汉中、榆林。

表4－43　不同地区对法律环境因素的认知差异

因变量		地区		均值差（I－J）	标准误	显著性
法律规定中，司法和行政保护的权限和手段是否适应知识产权保护的需要？	LSD	西安	宝鸡	0.04	0.0975	0.70709
			汉中	0.117	0.0975	0.23209
			榆林	0.06	0.1106	0.58764
		宝鸡	西安	－0.037	0.0975	0.70709
			汉中	0.153	0.1043	0.14192
			榆林	0.097	0.1166	0.40729
		汉中	西安	－0.12	0.0975	0.23209
			宝鸡	－0.15	0.1043	0.14192
			榆林	－0.06	0.1166	0.62707
		榆林	西安	－0.06	0.1106	0.58764
			宝鸡	－0.1	0.1166	0.40729
			汉中	0.057	0.1166	0.62707

续表

因变量		地区		均值差（I－J）	标准误	显著性
被调查者认为陕西省侵犯知识产权现象严重程度怎么样？	LSD	西安	宝鸡	－0.057	0.1259	0.65268
			汉中	－0.02	0.1259	0.85298
			榆林	－0.05	0.1427	0.72618
		宝鸡	西安	0.06	0.1259	0.65268
			汉中	－0.08	0.1345	0.55233
			榆林	－0.11	0.1504	0.47853
		汉中	西安	0.023	0.1259	0.85298
			宝鸡	0.08	0.1345	0.55233
			榆林	－0.03	0.1504	0.85935
		榆林	西安	0.05	0.1427	0.72618
			宝鸡	0.107	0.1504	0.47853
			汉中	0.027	0.1504	0.85935

根据表4－44分析不同地区对知识产权社会因素认知的差异，从整体上来讲，各个地区趋向于一致，但是仍有区别。即在对知识产权的认识和重视方面，由低到高的排序依次是：汉中、榆林、宝鸡、西安，结合前文描述统计得出结论：西安地区对知识产权的了解度与重视度最高，其次是宝鸡，再次是榆林、汉中。原因是各地区经济的发展，尤其是知识经济的发展程度不一致。

表4－44　不同地区对社会因素的认知差异

因变量		地区		均值差（I－J）	标准误	显著性
被调查者了解知识产权吗？	LSD	西安	宝鸡	0.02167	0.10097	0.830163
			汉中	0.00833	0.10097	0.934251
			榆林	0.025	0.114489	0.827222

续表

因变量		地区		均值差（I－J）	标准误	显著性
被调查者了解知识产权吗？	LSD	宝鸡	西安	－0.021667	0.10097	0.830163
			汉中	0.013333	0.107941	0.901734
			榆林	0.00333	0.120682	0.977974
		汉中	西安	－0.008333	0.10097	0.934251
			宝鸡	－0.01333	0.107941	0.901734
			榆林	－0.01667	0.120682	0.890205
		榆林	西安	－0.025	0.114489	0.827222
			宝鸡	－0.003333	0.120682	0.977974
			汉中	0.016667	0.120682	0.890205
被调查者觉得知识产权保护的重要性如何？	LSD	西安	宝鸡	0.038333	0.098615	0.697623
			汉中	0.058333	0.098615	0.554391
			榆林	0.095	0.111819	0.395894
		宝鸡	西安	－0.03833	0.098615	0.697623
			汉中	0.02	0.105424	0.8496
			榆林	0.13333	0.117867	0.258419
		汉中	西安	－0.05833	0.098615	0.554391
			宝鸡	－0.02	0.105424	0.8496
			榆林	－0.15333	0.117867	0.193796
		榆林	西安	－0.095	0.111819	0.395894
			宝鸡	－0.133333	0.117867	0.258419
			汉中	0.153333	0.117867	0.193796

根据表4－45分析不同地区对知识产权国际因素的认知差异，可以得出以下结论：认为中国的国际举措对知识产权保护的影响程度最大的地区是西安，其次是宝鸡，再次是汉中、榆林，其中的原因是各地区国际化水平不同。

表4－45 不同地区对国际因素的认知差异

因变量		地区		均值差（I－J）	标准误	显著性
被调查者认为中国加入WTO对于陕西省知识产权保护的影响？	LSD	西安	宝鸡	0.022	0.1052	0.83695
			汉中	0.06	0.1052	0.57958
			榆林	0.02	0.1193	0.83413
		宝鸡	西安	－0.02	0.1052	0.83695
			汉中	0.08	0.1125	0.47731
			榆林	0.05	0.1258	0.71076
		汉中	西安	－0.058	0.1052	0.57958
			宝鸡	－0.08	0.1125	0.47731
			榆林	0.033	0.1258	0.7911
		榆林	西安	－0.025	0.1193	0.83413
			宝鸡	－0.047	0.1258	0.71076
			汉中	－0.03	0.1258	0.7911
被调查者认为中国成为国际知识产权保护专项条约成员国对于陕西省知识产权保护的影响？	LSD	西安	宝鸡	0.007	0.1032	0.9485
			汉中	—	0.1032	0.01712
			榆林	0.03	0.117	0.7977
		宝鸡	西安	－0.01	0.1032	0.9485
			汉中	—	0.1103	0.02995
			榆林	0.023	0.1233	0.84999
		汉中	西安	—	0.1032	0.01712
			宝鸡	—	0.1103	0.02995
			榆林	－0.22	0.1233	0.07943
		榆林	西安	－0.03	0.117	0.7977
			宝鸡	－0.02	0.1233	0.84999
			汉中	0.217	0.1233	0.07943

根据表4－46分析不同地区的当地政府对知识产权的管理与服务水平，

结合前文分析陕西省各级政府都重视知识产权保护，但是存在如下差异：西安政府相对其他地区政府来说更加重视知识产权保护，其次是宝鸡，再其次是榆林和汉中。同样，在对中介服务机构的了解方面也存在这样的差异，原因是各地区受经济发展水平影响，对创新能力的需要不一致。

表 4－46 不同地区对知识产权的重视及服务程度差异

因变量		地区		均值差（I－J）	标准误	显著性
被调查者认为陕西省各级地方政府对知识产权保护工作的重视程度	LSD	西安	宝鸡	0.1017	0.098152	0.300712
			汉中	0.01167	0.098152	0.905424
			榆林	0.155	0.111294	0.164228
		宝鸡	西安	－0.10167	0.098152	0.300712
			汉中	0.11333	0.104929	0.280537
			榆林	—	0.117314	0.029068
		汉中	西安	－0.0117	0.098152	0.905424
			宝鸡	－0.1133	0.104929	0.280537
			榆林	0.14333	0.117314	0.22227
		榆林	西安	－0.155	0.111294	0.164228
			宝鸡	—	0.117314	0.029068
			汉中	－0.1433	0.117314	0.22227
被调查者是否了解陕西省有哪些知识产权中介服务机构?	LSD	西安	宝鸡	0.05333	0.105106	0.612045
			汉中	0.11333	0.105106	0.281346
			榆林	0.03	0.119179	0.801342
		宝鸡	西安	－0.0533	0.105106	0.612045
			汉中	0.06	0.112363	0.593552
			榆林	0.0233	0.125626	0.852714
		汉中	西安	－0.1133	0.105106	0.281346
			宝鸡	－0.06	0.112363	0.593552
			榆林	－0.0833	0.125626	0.507365

续表

因变量		地区		均值差（I－J）	标准误	显著性
被调查者是否了解陕西省有哪些知识产权中介服务机构？	LSD	榆林	西安	－0.03	0.119179	0.801342
			宝鸡	－0.02333	0.125626	0.852714
			汉中	0.08333	0.125626	0.507365

四、结论与建议

本书所指的陕西省知识产权保护环境主要包括法律环境因素、社会因素、国际因素以及管理与服务因素。通过对调查数据的分析，下文将从陕西省知识产权保护环境的现状出发，揭示其面临的问题，最后提出有针对性的建议。

（一）陕西省知识产权保护环境的整体现状

根据调查，得出陕西省知识产权保护环境的整体情况：首先，一方面政府及与知识产权相关的行业比较了解和重视知识产权，而普通公众的知识产权意识较低，未给予知识产权保护足够的重视；另一方面不同地区对知识产权相关问题的认知整体趋同，但是存在一定差异性，具体体现在经济发达、公众意识较强的西安，无论是政府或与知识产权相关的行业及其工作人员，还是当地的普通公众，都比较了解和重视知识产权保护，而经济欠发达、公众意识较弱的榆林和汉中就不太了解和重视知识产权保护。其次，全省已经建立起较为完善的知识产权管理机制和服务制度，但是对于相关内容的了解程度各地区却存在差异性，具体体现在西安、宝鸡两地的被调查者比较了解知识产权公共服务体系，榆林、汉中次之。再次，政府部门及与知识产权相关的行业认为知识产权侵权严重，尤其是经济发达的西安、宝鸡的相关人员对于现有法律赋予的权限和手段并不满足，认为不能适应现实的知识产权保护需要，榆林、汉中两地次之。从执法环境和司法环境的角度来看，政府比较认可行政机关的行政行为和司法机关的审判等司法行为，认为行政执法具有主动性、持续性，司法部门的审判行为具有公正性，其评价是比较感性的；而公众对于这些行为的认可度则低于政府部门，尤其是企业对相关的行政或司法行为评价比较理性，更能反映出执法环境和司法环境中存在的问题。最后，由于国际化水平的不同，西安的国际贸易水平略高于其他地区，相应地，西安的政府机关及与知识产权相关的行业比较重视知识产权的国际贸易，而西安地区的普通公众对此的重视度则相对较低，其他地区也存在这一条规律。以下是陕西省在法律环境因素、社会因素、国际因素以及管理与服务因素方面取得的积极成就：

第一，从法律环境因素的角度来分析：（1）目前公众对陕西省的知识产权保护持乐观态度，认为知识产权侵权现象并不严重，但政府及于知识产权相关的行业认为目前相关侵权现象比较严重，经济发达的西安、宝鸡存在比较严重的知识产权侵权现象，因此这两个地方对知识产权保护的权限与手段要求更高。（2）陕西省已经建立起较为完善的知识产权保护法律体系，包括实体法和程序法，赋予了司法机关和行政机关以相应的权限和手段，为权利人规定了行政救济和司法经济两种救济途径，实现了在知识产权领域内“有法可依”，而且能够及时、便捷地维护权利人的合法权利，这为陕西省知识产权保护提供了良好的法治前提，利于实现法治化管理。（3）行政机关能够主动、持续执法，而且相关执法人员能够依法履行职责，使受害人可以花费较少的成本，获得及时、便捷的权利救济。（4）司法机关工作人员专业素质高，能够保证审判的合法性、公正性，促使知识产权侵权纠纷的彻底解决。

第二，从社会因素的角度来分析：（1）大多数人比较了解知识产权，认为知识产权和创新都重要，肯定了知识产权保护对创新的重要作用，这有利于陕西省知识产权保护工作的开展。但是在不同的行业和地区存有差异，公共管理行业及与知识产权相关的行业对知识产权的了解程度和重视程度要高于其他行业，西安、宝鸡对知识产权的了解程度和重视程度要高于榆林、汉中。(2) 互联网技术的发展对建设和改善陕西省知识产权环境产生了重大影响，为知识产权的传播提供了快速通道。(3) 目前相关机构举办的宣传活动效果显著，对于改善知识产权环境具有重要作用，目前学校或者其他组织已经开展了相关的教育活动。(4) 陕西省已经成立了一些知识产权人才培养机构，致力于营造良好的知识产权保护环境。截至目前，陕西省知识产权保护总体良好，局部有待进一步改善。

第三，从国际因素的角度来分析：(1) 中国加入 WTO、成为国际知识产权保护专项条约成员国等举措对陕西省的知识产权保护产生了一定的影响，如相关法规、制度的完善，对此国际贸易较发达的西安地区的公众更能理解。(2) 陕西省的不少企业对国际贸易有一定的兴趣，在与外贸企业合作时大多会关注合同中的知识产权条款，有部分企业还了解中外贸易谈判中关于知识产权的磋商问题，而且国际贸易中很少有知识产权纠纷发生。

第四，从管理与服务因素的角度来看：(1) 陕西省能较好地落实国家的知识产权相关政策，提高知识产权保护水平，强化知识产权应用，促进创新型省份的建设。(2) 陕西省各级地方政府都比较重视知识产权保护，只是存在一定的地区差异，比如西安、宝鸡的当地政府更加重视知识产权保护，开展了相关工作，已建立起相对完善的知识产权预警应急机制，一定程度上可以有效地预防、处理知识产权侵权纠纷。(3) 陕西省地方政府充分重视监督和指导知识产权中介服务机构的工作，并对其进行科学有效的管理。目前，陕西省的知识产权中介服务机构能够高效运转，无论是数量还是从业人员都已经基本能满足陕西省知识产权保护的需要，尤其是在经济较发达的西安地区。

（二）陕西省知识产权保护存在的问题

陕西省近年来已营造了良好知识产权保护环境，但是仍存在不少问题，具体如下：

第一，局部社会环境不佳，有待进一步改善。主要的问题如下：（1）相关机构的知识产权宣传活动缺位，人们对知识产权的了解程度低。（2）相关教育活动缺乏新颖性和趣味性，吸引力不够。选择的时间、地点、内容、方式等不科学均有可能导致活动的参与率低下，造成大多数人知道相关教育很重要但却未曾参加过学校或其他组织举办的相关教育活动这样一种矛盾局面。（3）知识产权人才培养机构的知名度低，其作用未得到充分发挥。根据调查显示，很少有人了解陕西省有哪些知识产权人才培养机构，对其师资力量自然无法确定，其中的原因包括知识产权人才培养机构的宣传力度低，政府对其扶持和宣传力度不高，公众自身没有危机意识等，这些原因导致知识产权人才培养机构有名无实。（4）地区之间对知识产权的了解与重视程度存在差异性。

第二，陕西省各地方政府的管理与服务存在差异。具体体现如下：（1）不同的地区受经济发展水平的影响，对知识产权保护的重视程度不一，如榆林、汉中两地的地方政府对知识产权保护的重视程度不够，也不利于当地知识经济的发展。（2）不同地区的知识产权公共服务水平也有差异，如榆林、汉中的公共服务工作做得不尽如人意，政府及与知识产权相关的行业未充当好“领头羊”，导致本地区的知识产权保护缺乏良好的管理与服务环境。

第三，相关法律的知晓度低，存在不合理的规定。具体问题如下：（1）法律的宣传教育不到位。法律需要通过宣传教育的方式被公众知晓，进而发挥其引导作用和规范作用。目前，陕西省相关的知识产权保护法律体系是比较健全的，规定了不同的救济途径和程序，但是根据调查结果显示，对于行政救济和司法救济实际中鲜有人都知晓，多数人或者只知其一，或者都不知道。可见，相关法律的公众知晓度和信任度并不高，需要加强法律的宣传教育，提高其公信力。（2）司法救济的成本高、效率低，导致更多的人选择行政救济，这不仅不利于各部门间的分工协作，也不利于司法改革的进行，更不利于知识产权纠纷的彻底性解决，容易诱发社会不稳定因素。（3）各地在知识产权保护上应有重点区别，因为各地区的经济发展水平不同，公众意识存在差异，侵权现象严重程度不一，例如西安等经济发达的地区侵权现象比较严重，汉中等经济落后的地区侵权现象相对比较轻微，需要因地制宜。

第四，未充分利用国际环境，不重视国际贸易，使得陕西省的知识产权及其成果“走出去”的可能性低，影响范围狭窄。具体存在以下问题：（1）虽然不少企业对国际贸易有一定的兴趣，但却只有极少的企业开展了国际贸易，即使是国际贸易水平较高的西安地区也存在这种问题。原因可能是国际贸易的成本较高，风险较高，本省知识产权及其成果的竞争力不强。（2）与外贸企业合作中，很少有人审查合同中的知识产权条款，一旦发生知识产权侵权纠纷，我方将处于不利地位，进而损害我方的利益。（3）对于中外贸易谈判中关于知识产权问题的磋商很少有人去关注，容易引发信息不对称等问题，进而不利于与境外企业合作。（4）在与境外发生的知识产权纠纷中，行业类别主要集中在采矿业，建筑业，电力、热力、燃气及水生产和供应业，其中重要的原因之一是该类行业所需资源的稀缺性及经济价值。

（三）陕西省知识产权保护的改进建议

通过上文的分析可知，陕西省知识产权保护中存在不少问题，为了改善陕西省知识产权保护环境，为政府决策提供参考，服务于企业创新发展，下文将提出相应的改进建议。

第一，改善社会环境，营造良好的社会氛围。结合前文的分析，有如下建议：（1）要加强相关机构的知识产权宣传，定期开展相关的宣传活动，尤其是经济欠发达的地区要投入较多的成本举办相关的宣传活动，提高当地公众对知识产权的知晓度。（2）调整相关教育活动的内容、方式等，提高其新颖性、趣味性和吸引力。学校或其他组织在举办相关教育活动时要综合考虑、了解参加者的喜好，科学选择地点、时间、内容，活动形式要多样化，如座谈会、讲座、电影、游戏等形式；在活动过程中可以制定一些奖励措施，设置互动环节，激发参加者的参与积极性；活动结束之后可以举行征文比赛，辅之以奖励措施，提高参加者的理解能力和知识转化能力。（3）提高知识产权人才培养机构的知名度。培养机构可通过巡回演讲的方式在学校、科研机构等开展宣讲活动；培养机构可提高服务质量，优化服务方式，打造良好的行业形象，形成良好的口碑，让高品质的服务成为最有利的宣传方式；政府要对这类机构的扶持力度，提供资金支持，加强公众的意识教育。扩大对外开放水平，营造有利于投资便利化、商贸自由化的国际化营商环境。如此一来，不仅能够改善陕西省知识产权保护的社会环境，而且利于提高知识产权的保护水平。

第二，平衡陕西省各地方政府的管理与服务水平，实施差异化的管理。（1）各地政府要深入学习领会相关会议、法律、制度精神，提高对知识产权的了解程度和重视程度，激发当地的创新活力，促进知识经济的建设。（2）经济欠发达的汉中等地要注重公共服务体系建设，提高中介服务机构的知名度及其服务水平。

第三，加强知识产权法律的宣传教育，修改不合理的规定。（1）要重视相关法律的宣传教育，具体可以通过新闻媒体、网络媒体、课堂教学、讲座等方式宣传；可将相关法律教育设定为义务教育的选修课程、大学教育的必修课程、其他教育必须培训的内容。在宣传教育的时候要注意区分受教育人群，对学生可以结合实际谈理论，对其他人员要结合理论谈实际，尤其政府及相关行业要积极向公众传达知识产权侵权的处理方式、救济途径等内容，提高相关法律的知晓度和实际利用率。（2）公众在选择救济途径时要进行利益衡量，注重成本和效率的同时，要关注问题是否能够得到彻底的解决；司法部门要深化司法改革，建立法律援助机制，提高司法公信力，提高法律救济的效率，降低受害人的诉讼成本，提供国家管理的效率。（3）各地在知识产权保护上应有所区别，各地可以根据实际需要制定相关的规章制度，约束当地的知识产权侵权行为，进而改善陕西省知识产权保护的法律环境，促进其法治化进程。

第四，建设开放型知识经济，提高知识产权的国际竞争力和影响力。（1）建立激励机制，例如补贴、减税等优惠政策，由此激励对国际贸易感兴趣的企业敢于开展国际贸易活动，激发企业的活力，提高知识产权的竞争力。（2）模拟审判由未审查合同中知识产权条款引发的国际知识产权纠纷案例，提高相关企业及其人员的警惕性，避免由于自身过失引发的经济损失。（3）调整产业结构，优化经济产业。要尽快实现资源型经济向知识型经济的转变，由依靠资源发展经济向依靠知识、科技、文化发展经济转变，从而实现可持续发展。

第五章 政府主导知识产权法律实现的角色定位分析

法律的生命在于其功能的实现。法律是通过对人们的行为进行规范而作用于社会的。正如苏联法学家雅维茨所说，如果法不能实现，那么法什么都不是。① 根据前述的分析、阐述，不难发现，所有关于知识产权问题的研究，都归结于知识产权生态问题。事实上，知识产权生态理论构想就是知识产权法律制度实现的一种形象化诠释。作为一种新的秩序、新的法律体系，知识产权法律制度的实现关键在于规范人的行为。政府作为公共产品的提供者和社会公共事务的管理者，其行为必然会对经济社会生活产生重要影响。一方面，政府作为一个微观的需求者，深入知识产权制度运行的内部，以获取知识产权带来的收益和知识产权资源；另一方面，政府作为制度提供者，为了保护和激励创新，促进经济增长，通过法律、政策等塑造知识产权法律制度运行的外部环境。因此，政府的主导作用是优化我国知识产权生态的重要保障。

① 参见［苏联］雅维茨：《法的一般理论——哲学和社会问题》，朱景文译，辽宁人民出版社 1986 年版，第 170 页。

一、国外政府主导知识产权法律实现的经验借鉴

（一）美国

美国作为当今世界第一大经济体，拥有世界最强的经济实力、科技实力和创新能力，是全球最大的新产品研发中心，同时美国也是最注重知识产权保护的国家，美国政府始终视知识产权生态建设为国家经济发展的基础和重点，并且不断地推动海外知识产权工作。研究分析美国知识产权生态的经验特色，取长补短，对于我国知识产权生态建设的进步与完善具有重要的现实意义。

1. 以立法形式提供保障

1790 年美国颁布第一部专利法，近年来为了维护国家利益，美国修改并完善了《专利法》《商标法》等知识产权法律，不断加大知识产权保护的力度和扩大知识产权保护所涵盖的领域。美国的《专利法》有先发明制度、宽限期制度和早期公开的制度。这些规定不仅更好地保护了技术发明者的权益，更为技术信息登记、专利审查程序提供了依据和便利。《版权法》中所规定的注册登记制、财产权保护制和版权收回制度，能够更好地保护版权和版权人的经济利益。《商标法》将商标保护分为联邦和州两个级别，认可先使用制，具备反淡化法律保护和商业秘密保护的特点。

2. 为创新主体提供良好的公共服务环境

2006 年 1 月，布什政府在《国情咨文》中提出“美国竞争力计划”，旨在保持美国技术创新优势。美国多家官方机构，如专利商标局、版权局等，与民间机构采取各种策略和手段，千方百计培养和增强美国青少年的知识产权观念和意识。另外，包括美国律师协会知识产权分会、国际知识产权联盟、美国商业软件联盟和国际商标协会等民间组织。这样的民间组织遍布各行各业，运作模式基本相似，他们代表着会员的利益，注重与政

府部门沟通，促进了政府与企业的合作与关系的和谐。这些知识产权保护的民间组织在美国拥有很高的权威和很强的凝聚力，能够充分发挥积极作用，协调各方利益，在促进行业发展的同时，以较低的管理运营成本实现了国家权益保护、社会稳定、经济发展的目标。

3. 注重知识产权的普及教育

针对不同年龄和年级阶段的学生和老师，美国专利商标局展开了不同层次的知识产权普及教育素材和形式，例如，美国专利商标局不仅在网站上开辟儿童页面（Kids Pages）等，还专门设置适合孩子认知特点的诸如“停止盗版”“想象力机器”等趣味栏目，来激发和吸引孩子兴趣，普及知识产权知识，培养知识产权意识。在美国，承担知识产权教育和人才培养任务的师资和机构集中在各个大学的法学院。美国律师协会认可的近200所法学院都有完善的教学体系、教育模式和成熟的教学方法。在美国大学法学院的知识产权教育中，一般以判例法（案例分析法）教学为主，理论普及式教学为辅，目的在于帮助学生确立知识产权法律观念和意识，并训练学生对法律的理解和适用，提高实践操作能力。而在师资力量配备方面，从事知识产权教育的教师团队不仅仅来自法学领域，还包括商事、管理、科技等学科领域，学科交叉的特征非常明显。

（二）日本

日本是亚洲第一个建立知识产权制度的国家，也是用立法的形式将知识产权立国进行确认的国家。早在19世纪中旬明治维新时期，日本就开始制定有关知识产权的制度，经过一个多世纪的发展，已经形成了一套较为完善的知识产权制度体系，并且拥有较为完整的知识产权实施和管理机构。目前，日本知识产权生态指数居于全球前列。

1. 完善的知识产权法律制度体系

在立法上，日本政府非常重视知识产权法律体系的建设和完善，日本的知识产权法律一方面是表现在其知识产权立法严格，知识产权相关立法全面系统但又不冗杂，对法律条文的规定非常详细具体，法律条文对其中的相关术语也有适当的解释和说明，以利于执法机关的操作与执行；另一方面非常注重知识产权制度与国际的接轨，根据国际条约、双边和多边政府间协议以及世界知识产权的发展变化，不断地制定、修改和调整相关知识产权法律，使其知识产权立法在世界上一直处于领先地位。

在司法和执法上，日本成立知识产权高级法院，知识产权的民事侵权案件由当事人提出诉讼，并由法院判决处理；知识产权的刑事犯罪案件由警察厅和海关负责侦破，法院进行定罪量刑或处以罚金。①

2. 将知识产权教育纳入法律进行保障

2002 年 7 月，日本小泉政府出台《知识产权战略大纲》，其中提出的“知识产权立国”、知识产权人才培养等都明确列入《知识产权基本法》，以国家强制力保证贯彻实施。例如，纳入高校和青少年的知识产权教育的内容和要求，截至 2003 年，在大力推进国家知识产权战略背景下，日本在实际上建立了完整的知识产权教育体系。例如，日本要求和督促每一个研究生院开展知识产权普及教育和专业教育；在全国数十所高校中设立知识产权总部；在小学阶段开展知识产权的启蒙教育。此外，日本还开展与知识产权有关的人力资源的开发和知识产权教育研究与培训，促进一般国民的知识产权普及教育，并提出大力培养有国际竞争力的法律专家和专利审查专家的口号。

3. 社会公众强烈的知识产权保护意识

除了国家和企业对知识产权保护高度重视外，知识产权观念在日本广泛普及，日本的民间社团组织及民众都具有强烈的知识产权保护意识。在日本，国民从小就接受知识产权启蒙教育和基本知识的普及教育，形成了

---

① 参见丁恒龙、王卫星:《日本知识产权制度的变迁及启示》，载《科学管理研究》2009 年第 6 期。

良好的知识产权科学技术、教育文化氛围。另外，为加强知识产权保护，在政府部门的支持配合下，日本的社团组织成立了判例法研究会、印刷委员会、不正当竞争研究会、国际商标法研究会、日本商标法研究会、反假冒联合会等民间知识产权保护协会，① 使知识产权保护成为一种从国家到企业再到社会公众的社会意识。

（三）新加坡②

新加坡在知识产权方面已经形成了比较完整、科学的法律制度体系。19 世纪，新加坡受英国殖民统治，属于英属殖民地。因此，在法律体系上属于英美法系或者判例法系。但是，从知识产权法律制度框架上看，新加坡的知识产权法律体系是以成文法律规范的形式体现。专利法、商标法、版权法等知识产权立法构成了其知识产权法律制度的框架，而政府部门与民间团体的协作配合成为其知识产权法律制度的运行机制。

特别值得一提的是，新加坡在知识产权宣传教育方面非常具有自己的特色，其基本做法是，针对不同的对象，如学校、社会民众、企业及政府公共部门等，推出了种类繁多的宣传教育活动；针对不同角度和不同层次的对象专门设置宣传教育项目。例如，新加坡知识产权办公室专门针对青少年设立了一个以中小学校为目标的知识产权宣传教育项目。

为了增强社会民众整体的知识产权意识和知识产权观念，最大限度减少侵害知识产权行为的发生，新加坡政府采用政府补贴的形式，降低享有知识产权保护的技术或产品的价格，为普通民众所接受，从而激励全社会远离侵犯知识产权的产品和技术。例如，对最受社会民众欢迎的软件提供集体优惠，使社会民众可以以较低价格购买正版软件，从而远离盗版。除

---

① 参见吴婷婷：《我国知识产权保护存在的问题及对策研究》，合肥工业大学 2012 年硕士学位论文。

② 参见李春梅：《浅谈新加坡知识产权生态保护体系》，载《中国发明与专利》2012 年第 12 期。

此之外，为了提高新加坡在开发、管理、保护、运行知识产权的能力和水平，2003 年 1 月，新加坡政府专门成立知识产权学院，培养知识产权各个领域的专业人才。与此同时，新加坡国立大学与企业机构积极联系，积极推进产学研的结合，并搭建技术交易平台。为了全面推进知识产权生态的优化，新加坡政府甚至提出了“一栋建筑就是一个创新社区”的理念。

二、国外经验对我国知识产权法律实现的启示

我国的知识产权制度从 20 世纪 80 年代开始实施，对经济社会发展的贡献取得了长足进展，但要与发达国家比肩，还有很长的路要走。诚然，发达国家与我国的国情有诸多不同，但是从法律实现的一般规律来讲，发达国家的知识产权法律制度的实现对我国有重要的借鉴意义。从发达国家推行知识产权制度的特点和经验来看，首要的做法是发挥政府的主导作用。无论是立法、执法、宣传教育，无不体现强烈的政府主导的色彩。

（一）完善知识产权立法是前提

法治的思维是良法善治。只有建立健全的知识产权保护的法律体系才能使知识产权保护有法可依。我国的知识产权法制建设起步晚，虽然立法进程较快，也在立法上取得了较大的成绩，但是知识产权立法不完备，缺乏完善的保护措施。我国已颁布的《商标法》《专利法》《著作权法》等以知识产权保护为主要内容的法律法规，立法层次多且较为分散，在法律细则及具体规定上不统一甚至相互冲突，各个法律法规之间缺乏知识产权保护的有机整合。同时，有效的知识产权执法对知识产权保护也非常重要，日本《知识产权法》明确规定对知识产权犯罪实行刑罚处罚，由此看来，日本对知识产权保护的力度和强度较大。因此，对我国来说，也应该建立有效的知识产权执法体系，提高知识产权执法水平，严厉打击知识产权侵权行为，从知识产权执法方面加强知识产权保护。

近年来，我国的知识产权保护也在不断向国际标准靠拢，但从总体上讲，知识产权保护范围还是有待拓宽，知识产权的内容还需进一步增加，相关的法律保护措施还是有待健全完善。我国必须要立足国情国力，寻找我国特色的知识产权保护制度，同时积极参与国际知识产权标准的制定，不要被动地被发达国家限制，而要在国际上争取我国的话语权和影响力，全力形成我国自己的知识产权保护国际战略，秉持方位与进攻并重原则，应对海外知识产权保护战略的层层推进。加入 WTO 以来，我国市场的准入门槛降低，大量外资公司涌入，面对由此可能产生的市场垄断的威胁，我国要将知识产权战略与贸易挂钩，以便维护我国的利益。此外，一些地方在法律执行中仍然存在地方保护主义现象等，这些都是制约创新能力进一步释放和创新活力进一步显现的现实障碍。

（二）有效有力的法律执行是保证

我国知识产权的行政保护缺乏统一的保护体系，知识产权行政管理多元化、多层次，各个独立部门依据不同的法律分散管理，使得知识产权相关管理机构彼此间权力错综复杂，在管理上条块分割、沟通不畅、效率低下，使知识产权保护工作无法顺利进行。而日本非常重视知识产权的行政效率，为保证知识产权立国战略的顺利实施，成立了日本知识产权战略本部，以加强各组织机构间的行政协调，集中并有计划地推进日本知识产权的创造、保护和有效运用。为了改善知识产权行政保护的条块分割和部门之间不协调的局面，我国需要建立科学的行政管理体系，对知识产权的相关行政管理机构进行合理设置，确保相关部门在知识产权保护工作中能够充分地沟通合作。

美国良好的知识产权生态得益于其强有力的法律执行体系，其对于涉及知识产权犯罪的处罚与刑罚力度充分显示了美国政府保护知识产权的坚定决心。我国在执行时，则显得力度不足。执法层面的制度设计和理念培养都亟待加强。执法人员的数量相对较少，执法者专业性不足，专业管理机关缺乏对侵权行为的处罚权，执法多采用突袭检查而缺乏长效控制等问题，都使得知识产权保护在执法环节效果欠佳。因此，我国还要努力扩大当事人知情范围以保障权利的行使，以信息化成果提高监管效率，严格执法办案程序，规范执法行为，提高执法效力，达到执法效果与社会效果的统一，以良好的执法过程和结果，促进知识产权保护水平的提高。

（三）全民意识培养是关键

诚如前述，人的意识和行为是法律实现的关键环节。对权益的维护，关键在认识。大至国家小至公民，全民素质的提高、全民意识的觉醒是知识产权保护发展的动力，更是提高知识产权保护水平的关键影响因素。而我国与发达国家在知识产权生态方面存在的最大差距正是国民意识的差距。在美国，人们尤其强调权利，相关的法律十分严格。从日本的经验来看，全社会的知识产权保护意识是知识产权保护的重要平台。日本政府除了重视知识产权立法及科学管理之外，还非常重视知识产权政策的宣传，并提供知识产权相关的法律咨询和诉讼建议。新加坡更是将全民意识作为推行知识产权生态建设的核心环节。

随着经济全球化的不断发展，各国之间经济、科技、贸易等联系越来越紧密，我国政府也越来越重视知识产权的保护，但是企业及社会公众的知识产权保护意识还相对比较淡薄。我国大部分企业对知识产权保护认识不足，企业内知识产权管理制度缺失、知识产权管理人员匮乏，缺乏切实有效的知识产权保护措施；另外，我国传统观念中共享、无私奉献的精神与知识产权私有之间的文化冲突，没有形成知识产权保护的社会氛围，社会公众的知识产权保护意识也亟待提高。还有很多人不知如何维护自己的权益，甚至意识不到主动地去保护自己的知识产权。

因此，在我国，让知识产权保护的意识贯穿产品研发、生产、销售的每一环节，渗透到国民生产、生活、娱乐的每一角落，才有可能推动我国的知识产权保护工作的高水平发展。营造良好的知识产权保护的社会氛围，离不开宣传，更离不开教育。向发达国家或者地区学习，把教育培训与宣传上升到重要工作的层面，加大投入设立专门机构，培养专业人才，开展法制宣传，真正从价值观重塑的角度出发，让公民在生活中感受知识产权，使得产权意识与创新深入人心，形成信念，升华成文化，这是我国发展知识产权保护的重要途径，而政府则承担着不可推卸的主导责任。

三、知识产权战略对“一带一路”倡议的意义

2013 年 9 月和 10 月，中国国家主席习近平分别提出建设“丝绸之路经济带”和“21 世纪海上丝绸之路”的合作倡议。“丝绸之路”始于古代中国，是连接亚、非、欧的古代陆上商业贸易通道。此时提出的“一带一路”合作倡议，并不是一个实体或机制，而是开放、互助、合作、发展的理念。在“一带一路”建设中，沿线各国将展开经济合作，各区域文明交流互鉴，了解合作国的知识产权保护情况，完善自身知识产权保护制度，有利于各国在“一带一路”合作发展框架下达成和谐、多赢的理想结果。

（一）“一带一路”的知识产权制度

2019 年 4 月 26 日，国家主席习近平在北京出席第二届“一带一路”国际合作高峰论坛开幕式上强调：创新就是生产力，企业赖之以强，国家赖之以盛。知识产权法律实现环境已成为衡量一个国家或地区政府管理能力、法制完善程度、投资环境优劣的重要标准。营造优良的创新环境、不断积累自主知识产权，关系国家核心竞争力的成长与经济的可持续发展。良好的知识产权法律实现环境有助于自主创新和对创新的保护，有利于维护优良的贸易投资与公平的竞争环境，更是维护一个良好投资软环境的关

键。同时，良好的知识产权法律实现环境也是鼓励和加强创新的保障和前提，更是参与国际合作必不可少的工具。“一带一路”就是要以“丝绸之路”沿线的各个经济体为依托，充分发挥各自优势，通过互相开放形成统一、公平的竞争环境，从而调动其发展积极性，促进资源的自由流动，最终达成互惠共赢的发展模式。在实施“一带一路”倡议的过程中，必然会引发知识产权国际规则调整以及知识产权竞争的加剧，伴随中国企业对外合作和对外投资步伐加快，市场竞争随之加剧，企业“走出去”的过程中会遭遇更多知识产权国际纠纷。“一带一路”建设的一项重要任务就是通过加快完善知识产权制度、熟练掌握运用知识产权规则，继续提高自主知识产权的创造，同时积极了解和把握合作国与地区各自的知识产权相关规定，确保合作的顺利进行。“一带一路”倡议的实施过程中，沿线各国将展开经济合作，各区域文明交流互鉴，了解合作国的知识产权保护情况，完善自身知识产权保护制度，有利于各国在“一带一路”合作发展框架下达成和谐、多赢的理想结果。

正如原国家发展改革委学术委员会秘书长张燕生所说：“‘一带一路’是经济新常态下创新发展的新探索和新实践，无论是地方或企业，都需要善于把握这个难得机遇，很好地利用这个机遇，在此过程中深入实施知识产权战略，加快建设知识产权强国，推动中国文化、中国创造、中国品牌融入国际大局，实现共同繁荣与发展，让‘一带一路’真正成为合作共赢之路。”

（二）有关国家立法情况

在“一带一路”沿线众多国家中，本研究选取了与中国有着不少相似国情的邻国俄罗斯、与中国贸易合作密切的印度尼西亚和哈萨克斯坦作为沿线国家代表，对其知识产权工作进展进行了较全面的分析。

1. 俄罗斯的知识产权环境

（1）俄罗斯知识产权历史演进

苏联时期，俄罗斯最早的知识产权法出现在1812年，苏联时期发布的《技术和科学发明和发现特许权宣言》。1896年，沙俄颁布《发明和改进特许权条例》，其中包含了诸如可行性、实用性和新颖性要求等很多现代专利制度要素。1917年“十月革命”爆发后，财产私有被废除，几乎所有财产都归国家所有。1931年，苏联颁布《发明和技术改进条例》，条例中规定发明归国家所有，只有外国人才可以拥有发明的专属权利。1991年，苏联政府借鉴西方的知识产权法律，发布了知识产权保护制度法律草案，以期彻底改革知识产权制度。苏联解体后，1992年到1993年，俄罗斯颁布了一系列知识产权相关单行法律。2002年，俄罗斯对之前的法律进行全面修改完善，并且自2006年起，俄罗斯实现了知识产权立法完全民法典化。现行的《俄罗斯联邦民法典》既是目前世界上最年轻的民法典，也被称之为最激进的民法典。这主要因其对知识产权立法实行了完全民法典化，使得知识产权立法变成民法典的组成部分。知识产权立法的法典化，是俄罗斯法律的鲜明特征。

1993年俄罗斯申请加入世界贸易组织，2012年7月，俄罗斯正式加入WTO，这中间的19年，为了达到世界贸易组织的要求，俄罗斯大幅度地修改了知识产权法律。在俄罗斯，知识产权在受到国家立法保护的同时，也受国际公约的保护。俄罗斯作为《保护工业产权巴黎公约》《商标国际注册马德里协定》等多个国际条约的成员国，这不仅保证了俄罗斯与国际知识产权发展和规则步调一致，也为其他国企业进入俄罗斯提供了便利。

（2）俄罗斯知识产权制度

《俄罗斯联邦民法典》第四部分第七编题为《智力活动成果和个别化方法权》，也被简称为“知识产权编”。法典中将知识产权定义为受到法律保护的智力活动的成果和与之相当的法律实体、作品、商品、企业和服务的个别化方法。在新的定义中，知识产权被描述为一种财产，不是一种权利。

俄罗斯法律是大陆法系，因此具备大陆法系的一些基本特征，例如，强调议会立法、强调国家法律法典化、在司法中很少遵从先例等。俄罗斯的司法机关分为宪法法院（唯一被授予进行合宪审查权力的司法机构）、普通法院系统（主要以民事案件为主）和商事法院系统（主要受理涉及商业、经济性案件），它们各有各的管辖范围与职权。2013 年 6 月，总统普京在国际经济论坛讲话中提议将商事法院系统与普通法院系统合并。

俄罗斯的检察系统设置与中国相类似而区别于西方。总检察官和其办公机构是独立于立法、行政与司法机构的。俄罗斯调查委员于 2011 年成立，取代了总检察官调查委员会，成为了俄罗斯主要的调查机构。

2011 年，俄罗斯开始建立知识产权专门法院，2013 年 2 月正式成立，7 月正式投入工作。作为专门法院，知识产权法院扮演双重角色，既有权处理知识产权保护相关的一审案件，也可审理二审上诉案件。同时，还可以接管部分原来由行政机构负责的职能，但是，知识产权侵权的相关案件仍然由商事法院审理。

联邦知识产权局是俄罗斯知识产权行政的主管机关。负责国家境内涉及专利申请、审查，知识产权的客体许可、抵押和转让合同登记等工作。组织结构方面，联邦知识产权局包括四个司和三个附属机构。四个司分别是知识产权法律保护管理司、智力活动成果利用检查与监察司、国际合作与信息保障司和财务管理司。三个附属机构包括专利争议委员会（负责有关于知识产权争议行政复议程序）、国家知识产权学院和联邦工业产权院（负责知识产权但不包括著作权及邻接权和育种成果权的审查和登记工作）。

俄罗斯联邦反垄断局是在发展竞争和经营活动基础之上促进市场关系

的发育形成，主要负责反垄断事务；预防、制止和限制垄断行为以及不正当竞争；对于违反反垄断法律法规的执行状况实施国家监督。

俄罗斯海关总署成立于2004年，实行垂直管理体制，由海关总署统一管理全国海关。全国海关分为海关总署、隶属海关、直属地区海关局和海关监管点，主要负责征税、监管、统计、缉私和其他海关业务。

俄罗斯政府强力部门之一——俄罗斯内政部，负有维护国内安全的责任，并成立由专门部门打击知识产权犯罪。

国家育种委员会是主管育种成果的行政管理机构，负责处理育种成果申请，对其组织测试并且就测试结果进行审查，同时管理国家受保护育种成果登记簿、国家育种成果允许使用登记簿，以确保育种成果测试和保护系统正常运行，颁发育种成果专利证书、创作者证书。

2. 印度尼西亚的知识产权环境

（1）知识产权历史演进

印度尼西亚（以下简称印尼）于1945年独立，1961年首次完成知识产权立法，并于2000年重新修订。目前是《成立世界知识产权组织公约》《巴黎公约》《专利合作条约》等8个知识产权国际公约的成员国。

（2）知识产权制度

印尼的专利法主要保护产品和方法专利，并对形状、结构等或新颖实用性发明，可授予"简易专利"，这类似于我国的"实用新型"保护。印尼《专利法》规定，一般专利保护期从申请之日起20年，不可以延长，简易专利保护期从申请之日起10年。对于可专利性的标准，印尼采用TRIPs协议的基本要求。其中，对新颖性采用"绝对新颖性"原则，对创造性采用"非显而易见性"标准。

印尼很多现行的商法都是以荷兰殖民统治期间的商法典为蓝本所制定。印尼的第一部商标法发布于1992年，现行的是2001年的商标法。从2010年起，印尼的商标申请量年增长在11%以上，2013年，印尼商标局受理的商标申请共有62,813件。在商标的取得上，印尼原本采用的是使用原则，后来改为注册优先原则，即商标在前的注册人享有专用权。从商标的保护水平来看，印尼在东盟国家中处在较高水准。印尼经济比较开放，出口比重较大，因此更注重和贸易密切联系的商标制度建设，因此制度及其运行也相对成熟。印尼现行《商标法》保护的商标种类包括：商品商标、服务商标、颜色商标、立体商标和集体商标，注册商标的保护期为10年。

20世纪80年代，印尼制定颁布了符合国情的版权法。现行2002年《版权法》对版权保护的客体作了明确规定，同时对版权人身权利也有详细规定，包括署名权、保护作品完整权和修改权，其中署名权不受时间限制，作品完整权和修改权保护期限为作者终生加死后50年。版权法执法的行政措施方面，印尼通过行政机关和法律授权的裁判组织处理侵权纠纷。对于故意违反版权法相关规定的最高可判处1个月以上7年以下的监禁，可并处100万卢比以上50亿卢比以下的罚金。

印尼并未对受保护的植物属种保护范围进行限定。《植物品种保护法》规定，季节性植物保护期限为20年，一年生植物的保护期限为25年。审查工作是由经认证的植物新品种保护的检察员进行。授予通过四个实质条件审查的植物品种为“植物新品种”，这四个条件包括：新颖性，独特性，一致性和稳定性。新品种必须有显著和具体名称，不会导致品种的混淆。建议品种的名称可分别提交商标保护。申请“植物新品种”时，申请人首先要提出书面申请。收到受理通知后，公告向公众公示，期满1月后，申请人须提交正式申请的实质性审查书面申请并缴纳费用，在审查日期开始的24个月内，PVP中心作出受理或拒绝决定。

印尼是有上千岛屿与物种的国家，是世界上最多的生物多样性资源地区之一。一些产品尤其是农产品就使用地理名称已闻名世界市场。2007年9月，印尼政府颁布 Goverment Regulation No. 51 of 2007（GR51）作为

2001年颁布的《商标法》关于地理标志规定的实施细则。其中规定，“地理标志应作为一个表征某特定地域的特定商品的货源标志予以保护”。地理标志的保护没有期限限制。外国人可以在印尼申请地理标志保护，外国地理标志必须先在来源国注册，才可在印尼注册，而且要通过印尼知识产权顾问或外交代表提交申请。

3. 哈萨克斯坦的知识产权制度

（1）知识产权历史演进

哈萨克斯坦共和国于1992年6月公布专利法，同时成立国家专利局，1993年1月通过《商标》《服务标志》《商品原产地名称法》，同年加入世界知识产权组织。2004年哈萨克斯坦共和国正式加入世界知识产权组织著作权公约。此项公约的生效，不仅意味着哈萨克斯坦本国版权保护水平的提高，还意味着对外国版权保护的加强，标志着哈萨克斯坦共和国开始融入国际版权的保护体系。

（2）知识产权制度

哈萨克斯坦针对发明、外观设计和实用新型实行专利保护。并且哈萨克斯坦对发明和外观设计的专利保护做法独特，在授予专利之前可以授予初步专利。《专利法》规定：发明专利和外观设计专利的申请在经过形审合格后，从申请到专利局之时起，不迟于4个月授予初步专利。发明专利和外观设计初步专利的有效期都是从申请送到专利局之时起5年。申请人或第三人，在申请送达专利局之时起4年内任何时间，都可以提交实审请求。专利局依照法律进行发明实质审查和外观设计实质审查，审查主要针对其新颖性、工业实用性和创造性。以上审查合格后，即可授予专利权，发明专利的有效期从申请送达专利局之时起的20年，外观设计专利的有效期则为10年，值得注意的是，如若专利权人提交书面申请，外观设计专利的有效期可以延长5年。实用新型申请通过形审后，可以授予专利权，有效期为5年，需要时提交书面申请可以延长3年。

2015年6月22日，哈萨克斯坦入世工作组举行最后一次会议，一致通过哈萨克斯坦共和国加入世界贸易组织的所有法律文件。哈萨克斯坦19年的漫长谈判终于开花结果。至此，哈萨克斯坦成为WTO第162个成员，也标志着哈萨克斯坦还加入了世界贸易组织与贸易有关的知识产权协议（TRIPs协议），必将对哈萨克斯坦的知识产权立法、执法等一系列法律制度的建立、改革和重构产生巨大的影响。

第六章　一个全新研究视角
——知识产权生态理论

毋庸置疑，作为知识产权法律制度运行的重要环节和内容，关于知识产权法律保护的研究非常重要而且非常必要。但是，如前所述，目前理论界和实践中更多地关注了知识产权的法律保护，有意无意地在知识产权的理论研究和实践活动中形成了“保护”导向。这种研究分析问题的思路和方法不仅偏颇，而且不符合马克思主义关于法律问题研究的基本立场和基本方法，有可能将理论研究和实践活动带入误区。但是，理论界即使意识到这个问题，但是至今尚未有清晰的脉络和明确的思路可供选择遵循。而笔者通过对比发现，运用生态学的智慧，这个问题可以迎刃而解。知识产权理论和自然生态学理论两者的价值观和方法论具有很强适配性。运用自然生态学的理论可以将知识产权问题进行形象而准确地解释，基于此，笔者提出一个新的理论构想——知识产权生态理论，可以作为研究和分析知识产权问题的一个思路参考或探索。

一、知识产权的仿生性

（一）生态学基本概念及其进化和运用

根据《现代汉语词典》的解释，“生态”，指生物在一定的自然环境下生存和发展的状态，也指生物的生理特性和生活习性。“生态学”指研究生物之间及生物与非生物环境之间的相互关系的学科，属于生物学的一个分支。[①] 在英文中，“生态”“生态学”对应的单词都是 Ecology，英文解释是动植物和人类之间以及他们与自然环境之间互相依存的方式，或者关于此的科学研究。[②]

Ecology 的概念由德国生物学家 E. Heackel 在 1869 年首先明确，定义为有机体与周围环境相互关系的一般科学。彼时，根据 Heackel 的解释，生态学含有对自然大家庭事务的精明管理，并使之保持井然有序的意思。奥地利生物学家路德维希·冯·贝塔朗菲（Ludwig Von Bertalanffy）在与生物学领域内机械论和目的论的斗争中，把生物作为一个有机整体来研究，进而抽象出系统的概念，他把系统定义为“相互作用的诸要素的复合体”。他说，必须按照相互作用的组成部分的系统来思维，把系统作为新的“自然界的哲学”的观点推广到对世界本质的认识。[③] 他把生物界看成是一个以系统的形式存在着的有机整体。因此，从一开始，“整体性”就是生态学关注的重点。[④]

由于生态学有广泛的学科来源，涉及哲学、物理、化学、数学、生物乃至气象学等领域。加之最初的概念过于笼统，模糊不清、无法准确界定，因此，生态学的研究几乎是在来自各个方面的争议中开展和进行的。随着研究的不断进展，概念不断分化，“种群和群落”及“系统性”等不断得到学者的关注、丰富和发展。20 世纪 20 年代，Lotka A. J. 开展了生态系统的能量学研究。他认为生态系统就是一个能量加工中心。虽然强调

---

① 参见《现代汉语词典》（第 5 版），商务印书馆 2007 年版，第 1220 页。

② 参见《朗文当代高级英语词典》（第 4 版），外语教学与研究出版社 2010 年版。

③ 参见《科学学译文集》，科学出版社 1981 年版。

④ 参见刘贵华、朱小蔓：《试论生态学对于教育研究的适切性》，载《教育研究》2007 年第 7 期。

"整体性"，但也强调"系统性"。[①] 这项研究被认为是生态系统研究的中心。马克思主义中也存在关于生态文明的内容，主要体现在以马克思、恩格斯为代表的马克思主义经典作家对自然界优先地位的肯定、对人与自然辩证关系的阐述、对资本主义生态环境问题根源的揭示以及对生态问题的社会化解决路径的探析。[②]

20 世纪 70 年代以来，系统生态学迅速发展，其综合性的趋势更加明显。为了解决面临的重大问题，现代生态学几乎在所有方面与自然、社会科学结合，形成诸多交叉或者边缘学科，如人类生态学、经济生态学、城市生态学等。因此，关于生态学到底是理论科学还是应用科学的争论也一直非常激烈。

无论如何，运用生态的、整体的、系统的观点分析、研究自然、社会乃至经济问题，已经成为生态学概念当前继续发展的主要方面（盛承发，1991）。如今，随着研究的迅猛发展，生态学已经是一个庞大的学科门类，交叉学科多达数十个乃至上百个。[③] 这既是学科发展的需要。也是实践的需要。

（二）生态系统的基本特征

根据现有的研究成果（盛承发，1991；兰伯特等，2000；刘贵华等，2007；卓彩琴，2013[④]；梅亮等，2014[⑤]），生态系统是一个相对稳定的、

---

① See Lotka A. J., *Elements of Physical Biology*, Dover Publications, 1925 (Reprinted in 1956 by Williams and Wilkins, Baltimore).

② 参见张赓、徐保风:《习近平生态文明思想研究述评》，载《中南林业科技大学学报》2019 年第 6 期。

③ 参见何兴元、曾德慧:《应用生态学的现状与展望》，载《应用生态学报》2004 年第 10 期。

④ 参见卓彩琴:《生态系统理论在社会工作领域的发展脉络及展望》，载《江海学刊》2013 年第 3 期。

⑤ 参见梅亮、陈劲、刘洋:《创新生态系统：源起、知识演进和理论框架》，载《科学学研究》2014 年第 12 期。

动态的、开放的、有活力的系统。一定的生物群落在一定的自然环境下，进行着能量、物质的交流和物种的进化（整体关联）。在一定条件下，生态系统内部处于动态的协调状态（动态平衡）。这是生态学方法论的精髓。具体来说，生态系统具有如下几个特征。

1. 整体性

为了生存和繁衍，生态系统的每一种生物都相互依赖、相互关联，同时，各种生物又在充分利用周围的环境，而周围的环境对于每种生物产生各种影响。因此，生态系统是一个相对稳定又充满生存竞争的整体。

2. 持续稳定性

在长期的发展进化中，生物积累大量适应环境的生态因子，即遗传信息。这些信息决定了生物结构与功能的基本特点。随着时间推移和世代更替，这些特性变得更加显著，性状与反应也更加稳定，也就是常说的遗传的稳定性。这也是生命系统发展进化的主要内因。

3. 动态平衡性

生态系统中，每个生物之间及其与环境之间相互影响、互相依存，通过连续循环的方式进行物质交换和能量流动；与此同时，每个生物都有产生、发展、死亡的变化过程，而且在特定水平和范围内循环变化。生物的生存和演进是不断打破旧的平衡，建立新平衡的过程。

4. 能量流

太阳能是所有生命活动的源泉，它通过绿色植物的光合作用进入自然生态系统，通过食物链逐级传递、转移到食物链上各个级别的各种消费者。能量流动的特点是：单向流动和逐级递减，最后形成一种金字塔形的营养级关系。

5. 合作关系

生态系统里包含无数的合作形式，所有的成员都无时无刻参与着竞争及合作，相互制约、彼此依赖。这种关系不仅表现在各个物种、各个群落之间，而且表现在各个物种、各个群落与其周围的环境之间。

6. 适应性

适应性的具体表现就是“物竞天择、适者生存”。也就是说，自然界中的每种生物都对所处的环境有一定的依赖性和适应性，环境的变化对生物的生存和发展具有重要影响。

7. 多样性

生态系统本身是一个庞大的自然综合体，包括了各种生物及其周围的自然环境。其中，各种物种本身、生态系统的组成、生态系统的功能以及各种生物链的类别乃至各种物种的进化过程等，都体现了多样性的特征。

8. 共同演进

在自然生态系统中，绝大多数物种都在相互适应、合作、竞争和交互作用中，适应不断变化的自然环境，新物种甚至物种的新形状在不断地出现、发展、进化和演变。

（三）知识产权问题的仿生性

在对知识产权问题进行研究和实践过程中，一旦基于经济基础的决定性作用来分析，那么一元的思维模式就很难对问题和理论给出满意的阐述和解释，实践中的创造、运用、保护、管理、服务等问题也会显得如无源之水、无本之木。而实际上，无论在理论研究还是在实践活动方面，这方面的困惑一直存在并没有得到有效解决。自然生态学的成果、方法的运用，可以说恰如其分。

知识产权制度是伴随着商品经济的发展自然诞生的。经过近百年的历史演进，已经形成了具有相对完善结构特征、功能特点的内在逻辑的秩序结构。这种秩序结构用“知识产权生态”来比喻和概括极为形象、生动和贴切。

首先，知识产权也经历了从简单到复杂、从少到多、从低级到高级的发展和演进过程。从最初封建社会的“特权”到“私权”①，再到后来的专利权、商标权、著作权、商业秘密、反不正当竞争等，制度逐步规范，内容不断充实，种类不断丰富。知识产权的诞生本身就是竞争的产物，其演进的过程充满着彼此联系、分工合作、相互依赖、优胜劣汰的生存竞争。因此，在知识产权生态体系中，不同类型的知识产权是在适应内外环境的生存竞争中发展、演变直至消亡的。在市场经济比较发达的国家，竞争环境和生存土壤较好地为知识产权的自然演进提供了条件，因而具备较强的自适性和稳定性。

其次，知识产权生态的结构秩序是为了竞争才形成的。竞争的规则正所谓“物竞天择、适者生存”。几乎每一种知识产权制度都有生命的周期（保护期）。这也是知识产权业可以被称为知识产权生态的基本特征。知识产权“生命”存续期间，充满生死的竞争和考验。在知识产权的“有生之年”，其在竞争中生存或灭亡；在其终结生命之后，新的技术在其基础上不断演变、进步和运用。在这种“生死轮回”中，技术不断创新、经济持续发展。在这个过程中，其与生态环境之间互有重大影响。因此，知识产权生态的动力、活力和多样性完全符合自然生态的生存和竞争规则。

最后，自然生态系统总是在一定自然环境下形成并受其影响，因而具有不同类型的生态特征。同样，知识产权生态是在一定政治、经济、文化、法制环境下形成的。良好的生态环境有利于知识产权生态的结构优化、功能强化，促进技术创新和经济社会发展；反之，知识产权生态会面临结构异化、功能弱化的风险，甚至最终遭到破坏，导致制度失败。因

① 参见郑成思：《知识产权的起源》，载中国法学网：http://www.iolaw.org.cn/showNews.asp?id=6757，最后访问日期：2015 年 4 月 26 日。

此，改善知识产权生态环境是优化知识产权生态结构、增强知识产权生态功能的重要内容。

根据生态系统的特征，知识产权问题的仿生性可从表 6－1 中得到说明。

表 6－1　知识产权问题的仿生性

生态学原则	生命的	知识产权的
整体性	生物个体都是有生命的；各个成员彼此关联，所有的生命历程皆相互依赖	知识产权都是有生命周期的；各种知识产权互相交织、相互关联、互相作用
持续性	生态系统中每一个物种的生存和发展依赖有限的资源基础	每一个知识产权的创造、运用、保护、管理和服务都依赖有限的资源基础
动态平衡性	各生物相互依赖，不断循环交换物质和能量	各类知识产权在存续期间相互依赖，在循环的作用下最终使知识产权制度功能发挥最大化
能量流	太阳能通过绿色植物光合作用驱动整个自然生态循环	知识产权制度可以带来垄断市场和独占权益，这是整个知识产权制度运转的内在机制
合作关系	生态系统里所有的成员在竞争与合作中存续	保护创新需要多种知识产权共同作用
适应性	各生物个体适应环境的同时改变环境	知识产权制度价值的实现依赖环境，同时，其实施可以引发现有制度的重塑
多样性	生态系统是各种生物、各种环境因子纷繁芜杂	知识产权种类繁多，是多个权利的统称，本身具有多样性的特征
共同演进	绝大多数物种在进化的过程中充满合作、竞争，相互依赖、互相制约	各类知识产权均是在实践中不断对保护范围、保护时间、保护内容进行调整的

通过以上阐释、比较可以看出，知识产权系统遵循的规则与自然的生态学原则高度相仿，生态智慧可以应用于知识产权问题研究，生态思维模式本身更贴近知识产权的运动形态。

二、关于知识产权生态理论的构想

（一）知识产权生态的概念及内涵

目前，学术界并没有对知识产权生态的概念给予明确表述。基于前文分析，结合生态学对于生态系统的定义，笔者认为，知识产权生态就是知识产权生存和发展的状态；英文可以表述为 Ecology of Intellectual Property Rights。知识产权生态系统是指各项知识产权之间及其与所处的环境之间通过相互作用、相互影响而形成的相互依赖的动态平衡系统。

作为一个“生命”个体，知识产权从生至死，也就是从创造到保护期限终结，这个过程就是创造之后运用的过程。在这个过程中，知识产权与周围环境包括经济发展环境、法律环境、社会公众意识、政府公共服务相互影响，具体表现为知识产权保护、知识产权管理和知识产权服务等因素对知识产权生态的影响。因此，可以认为，与知识产权生存和发展相互影响的其所处的环境包括经济发展、法律制度、公众意识、政府行为等因素的作用和力量，即为知识产权生态环境。

（二）知识产权生态与系统理论

马克思和恩格斯曾经明确地提出过“系统”概念。他们在自己的著作中多次使用过“系统”“有机系统”“系统发展为整体性”“思想体系”“社会体系”“社会机体”“统一的整体”等包含着系统思想的概念。马克思唯物辩证地揭示了人类社会的系统性，科学地指出：“人的本质并不是单个人所固有的抽象物。在其现实性上，它是一切社会关系的总和。”① 经

① ［德］马克思、恩格斯：《马克思恩格斯选集》（第 1 卷），中共中央马克思恩格斯列宁斯大林著作编译局编译，人民出版社 1995 年版，第 18 页。

济基础和上层建筑统一形成社会形态，在这个统一体中“不同要素之间存在着相互作用。每一个有机整体都是这样。”① 恩格斯也说：“关于自然界的所有过程都处于一种系统联系中这一认识，推动科学到处从个别部分和整体去证明这种系统联系。”② “我们所面对着的整个自然界形成一个体系，即各种物体相互联系的总体。”③ “由于这三大发现和自然科学的其他巨大进步，我们现在不仅能够指出自然界中各个领域内的过程之间的联系，而且总的来说，也能指出各个领域之间的联系了，这样，我们就能够依靠经验自然科学本身所提供的事实，以近乎系统的形式描绘出一幅自然界联系的清晰图画。”④

系统观念是马克思主义基本原理的重要内容，强调系统是由相互作用、相互依赖的若干组成部分结合而成的、具有特定功能的有机体；要从事物的总体与全局上、从要素的联系与结合上研究事物的运动与发展，找出规律、建立秩序，实现整个系统的优化；用开放的复杂系统的观点、用从定性到定量的综合集成方法研究经济社会问题。⑤ 知识产权生态是知识产权与周围环境包括经济发展环境在内的相互影响的系统，马克思主义系统观念既能对我们的工作提出基本要求，也能提供给我们科学的思想方法和工作方法。

（三）知识产权生态系统的特征

知识产权生态系统是指各项知识产权之间及其与所处的环境之间通过相互作用、相互影响而形成的相互依赖的动态平衡系统。因此，作为一种

---

① ［德］马克思、恩格斯：《马克思恩格斯选集》（第 2 卷），中共中央马克思恩格斯列宁斯大林著作编译局编译，人民出版社 1995 年版，第 102 页。

② ［德］马克思、恩格斯：《马克思恩格斯选集》（第 3 卷），中共中央马克思恩格斯列宁斯大林著作编译局编译，人民出版社 1995 年版，第 75 ~78 页。

③ ［德］恩格斯：《自然辩证法》，人民出版社 1971 年版，第 54 页。

④ ［德］恩格斯：《路德维希·费尔巴哈和德国古典哲学的终结》，人民出版社 1972 年版，第 36 页。

⑤ 参见詹成付：《深入理解“坚持系统观念”》，载《人民日报》2020 年 11 月 12 日，第 9 版。

系统行为，知识产权生态具有以下几个方面的特征。

1. 系统性

各类知识产权之间，以及其与环境之间各种相关要素存在着相互联系与相互作用，但同时也会相互制约。创新成果一旦产生，为了对其进行有效保护和运用，可能在法律上确认不同的知识产权。例如，一个专利产品的诞生，除了产生专利权之外，产品的包装可以获得著作权的保护，产品标识可以获得商标权的保护等。同时，不同形式的知识产权适合于不同形式的保护机制与措施。对于获得知识产权保护的产品或者技术，单一种类的知识产权保护有时可能难以有效保护创新成果不受侵犯，所有的保护机制与措施发挥的集成作用更利于知识产权的保护和运用。例如，对于iPhone手机，不仅其核心技术拥有专利权保护，其注册商标受到商标权的保护，乃至产品包装都受到著作权的保护。

2. 开放性

知识产权生来就是为了运用。这是其开放性的明显特征。知识产权诞生之后，并不是要将其与外部环境完全隔离，更不是将知识产权以技术秘密或技术诀窍等形式束之高阁、孤芳自赏，目的恰恰是要将技术要点、创新信息进行公开披露，向竞争对手宣布权利独占性和不可侵犯性，在与外部环境的信息、资源与能量交换中实现知识产权的经济价值，意即实现与外部环境之间的动态平衡。

3. 合作性

就像生态系统中生物种群的生存规律一样，有时必须依赖于合作才更利于知识产权的生存与发展。如前文所述，在某一特定企业或者对于特定产品，多种知识产权共同作用，更有利于知识产权的保护和运用，也就是更有利于知识产权的生存和发展；同样的道理，在不同企业之间，有时候同一领域的知识产权构建为知识产权联盟，更有利于各方知识产权的生存和发展，更有利于知识产权经济价值的实现。实际操作中，“专利池”“专利围栏”等都是这个道理。

4. 竞争性

知识产权法律制度的设立本身就是为了增强竞争。诸如技术竞争，对于同一领域的技术，为了获得市场独占的权益，可能出现多个专利权。一个饮料瓶可能出现上百种的外观设计专利。又如，产品和企业竞争，王老吉和加多宝关于商标权和“红罐”的使用权的竞争等。当然，知识产权法律制度同时也避免过度竞争和非公平竞争。从自然生态学视角解释，知识产权是企业对生存和发展资源的争夺和占有，符合自然生态系统物竞天择的生存规律。

5. 分布性

当今世界，全球经济一体化、经济贸易全球化的趋势进一步加剧，知识产权系统庞大而繁杂，并且不断发展变化，难以用一种放之四海而皆准的普适性措施实现知识产权的价值。知识产权的分布性表现在：①时间分布性。不同种类的知识产权有不同的保护期限和时间跨度。②地域分布性。知识产权受地域的限制，地域性本身就是知识产权的特征之一。③对象分布性。互联网环境下，知识的快速传播为知识产权的生产和发展形式带来了新的拓展。④行业分布性。知识产权与行业之间一对多、多对多的关系非常普遍，使知识产权在行业间高度分布和交叉。例如，驰名商标可以跨类保护等。

6. 进化性

知识产权系统时刻都在进化之中。时刻都有新的知识产权产生，冲击与改变当前技术格局；时刻都有知识产权的消亡（包括自然和非自然）；知识产权总是处于动态变化之中；新的知识产权带来的技术进步是在现有知识产权基础上实现的，即遗传与变异。知识产权系统的进化性是知识产权法律制度运行机制的表现，是知识产权法律制度价值实现的过程，表现为科技不断更新、技术不断进步、经济社会不断发展。

三、知识产权生态理论模型

为了形象、简捷地解释和理解知识产权生态理论，揭示知识产权之间及其与知识产权生态环境之间的关系，基于前文阐述，笔者尝试采用理想化法①，构建出知识产权生态的物理模型，包括知识产权生态系统静态模型和动态模型。

（一）知识产权生态系统静态模型

直观来看，如图6－1所示，知识产权生态系统模型形似一个航舵，因此，可以称为航舵模型。

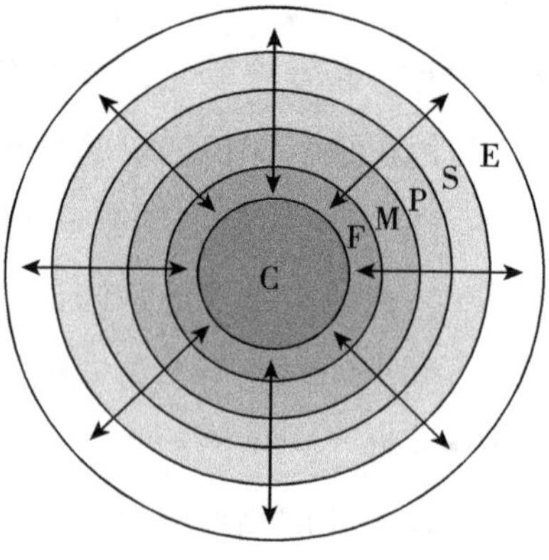

图6－1　知识产权生态系统静态模型

在该模型中，各个环之间表示包含与被包含关系；每一环代表的环节均其受所处的任一个环所代表的环节的影响，而且每一环代表的环节影响所包含的任一个环所代表的环节；离得越近，联系越紧密，层层递进。箭头可以理解为各个因子之间的影响关系。这样，知识产权形成（C）、管理（M）、保护

① 参见邓先金：《物理模型的构建》，载《大学物理实验》2007年第1期。

(P)、服务（S)、运用（F）与整个环境（E）之间相互影响的关系一目了然。

知识产权形成和运用是知识产权制度运行的主线，也即知识产权生态系统的生命线。如前文所述，知识产权制度设立的目的可以概括为知识产权的创造和运用。知识产权形成是为了使其发挥应有的作用；反过来，知识产权得到充分运用后会激励更多的知识产权形成。这个循环（在模型中用双向箭头表示）就是知识产权制度机制发挥作用的过程。没有知识产权形成，知识产权制度就成了无源之水、无本之木；没有知识产权运用，知识产权形成就成为镜中花、水中月，造成社会资源的巨大浪费，完全没有存在的必要。知识产权生态系统生命线的意义在于明晰知识产权制度运行的主要机制，为理论研究和实践操作指明方向。

知识产权形成之后，联系最紧密的是权利人对知识产权的管理，包括设立机构、配备人员；许可、转让及实施过程中的规范化操作，以及风险防控等，体现了知识产权保护中的自我保护。在此基础上，整个过程依赖于知识产权保护。而知识产权保护则作为知识产权形成到运用过程中需要的公共服务、社会服务的一部分存在。显然，知识产权管理、保护、服务均属于有限资源，而知识产权则包含诸多种类，同一类知识产权又有诸多数量。这样，诸多知识产权之间及其与有限资源之间就存在共生与竞争的关系。因此，为了维护知识产权生态平衡，必须不断跟进知识产权的管理、保护与服务，优化知识产权生态环境。共生与竞争的意义在于不断优化知识产权生态环境，维护知识产权生态的平衡。

（二）知识产权生态系统动态模型

知识产权生态系统动态模型的构建目的在于形象反映知识产权与知识产权生态环境之间的相互影响的关系。为了便于解释和理解，动态知识产权生态系统可以用下图展示的模型予以表示（见图6－2)。

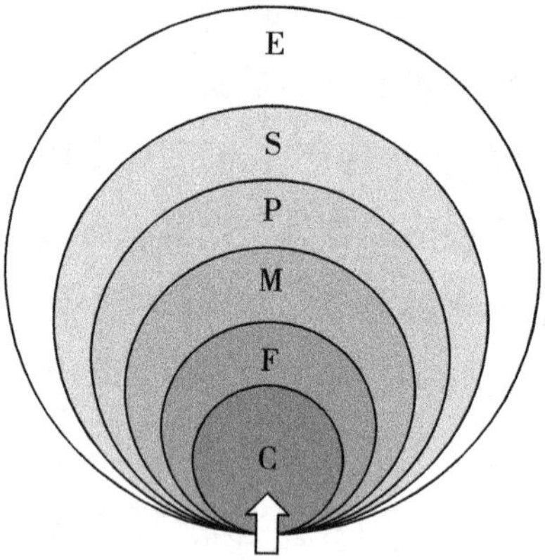

图 6-2 知识产权生态系统动态模型①

直观看，知识产权生态系统动态模型类似一个多彩气球，因此，也可以称之为多彩气球模型。根据对知识产权生态系统静态模型的描述和解释，当向气球吹气（能量流）时，气球逐渐变大。气球的大小表示知识产权制度机制发挥作用的大小，也就是对经济贡献的大小。

设想如果把气流理解为对知识产权制度运行的投入，那么，这种投入将直接影响知识产权创造和运用，与此同时，也间接影响包括但不限于知识产权管理、保护、服务在内的知识产权生态环境。

根据气球膨胀的原理，如果缺少知识产权运用的环节，只有知识产权形成，那么知识产权制度运行只有创造这个环境，气球最小，也就是说对经济增长的贡献最小；缺少生态环境，知识产权形成和运用发挥的作用和创造的经济效益最小；在知识产权生态环境中，缺少任意一个环节，必然影响知识产权制度运行对经济贡献的大小。在知识产权管理、保护和服务中，包含管理和保护的知识产权服务影响最大。当气球达到最大时，意味

① 在知识产权生态静态模型和静态模型中，字母均为英文单词的缩写。其中，C 代表 creation（形成），M 代表 management（管理），P 代表 protection（保护），S 代表 service（服务），F 代表 function（发挥作用），E 代表 environment（环境）。

着整个知识产权生态系统的平衡。

利用这个模型，很容易得出和理解一个事实，也就是仅依靠刺激知识产权形成并不能有效促进知识产权制度机制发挥作用。这也似乎能解释我国是专利申请量大国，但并不是专利运用强国的原因。因此，如果想让知识产权形成和运用发挥到极致，也就是知识产权制度机制效用发挥到最大，对经济增长的贡献最大，必须先保证知识产权生态环境达到最优。

知识产权生态系统静态模型和动态模型的构想，系统梳理了知识产权制度机制运行各个环节的关系，也可以形象地解释我国知识产权制度确立和发展的过程中遇到的一系列问题，对未来理论研究的重点方向和实践操作的思路有重大的意义。因此，笔者认为，基于知识产权法律制度的本质和制度设立的目的，知识产权生态环境是决定知识产权法律实现的关键环节。

第七章　知识产权生态指数的构建及实证研究

定量研究是社会科学研究的重要步骤和方法，其意义在于对问题和理论更加科学、准确的认识。三十多年来，我国知识产权制度从确立到发展，制度运行对促进我国技术创新与经济发展发挥了巨大的积极作用。为了客观评价知识产权制度的作用，学术界和实践中开展了各个方面评价的研究和工作，例如，对知识产权价值的评估、知识产权保护状况的评价，以及对知识产权战略实施绩效的评价等。这些评价研究和工作，对于指导知识产权理论研究和实践操作具有重要的参考和指导意义。但是，毋庸讳言，目前，国内关于知识产权问题的研究，仍然是定性研究所占的比重远远大于定量研究的比重，成为我国关于知识产权问题研究的一个极大缺憾。根据本书的观点，本章尝试构建知识产权生态环境评价指标，旨在分析研究知识产权制度运行的客观环境并给予客观分析研究，为理论研究和实践操作提供新的探索经验。

一、知识产权法律实现的核心要素

基于前述，知识产权生态环境即知识产权生存和发展所处的环境，包括但不限于知识产权管理、知识产权保护和知识产权服务，还包括国际国内的形势及需求、经济发展环境、政府行为、公民意识等。从法律治理的角度来说，影响知识产权法律制度实现的所有因素都可以归入知识产权生态环境范畴之内。知识产权生态环境的意义在于梳理知识产权法律制度实现的影响因素。可以认为，知识产权生态环境是知识产权法律制度实现的标志。

在法的实现的过程中，国家虽然没有直接介入各个环节和全过程，但是，它始终作为一种积极的力量对法的实现起着保障作用。国家没有直接参与其中的法的实现的各个环节，它是一种潜在的强有力的后盾和震慑。因此，法律实现的整个过程，实质上是国家强制力保障的条件下，人的主体意识和行为与法律规范实现一致的过程。[①] 换句话说，法律的实现，除了依赖国家依靠公权力进行保障之外，社会关系主体，也就是社会人的行为对法的实现具有决定性的作用。

从知识产权生态理论模型中可以更直观地看出，知识产权管理、知识产权保护、知识产权服务均作为影响知识产权形成和运用的因素存在。缺少任一因素，并不影响知识产权法律的实现机制的完整性，但是这些因素直接影响制度运行的效果。很显然，上述环节均是影响知识产权形成和运用的环境因素。缺乏任何一个环节，就会影响知识产权法律的实现，就意味着破坏知识产权的生态环境。而这些环节都受人的主体意识和行为的影响。

根据前述理论，这些因素都取决于社会主体，也就是社会人的主体意识和行为。社会公众知识产权意识淡薄、行为失范，缺乏良好的规制，再完备的知识产权制度也无法实现其制度设定的目标。这在发展中国家表现得尤为突出。以我国为例，无论在理论界还是在实践中，关于知识产权制

---

① 参见张文显主编：《法理学》，高等教育出版社 2003 年版，第 231 ~232 页。

度运行问题的分析中，几乎无一例外认为公众意识淡薄是制约知识产权制度运行的最主要因素。另外，知识产权法律的实现必然引起社会公众思想观念发生重大变化，制度运行环境会将发生深刻变化，整个社会文化也将重塑。因此，可以认为，知识产权生态环境即知识产权法律实现环境，而知识产权生态即知识产权法律实现的状况。

综上所述，从知识产权生态理论的角度来讲，知识产权生态环境包含的要素可以概括为政府行为和人的主体意识及行为。由于人的主体意识和行为是推行知识产权法律制度的决定因素，因而当然地成为知识产权生态环境的核心要素。

二、相关测量方法的扬弃

（一）Ginarte 和 Park 的测量方法

Ginarte 和 Park 1997 的测量 GP 指数①即知识产权指数，是 Ginarte 和 Park 1997 年在最早对知识产权保护水平进行量化分析的 Rapp 和 Rozek 的方法基础上的修正方法。他们认为，Rapp 和 Rozek 的方法有两个方面的不足：一是 Rapp 和 Rozek 的方法依据只是一个国家的知识产权法律体系，但是法律执行和实施的情况并没有考虑；二是这个方法的结果有可能把知识产权保护水平差距较大的两个国家归入一个等级，而把差距不大的两个国家归入一个等级。

基于此，他们对测量的方法进行了修正，提出了 5 个测量知识产权保护水平的指标，每个指标又包含若干子指标（如表 7－1 所示）。

① Walter G. Park, Juan C. Ginarte, *Determinants of Patent Rights: A Cross-national Study*, Research Policy, 1997, p. 283－301.

表 7-1 Ginarte 和 Park 测量体系

IPR 指数	覆盖范围	药品专利
		化学品专利
		食品专利
		动植物品种专利
		医用器械专利
		微生物沉淀物专利
		实用新型专利
	国际条约成员	巴黎公约
		专利合作条约
		植物新品种保护公约
	权利丧失的保护	专利的计划许可
		专利的强制许可
		专利撤销
	执法措施	专利侵权的诉前禁令
		专利侵权的连带责任
		专利侵权人举证责任
	保护期限	发明专利

Ginarte 和 Park 编制了 110 个国家 1960~1990 年的知识产权保护指数（IPR 指数），并考察了国别间知识产权保护水平的决定因素。知识产权保护指数五年统计一次，覆盖时间范围为 1960~1990 年，选择的标准均为国别专利法通行条款。考核的内容包括 5 个指标：保护的范围；是否为国际专利协议会员；丧失保护条款；执法措施；保护期限。每个指标包含若干子项，每个子项占一分；各个子项的得分之和除以该指标中的子项个数即为该指标得分；将 5 个指标的得分简单累计相加，其结果即为该国知识产权保护水平的量化结果；该测量方法总分为 0~5 分，分数越高，知识产权保护程度越高。

GP 指数有以下几点需要注意：一是选择的标准均为各国专利法的立法情况。二是作者进行了 10 种不同权重的处理，但不同的权重对于 IPR 排序的影响并不大，因此给各个指标进行平均加权处理。三是没有考量法律执行情况。原因在于数据无法获得。一方面，因为有些发展中国家还没有知识产权立法，根本谈不上执行；另一方面，对于发达国家，由于用来测量指标的国际数据无法获得，而采用次优的方法即问卷调查法所获得均是关于版权、商标和商业秘密的数据，并不涉及专利法。因此，作者虽然认为名义 IPR 与实际的 IPR 水平是一致的，同时承认对于经济合作与发展组织（OEC，以发达国家为主）的国家，名义 IPR 可能存在高估。由此可见，作者研究的目的在于从宏观上对国际上知识产权保护水平的分化进行分析。

基于前述，在引入 GP 指数开展本土研究时，笔者认为几个问题必须考虑：一是名义 IPR 与实际的 IPR 水平是否一致；二是究竟哪些法律是必须被测量的；三是法律的执行情况如何测量；四是各个指标平均加权是否合适。

（二）国内学者对 GP 指数的修正

我国学者认识到了 GP 指数忽视执法强度的不足，因此在运用 GP 指数法测量我国知识产权保护强度时进行了修正。

1. 韩玉雄、李怀祖对 GP 指数的修正①

韩玉雄、李怀祖在国内较早地开展了知识产权保护水平测量的研究。他们的方法基础是 GP 指数法。他们认为，Ginarte 和 Park 的方法克服了 Rapp 和 Rozek 方法的第二个不足，但是第一个不足仍然存在。也就是说 GP 指数法仍然只采用知识产权的立法情况进行测量，对于执法的效果没有给予考虑。这样，对于法治水平较高的西方发达国家，用这个方法度量

① 参见韩玉雄、李怀祖：《关于中国知识产权保护水平的定量分析》，载《科学学研究》2005 年第 3 期。

出的结果与实际情况不会出现显著差异，但是对于法制相对不完备、正处于完善阶段的国家，例如我国，测量结果有可能和实际情况不相一致。他们还利用 GP 指数法测量了我国的知识产权保护水平，发现我国早在 1993 年就超过了部分发达国家的水平。这明显和实际情况不符合。

因此，他们对 GP 指数法进行了修正，引入了“执法强度”的指标，包括 4 个子项，分别为社会法制化程度、法律体系的完备程度、经济发展水平和国际社会的监督与制衡机制，并分别用律师比例、立法时间、人均 GDP 和是否为 WTO 成员对四个指标进行赋值；将四个指标的得分平均得出执法强度指标的得分；用该得分乘以利用 GP 指数测量法测出的立法强度的得分即为其修正后的 GP 指数结果。根据这个方法，他们对我国 1984 ~ 2002年知识产权保护水平进行了测量验证。

2. 许春明、单晓光对 GP 指数法的修正①

许春明、单晓光采用了韩玉雄、李怀祖的方法分析了 1985 ~ 2004 年我国知识产权保护水平。不同的是他们引入的执法强度包括 5 个子项：司法保护水平、行政保护水平、经济发展水平、社会公众意识及国际监督，并分别用律师比例、立法时间、人均 GDP、成人识字率和是否为 WTO 成员来进行赋值。

通过比较可见，无论指标如何描述，许春明、单晓光采用的方法与韩玉雄、李怀祖的思路完全相同，不同之处有三点：一是前者认为立法的完备程度应该包括专利法、商标法、版权法等一系列法律，但是以专利法为代表；后者没有对立法项目进行细分。二是前者用立法时间为行政保护水平赋值，所采用的立法时间是专利法的立法时间；后者用立法时间为法律体系的完备程度赋值，所用的立法时间是我国第一部宪法颁布的时间。三

① 参见许春明、单晓光：《中国知识产权保护强度指标体系的构建及验证》，载《科学学研究》2008 年第 4 期。

是前者引入的“执法强度”指标多了一个社会公众意识的子项。

3. 沈国兵和刘佳对 GP 指数的修正[①]

沈国兵和刘佳基于 GP 指数法和韩玉雄、李怀祖的方法，提出了改进的意见。他同样认为应该对 GP 指数进行修正，引入知识产权保护强度的指标。但是，他对韩玉雄、李怀祖给出的知识产权执法强度的 4 项指标的数据采信提出了质疑。他认为，用律师比例、立法时间、人均 GDP 和是否为 WTO 成员对社会法制化程度、法律体系的完备程度、经济发展水平和国际社会的监督与制衡机制 4 个指标进行赋值并不可靠。例如，他认为简单地利用在发达国家通行的律师比例来衡量我国社会的法制化程并不准确。

基于此，他给出知识产权保护强度的 3 个指标：经济发展水平、法治水平和执法水平，并分别用人均 GNI（人均国民总收入）、世界银行我国法治水平报告、海关和法院关于民事知识产权类案件查处或审结率对 3 个指标分别赋值。根据他的测量方法，结果是我国知识产权实际保护强度呈阶段式提高。GP 指数法测量结果偏高，而韩玉雄、李怀祖方法测量结果偏低。

4. 李迎春对 GP 指数法的修正[②]

李迎春在之前研究的基础上，仍然沿用韩玉雄、李怀祖的思路，提出了自己对 GP 指数的修正方法。她引入的执法力度指标包括 6 个方面：社会的法制化程度、社会法律体系的完备程度、经济发展水平、行政保护及管理水平、社会公众的意识和国际社会的监督机制，并分别用律师比例、宪法立法时间、人均 GDP、专利执法案件的结案率、成人识字率、是否加入 WTO 进行赋值。运用这个方法，她对我国 1985 ~ 2006 年的知识产权保

① 参见沈国兵、刘佳：《TRIPS 协定下中国知识产权保护水平和实际保护强度》，载《财贸经济》2009 年第 11 期。

② 参见李迎春：《知识产权制度保护水平的测度与分析》，载《财会通讯》2009 年第 30 期。

护强度进行了测量。显而易见，李迎春的修正方法是结合了韩玉雄、李怀祖和许春明、单晓光的方法。

除此之外，姚利民和饶艳、孙旭玉、詹映、李伟和余翔、王亚星和周芳也都提出了自己的修正意见①，但是大同小异，主要区别在于知识产权保护强度的测量指标以及对应的代理变量不同而已（见表 7 – 2）。

表 7 – 2 我国学者构建的知识产权保护强度指标汇总

创建者	指标	衡量的代理变量
韩玉雄、李怀祖（2005）	社会法制化程度	律师比例
	法律体系的完备程度	立法时间
	经济发展水平	人均 GDP
	国际监督与制衡机制	是否为 WTO 成员
许春明、单晓光（2008）	司法保护水平	律师比例
	行政保护水平	立法时间
	经济发展水平	人均 GDP
	社会公众意识	成人识字率
	国际监督	是否为 WTO 成员
沈国兵、刘佳（2009）	经济发展水平	人均 GNI
	法治水平	世界银行我国法治水平报告
	执法水平	海关和法院民事关于知识产权类案件查处或审结率

① 参见沈国兵、刘佳：《TRIPS 协定下中国知识产权保护水平和实际保护强度》，载《财贸经济》2009 年第 11 期；孙旭玉：《中国知识产权保护水平与影响因素的实证分析》，载《理论学刊》2010 年第 7 期；詹映：《我国知识产权保护水平的实证研究——国际比较与适度性评判》，载《科学研究》2013 年第 9 期；李伟、余翔：《中国知识产权保护强度及其评价——以加入 TRIPS 协议为中心》，载《科研管理》2014 年第 7 期；王亚星、周方：《我国知识产权保护量化测评与实证分析》，载《北京工业大学学报（社会科学版）》2014 年第 6 期；党国英：《TRIPS 协定下中国知识产权保护水平测度》，载《技术经济与管理研究》2014 年第 11 期。

续表

创建者	指标	衡量的代理变量
姚利民、饶艳（2009）	社会法制化程度	律师比例
	政府的执法态度	专利侵权案例的结案率
	相关服务机构配备	能办理知识产权事务的律所比例
	社会知识产权保护意识	人均专利申请量
李迎春（2009）	社会的法制化程度	律师比例
	社会法律体系完备程度	宪法立法时间
	经济发展水平	人均 GDP
	行政保护及管理水平	专利执法案件的结案率
	社会公众的意识	成人识字率
	国际社会的监督机制	是否加入 WTO
孙旭玉（2010）	社会法制化程度	律师比例
	行政保护水平	立法时间
	公众知识产权保护意识	成人识字率
	参加国际条约的情况	WTO 成员
詹映（2013）	知识产权执法力度指数	世界经济论坛发布的《全球竞争力报告》调查得出的各国知识产权保护实施指数、全球法治指数中的执法力度指标、软件盗版率三者加权平均
李伟、余翔（2014）	经济社会发展水平	联合国开发计划署发布的人类发展指数
	法治水平	知识产权案件结案率和律师比例
王亚星、周方（2014）	司法保护	律师比例
	行政保护	执行机制
	公众意识	每万人受大专以上教育人口数

（三）对国内学者 GP 指数修正的讨论

GP 指数从专利法立法的角度考量一国知识产权保护强度，在世界各国推行知识产权制度运行的初期，积极意义更加明显。因为彼时大部分国家，特别是尚未建立知识产权制度或者制度建立处于初期阶段的发展中国家和地区，用GP方法测量，基本上可以衡量一个国家的知识产权保护水平。甚至可以这么说，采用立法指标测量知识产权保护水平主要目的就在于衡量这些国家和地区。因此，在当时的历史时期，对从宏观上评价国别知识产权保护强度的变化有积极意义。但是，由于历史时期的局限性和考察的重点不同，现在沿用此法，并不能反映一国知识产权保护强度的全貌。正因如此，我国学者在研究时对其进行了修正。应该说，现有成果为丰富知识产权问题研究、增加学科扩展性做出了积极的努力和贡献。但是笔者认为，就我国的知识产权保护实际来看，有几点值得与前述几位专家商榷。

（1）以专利法实体立法衡量知识产权立法情况不可取。一方面，事实上，大部分知识产权保护都置于专利法、商标法和著作权法之下。[①] 事实上，在我国，著作权侵权现象远远比侵犯专利权的现象要严重得多，中美三次知识产权争端均与此密切相关。对于这一点，只需客观评价每个人使用盗版软件时的心态即可。因此，仅把专利法立法情况作为立法强度标准，有失偏颇。另一方面，目前关注的仅仅是专利法的实体规定，完全忽略了关于专利行政执法的程序法，而恰恰程序法是行政执法非常重要的一个部门法，但是我国直至目前，关于专利行政执法的法律层面的程序性规定较少。实践中，关于专利行政保护的程序，除了专利法之外，大量存在于非法律的部门规章当中，如国家知识产权局发布《专利行政执法办法》等。程序法的缺失将会使实体法公平价值的实现大打折扣。因此，特别是我国专利法律制度的规定已经基本与国际公约的规定接轨，用专利法实体

① Benko Robert P.，*Protecting Intellectual Property Rights：Issues and Controversies*，American Enterprise Institute for Public Policy Research，1987.

的规定来衡量知识产权立法情况十分片面。

（2）某些指标的代理变量值得商榷。这和数据的可获得性限制有关，但的确需要进一步改进。例如，利用成人识字率为执法强度中“公众意识”这一子项赋值。这里的公众意识应指公众知识产权意识，用成人识字率来衡量不免偏颇。很显然，在一个没有建立知识产权制度的国家，用成人识字率来衡量公众知识产权意识不足以说明问题。再如，代理变量多有交叉。韩玉雄、李怀祖和李迎春用“立法时间”来衡量社会化法制程度，但前者用的是新我国第一部知识产权法律的立法时间，后者用的是宪法的立法时间。而许春明、单晓光和孙旭玉却用来衡量知识产权行政保护水平。类似情况还有“律师比例”、经济发展水平等，标准不一。

（3）有一点需要特别指出，那就是前述几位学者沿用 GP 指数法，无论修正方法如何，可取之处在于他们测量的都是我国从知识产权制度建立初期起 20 多年的变化，而这个时期正是我国申请加入关贸总协定（1994 年 4 月 15 日起由世界贸易组织 WTO 取代）的过程，这一时期，正是我国先后加入各种知识产权保护条约的时期，知识产权制度经历了从建立到不断完善的过程，特别是立法不断健全的过程。基于对外开放的需要，我国法律必须和国际上规则接轨，20 世纪 80 年代相继制定了《商标法》《专利法》等一系列法规。根据 1992 年中美达成的第一个谅解备忘录，我国知识产权立法进行了第一轮修订，并承诺保护商业秘密以及加入保护文学艺术作品的《伯尔尼公约》。2000 年到 2001 年，为加入世界贸易组织，我国对立法进行第二轮修订，主要是使知识产权立法符合《与贸易有关的知识产权协议》。① 这一点正与 GP 指数提出和运用的背景是吻合的。而就我国目前的实际情况来说，我国的知识产权立法和修改，用二三十年时间就走

① 殷立飞：《知识产权制度应解决实际问题——访中国社科院知识产权中心主任李明德教授》，载《深圳特区报》2014 年 12 月 23 日，第 10 版。

完了其他国家二三百年的历程。特别是自 2001 年 12 月 11 日我国加入 WTO 之日起到现在已经十几年过去，依照有关国际条约，我国知识产权立法已经和世界接轨，如果继续沿用 GP 指数法衡量我国知识产权保护水平，显然已经没有实际意义。

基于以上原因，笔者认为，即使对 GP 指数进行修正，但其以立法尤其是以专利法立法作为标准的基因，决定了在当前新时期、新阶段，这种方法并不适用。例如，前述文献采用的方法中，共同的指标之一“是否加入 WTO”，对于衡量我国加入 WTO 之后的知识产权保护测量没有实际意义。

（四）现有研究反映出的困惑及其辨析

显而易见，对于如何测量知识产权保护的强度，目前还没有形成统一的认识，基本上处于仁者见仁、智者见智的状态，众说纷纭、莫衷一是。这一点集中体现在用什么样的指标来测量知识产权保护及用什么样的变量来代理指标。仔细比较之后，不难发现，现有的测量方法至少在以下几个方面让人困惑。

困惑一：头绪为何难以厘清？从现有文献成果的总体上看，各个修正方法在指标选择上远远没有达到系统性和全面性的要求，既有宏观层面的，例如韩玉雄、李怀祖和沈国兵、刘佳，也有微观层面的，许春明、单晓光和姚利民、饶艳以及孙旭玉等，考虑了社会公众意识等因素。从指标选取看来，似乎宏观、中观、微观层面的因素都和知识产权保护有关。因此，需要更加系统地进行全面考虑。①

困惑二：变量为何出现交叉？这一点特别突出。除了前文所述，同一个变量用来衡量不同的指标之外，部分指标选取上存在所考虑的因素有重

① 参见孙赫：《知识产权保护强度测量方法研究述评》，载《科学学研究》2014 年第 3 期。

复现象。例如，“法律体系完备程度”和“法制化水平”都在一定程度上反映了立法的情况，但是，立法情况已经采用GP指数法测量过了。因此，各指标彼此之间内部影响因素出现了交叉。同一个变量可以反映不同的指标，而不同的指标之间又有千丝万缕的联系。

困惑三：既然出现了前述两个问题，为何每一种测量方法得出的结果，即使有细微差别，都和我国知识产权保护的趋势高度一致？几乎所有的方法都进行了统计学方法的验证，而所有的测量结果都对我国知识产权保护的实际水平有较强的解释力。也就是说，所有的修正方法都有其合理性。难道所有的代理变量都与知识产权保护紧密相关？这说明了什么？

其实，这些研究，无论题目是知识产权保护强度、执法强度或是执法力度还是执法效果，从对GP指数不断修正的理由和指标的选择来看，其研究目的或者初衷都是评价知识产权制度的实施效果，也就是知识产权法律制度的实现水平。但是，遗憾的是，无论拿什么样的指标来测量，这些研究都把关注点放在了知识产权“保护”上。他们认为，立法水平和法律实施效果结合就是知识产权保护水平，反映出其潜在的思维逻辑是知识产权法律制度是为知识产权的“保护”而设立的，而这正是当前我国知识产权问题研究和实践中最大的误区。造成前述困惑的原因正是现有的研究采用反映整个法律实现效果的指标来衡量和测算法律实现中一个特定环节或方面。

事实上，即便如此，现有研究对于知识产权“保护”水平的测量也不完整和准确。“知识产权保护”更多的是来自实践操作中的一个称谓。例如，2008年国务院公布的《国家知识产权战略纲要》中开宗明义：“为提升我国知识产权创造、运用、保护和管理能力，建设创新型国家，实现全面建设小康社会目标，制定本纲要。”因此，在实际操作中，保护是被当作知识产权制度运行的一个环节来看待和处理的。至少到目前为止，并没有专门对于知识产权保护进行系统化阐述的理论。这里的“保护”，更多的是以惩戒为主要形式和手段的强制性法律措施，目的在于法律确权和权利人合法权益的维护。

诚然，由于知识产权的无形性，决定了其比有形物品更需要或者更依赖通过法律进行确认、赋予一定程度的独占权利并依靠公权力量保证权益的实现和不受侵犯，因此更多的人理解的保护就是利用公权力进行的保护，即法律保护。实际上，作为一种受民事法律保护的属于"私权"范畴中"财产权"的知识产权，法律保护只是权利受到侵害后的一种救济手段。在分析知识产权保护问题时，关注其自身特殊性的同时，应认识到知识产权一旦获得法律确认，即具有其与其他"财产权"相同的一般性特征。

笔者认为，对于知识产权保护的准确定义应该是"保障知识产权不受不法侵害"。也就是说，要保持知识产权良好的生存和发展状态。从这个意义上来说，知识产权保护对于社会公众行为规范的要求应该是一方面不侵害别人知识产权，另一方面保护自己知识产权不受侵害。例如，人们都会想方设法妥善保管自己的财产，而不会因为有法律对财产的保护而放任自流，等财产受到损失后，完全依靠法律来追责。商业秘密所有人会采用一切办法严防秘密外泄，而不是兴高采烈地炫耀和展示以至于拱手让人。也不会因为有法律的保护而象征性地采取一些保密措施，待权益被侵犯后，坐等法律规定的途径来进行权利救济。正因如此，在《国家知识产权战略纲要》第 13 条中明确提出了"提高权利人自我维权的意识和能力"。在这里，权利人自我维权的意识和能力就是知识产权保护中同样至关重要的权利人的自我保护，也叫私力保护或者自力保护。

由于现有研究关注点集中在了国家公权力的执行方面，即使有社会公众意识的测度指标，但也仅限于研究社会意识对公权力执行的影响，而忽略了社会公众在整个知识产权法律制度运行中的主体参与的决定性作用。例如，现有研究更多关注了公众意识中"不侵害他人知识产权"的一面，而没有关注到"保护自己知识产权不受侵害"的一面。因此，现有研究成果应该最多定义为知识产权法律保护水平或者强度较为合适，而不是知识产权保护水平或者强度。

三、知识产权生态指数的构建及验证

毋庸置疑，现有成果在对我国知识产权法律制度实施效果、实证测量方面的研究和探索做出了重要贡献。然而，基于前述的分析，从整体上说，现有方法在分析测量时的角度和站位值得推敲。因此，真正能够对知识产权法律制度整体实施效果进行测量的研究成果聊胜于无。从知识产权生态理论构想出发，本书拟提出知识产权生态指数（Ecology of Intellectual Property Rights Index，EII），用于衡量知识产权生态环境状况，亦即对知识产权法律制度的实现情况进行量化分析。

（一）知识产权生态指数的构成

根据前述，基于 WTO 框架下，各国的法律制度已经和有关国际条约或公约基本接轨。因此，知识产权立法的因素基本可以忽略，知识产权法律制度的运行只涉及法律实现问题。笔者尝试构建 WTO 框架下的知识产权生态指数，将法律制度完整性的因素排除在外，旨在测量知识产权生态环境的优劣，反映知识产权法律的实现效果。

根据现有的研究成果和知识产权生态理论构想的有关内容：第一，能够集中反映影响知识产权生存、发展的各种力量和作用；第二，指标反映内容不重复；第三，指标代理变量可获得性三个基本原则，本书尝试采用联合国人类发展指数（Human Development Index，HDI）和软件盗版率作为指标，构建 WTO 框架下的知识产权生态指数。

1. 联合国人类发展指数（HDI）

1990 年，联合国开发计划署（UNDP）创立了人文发展指数（HDI），即以“预期寿命、教育水准和生活质量”三项基础变量，按照一定的计算方法，得出的综合指标，并在当年的《人类发展报告》中发布。

1990年以来，人文发展指标已在指导发展中国家制定相应发展战略方面发挥了极其重要的作用。之后，联合国开发计划署每年都发布世界各国的人文发展指数（HDI），并在《人类发展报告》中使用它来衡量各个国家人类发展水平。

目前，HDI基本上涵盖了作为社会人的生存、发展的所有最主要的因素，已经成为集中反映特定时期各国经济社会发展水平和人口素质的最重要的指标。因此，可以采用这个指标来代表知识产权生存和发展的经济社会发展环境（如表7－3所示）。

2. PC（personal computer）软件盗版率

从1996年开始，商业软件联盟（Business Software Alliance，BSA）调查并发布各国PC软件盗版率数据。商业软件联盟成立于1988年，总部位于华盛顿特区，并在全球80多个国家和地区拥有分支机构。它的主要职能是促进正版软件的使用而开展合规项目的推广，同时积极呼吁制定公共政策，培育技术创新并促进数字经济的增长。

BSA认为其在各国政府面前及国际市场上代表着全球软件行业的声音。其成员包括全球最具创新精神的企业。这些企业开发的软件解决方案能够促进经济的增长，同时改善现代生活。BSA每年会从终端用户、分销商、执法机构、成员公司以及附属协会，征集并收到数千份软件盗版报告。在必要情况下，BSA会对此类报告进行调查并提起民事诉讼，以制止软件盗版行为。BSA会将相当严重的案件提交给国家执法机构，提起刑事诉讼。虽然BSA关于PC（personal computer）软件盗版率的报告在我国饱受诟病，但是其报告无可争议地已经成为衡量各国知识产权生态状况的一个重要参考指标。

表 7－3　2001～2017 年相关国家 HDI 指数

国家	2001年	2002年	2003年	2004年	2005年	2006年	2007年	2008年	2009年	2010年	2011年	2013年	2015年	2016年	2017年
中国	0.6	0.609	0.618	0.628	0.645	0.655	0.665	0.682	0.692	0.701	0.71	0.727	0.742	0.749	0.753
日本	0.86	0.863	0.865	0.868	0.873	0.875	0.878	0.881	0.883	0.884	0.887	0.9	0.906	0.91	0.913
美国	0.885	0.888	0.89	0.892	0.897	0.899	0.902	0.905	0.906	0.908	0.911	0.914	0.917	0.919	0.919
俄罗斯	0.722	0.726	0.731	0.736	0.75	0.755	0.76	0.77	0.772	0.773	0.775	0.803	0.813	0.817	0.822
哈萨克斯坦	0.685	0.69	0.696	0.702	0.734	0.74	0.742	0.744	0.745	0.747	0.75	0.791	0.806	0.808	0.813
英国	0.865	0.867	0.869	0.872	0.888	0.89	0.892	0.89	0.89	0.895	0.891	0.914	0.916	0.918	0.919
法国	0.851	0.854	0.856	0.859	0.867	0.87	0.873	0.875	0.876	0.879	0.882	0.882	0.888	0.887	0.89
德国	0.858	0.863	0.867	0.872	0.887	0.892	0.896	0.902	0.901	0.904	0.908	0.927	0.933	0.936	0.938

资料来源：联合国人类发展报告①

① United Nations Development Programme，Human Development Report 2019：http://hdr.undp.org/en/global-reports。

本书之所以采用PC软件盗版率作为衡量知识产权生态指数的构成指标，原因在于：其一，全球PC用户的群体规模远远大于拥有专利或者商标等其他种类知识产权的群体规模，更具普遍性、代表性，更能全面反映知识产权生态的真实状态。其二，PC用户对于正版软件的态度和行为，集中反映了公众对知识产权法律制度的主体意识和行为。例如，是否有使用盗版就是违法的意识，是否会担心使用盗版软件后受到惩罚，以及侥幸、从众或者无所谓等心理状态。其三，作为一种新的法律秩序植入，公众知识产权法治意识是一种新的意识，应该采用一个合适的指标来反应，同时避免与HDI指标重叠。公民识字率显然不能代表公众知识产权法治意识，同时又与HDI反应的公民教育水准有重叠。而PC软件盗版率则恰好规避了这两个方面的问题（如表7-4所示）。

（二）知识产权生态指数的测算

2000年以后，极高人类发展水平HDI指数在0.9左右。因此，我们以0.9为标准，用各国当年度的HDI数值除以0.9，得到该国当年的经济社会发展指数。如果结果高于1，则分值记为1；如果结果低于1，则按实际数值计算得分；本书采用PC软件正版率作为衡量知识产权法律实现效果的指标，得分方式为1-盗版率。假设两项指标对知识产权生态环境的影响是相同的，将两项得分相加之后取其算数平均数，得到当年该国的知识产权生态指数（如表7-5所示）。

表 7－4　2001～2017 年相关国家 PC 软件盗版率

单位：%

国家	2001年	2002年	2003年	2004年	2005年	2006年	2007年	2008年	2009年	2010年	2011年	2013年	2015年	2016年	2017年
中国	92	92	92	90	86	82	82	80	79	78	77	74	70	74	66
日本	37	35	29	28	28	25	23	21	21	20	21	19	18	19	16
美国	25	23	22	21	21	21	20	20	20	20	19	18	17	18	15
俄罗斯	87	89	87	87	83	80	73	68	67	65	63	62	64	62	62
哈萨克斯坦	88	90	91	90	96	96	79	78	78	76	76	74	73	74	74
英国	25	26	29	27	27	27	26	27	27	27	26	24	22	24	21
法国	46	43	45	45	47	45	42	41	40	39	37	36	34	36	32
德国	34	32	30	29	27	28	27	27	28	27	26	24	22	24	20

资料来源：软件联盟网站刊登的年度研究报告①

① 参见美国商业软件联盟网站：http://www.bsa.org。

表 7-5　2001～2017 年相关国家知识产权生态指数（EII）

国家	2001年	2002年	2003年	2004年	2005年	2006年	2007年	2008年	2009年	2010年	2011年	2013年	2015年	2016年	2017年	年均增长率/%
中国	0.373	0.378	0.383	0.399	0.428	0.454	0.459	0.479	0.489	0.499	0.509	0.534	0.562	0.546	0.588	2.92
日本	0.793	0.804	0.836	0.842	0.845	0.861	0.873	0.884	0.886	0.891	0.888	0.905	0.910	0.905	0.920	0.94
美国	0.867	0.878	0.884	0.891	0.893	0.894	0.900	0.900	0.900	0.900	0.905	0.910	0.915	0.910	0.925	0.41
俄罗斯	0.466	0.458	0.471	0.474	0.502	0.519	0.557	0.588	0.594	0.604	0.616	0.636	0.632	0.644	0.647	2.10
哈萨克斯坦	0.441	0.433	0.432	0.440	0.428	0.431	0.517	0.523	0.524	0.535	0.537	0.569	0.583	0.579	0.582	1.86
英国	0.856	0.852	0.838	0.849	0.858	0.859	0.866	0.859	0.859	0.862	0.865	0.880	0.890	0.880	0.895	0.28
法国	0.743	0.759	0.751	0.752	0.747	0.758	0.775	0.781	0.787	0.793	0.805	0.810	0.823	0.813	0.834	0.73
德国	0.807	0.819	0.832	0.839	0.858	0.856	0.863	0.865	0.860	0.865	0.870	0.880	0.890	0.880	0.900	0.69

2019年HDI指数已经于2020年12月15日在《人类发展报告》中更新，而BSA尚未发布2018、2019年度的PC软件盗版率，知识产权生态指数仅可计算至2017年，这些数据足以说明，从2001年到2017年，知识产权生态指数年均增长最快的国家分别是中国、俄罗斯、哈萨克斯坦。我国的知识产权生态指数年均增长率最高，达到2.92%，说明我国知识产权生态环境改善的速度和效果最快。这与我国自加入世界贸易组织以来，不断加强知识产权工作的实际情况十分吻合。俄罗斯居于第二名，与俄罗斯知识产权法的不断改革改革息息相关，基本符合实际情况。哈萨克斯坦作为迅速崛起的国家，与其积极申请加入WTO，不断加强知识产权工作的实际情况相符。

从2001～2019年相关国家专利申请量的排名情况来看（如表7－6所示），变化最明显的是中国，专利申请量排名在这期间迅速前移，2012年更是从第三跃居至第一，且之后稳居首位。其他国家中，除了美国、日本排名有轻微变化外，专利申请量均十分稳定，排名二十年间未发生变化。以上两组数据高度吻合，反映了我国知识产权法律制度实施的实际情况。

表7－6　2001～2011年相关国家专利申请量排名

年份	中国	日本	美国	俄罗斯	哈萨克斯坦	英国	法国	德国
2001	4	1	2	7	8	6	5	3
2002	4	1	2	7	8	6	5	3
2003	4	1	2	7	8	6	5	3
2004	4	1	2	7	8	6	5	3
2005	3	1	2	7	8	6	5	4
2006	3	1	2	7	8	6	5	4
2007	3	1	2	7	8	6	5	4
2008	2	1	3	7	8	6	5	4

续表

年份	中国	日本	美国	俄罗斯	哈萨克斯坦	英国	法国	德国
2009	1	2	3	7	8	6	5	4
2010	1	2	3	7	8	6	5	4
2011	1	2	3	7	8	6	5	4

资料来源：世界知识产权组织网站（WIPO：Statistical Country Profiles）①

但是，从知识产权生态指数来看，2011 年的知识产权生态指数远远不及发达国家 2001 年的水平。由于这期间是我国加入 WTO 的最初 10 年，知识产权法律制度刚刚建立，尚处于不断健全的阶段，公众的接受和认知水平，和发达国家相比，差距自然非常大。与此同时，加入 WTO 后，随着我国的国际承诺逐步兑现，法律制度的不断实施，知识产权法律制度实现的程度逐年提高而且快速增长，这些都反映到知识产权指数的变化上，因此我国年均增长率高居各国之首。这与我国的实际情况十分吻合。

（三）知识产权生态指数的检验

相关性分析是统计学上常用的数据分析方法，也是社会科学研究越来越重要的分析工具和研究步骤。一般来说，相关性分析是指对两个或多个存在一定的联系或者概率的变量进行分析，从而衡量两个变量的相关密切程度。为了验证知识产权生态指数的可行性，本书通过相关性分析对知识产权生态指数的测量结果进行检验。

① 参见世界知识产权组织网站：http://www.wipo.int/ipstats/en/statistics/country_profile/#H。

表 7-7 Pearson 相关性分析①

		经济发展水平	知识产权生态指数	盗版率
经济发展水平	Pearson 相关性	1	0.957**	-0.939**
	显著性（双侧）		0.000	0.000
知识产权生态指数	Pearson 相关性	0.957**	1	-0.993**
	显著性（双侧）	0.000		0.000
盗版率	Pearson 相关性	-0.939**	-0.993**	1
	显著性（双侧）	0.000	0.000	

注：** 表示在 0.01 水平显著，* 表示在 0.05 水平显著。

笔者运用 SPSS 软件计算出软件知识产权生态指数与 HDI、软件盗版率的相关性系数（如表 7-7 所示），进行相关性验证。结果表明，知识产权生态指数与 HDI 相关性系数高达 0.957（$p<0.001$），在 1% 水平显著，且系数为正，表明 HDI 与知识产权生态指数呈显著正相关。软件盗版率与知识产权生态保护强度相关性系数是 -0.939（$p<0.001$），在 1% 水平显著，且系数为负，表明软件盗版率与知识产权生态保护强度呈显著负相关。

为克服各国、各地区差异性，更为真实地反映知识产权生态指数与 HDI、软件盗版率之间的关系，数据经过一定修正后再一次进行相关性分析。修正后结果如表 7-8 所示。

① Pearson 相关性旨在分析两个变量之间的相关程度；p 值即概率，反映某一事件发生的可能性大小。统计学根据显著性检验方法所得到的 p 值，一般以 $p<0.05$ 为显著，$p<0.01$ 为非常显著，其含义是样本间的差异由抽样误差所致的概率小于 0.05 或 0.01。

表 7-8　Pearson 相关性分析（修正）

		经济发展水平	知识产权生态指数	盗版率
经济发展水平	Pearson 相关性	1	0.954**	-0.979**
	显著性（双侧）		0.000	0.000
知识产权生态指数	Pearson 相关性	0.954**	1	-0.978**
	显著性（双侧）	0.000		0.000
盗版率	Pearson 相关性	-0.979**	-0.978**	1
	显著性（双侧）	0.000	0.000	

注：**表示在 0.01 水平显著，*表示在 0.05 水平显著。

知识产权生态指数与 HDI 相关性系数高达 0.954（$p<0.001$），在 1% 水平显著，且系数为正，表明 HDI 与知识产权生态指数呈显著正相关。软件盗版率与知识产权生态指数相关性系数是 -0.979（$p<0.001$），在 1% 水平显著，且系数为负，表明软件盗版率与知识产权生态指数呈显著负相关。检验结果进一步表明，笔者建立的知识产权指数可信性和可行性。

第八章　我国知识产权生态的优化路径选择

在我国，知识产权制度的确立固然是自身发展的需要，但是在特定时期，国际压力对于国内知识产权制度的确立、发展和变革产生着深刻的影响。因此，从某种程度上讲，我国知识产权制度的运行发展更多地体现为政府为主导的一场自上而下的制度革命。由于传统文化及计划经济体制形成的文化的影响，政府引导和激励乃至推进知识产权制度运行对于知识产权制度在我国充分发挥应有的激励保护创新、促进经济社会发展中的作用具有重大意义。在本章内容中，提出了我国政府在知识产权制度发展过程中的应有作为。

一、知识产权文化先行的必要性

2003 年，WIPO（世界知识产权组织）首次提出知识产权文化的概念。2004 年，WIPO 在东京召开国际研讨会并形成了以知识产权文化为主题的《东京宣言》。目前，知识产权文化得到越来越多的国家和地区的广泛认同。

（一）知识产权文化的内涵

在中国的古汉语中，“文化”本义指“教化”“文治”，这与今天所使用的文化的概念和内涵差别很大。《现代汉语词典》中，对文化的定义是，“文化，广义上指人类在社会历史发展过程中创造的物质财富和精神财富的总和；狭义上则特指精神财富，如艺术、文学、科学等”。按照马克思主义的观点，人们改造主观世界和客观世界的一切成果都可以称为文化。

知识产权文化是文化的一种。具体来说，知识产权文化是人类在知识产权及相关活动中产生的、包括关于知识产权的认知、态度、价值观和信念的精神现象的总和。① 根据知识产权生态文化的内在结构，可以将知识产权文化分为观念形态和制度形态两个层面：观念形态的知识产权生态文化包括关于知识产权的看法、观念、意识、习惯、学说、理论等；而制度形态的知识产权文化包括有关知识产权的组织机构、管理制度、法律规范及运行机制等方面。②

（二）知识产权文化的属性

知识产权文化在本质上属于法治文化。所谓法治，一般包括三个层面的含义：一是所说的法是良法，即捍卫权利和自由，废除独裁，支持民主，制裁犯罪，维护正义的，符合大多数人意志和利益的法律；二是法律面前人人平等；三是没有人拥有超越法律规定的特权。法治文化是在文化研究和法治研究多重语境基础上所产生的特定文化概念。刘斌、李林、刘作翔等认为，法治文化是法治社会中通过人的主体意识和行为，呈现出的一种道德观念、公序良俗、精神状态、行为模式、精神风貌和文化状态。③

---

① 参见马维野：《知识产权文化建设的思考》，载《知识产权》2005 年第 5 期。

② 参见刘华、李文渊：《论知识产权文化在中国的构建》，载《知识产权》2004 年第 6 期。

③ 参见刘斌：《中国当代法治文化的研究范畴》，载《中国政法大学学报》2009 年第 6 期；李林：《社会主义法治文化概念的几个问题》，载《北京联合大学学报（人文社会科学版）》2012 年第 2 期；刘作翔：《法治文化的几个理论问题》，载《法学论坛》2012 年第 1 期。

法治文化作为一个特定的文化范畴的概念，它既具有一般文化的共性，也具有有别于其他文化的个性：第一，普适性。法治文化可以作为社会中适用于全体成员的价值规范和行为准则，较之以往法律具有更广泛的范围。即便社会成员中法律观念存在差异，但就一个民族或一个社会来看，经过历史发展而积淀下来的法治文化观念形态，则被大多数社会成员所接受，表现出更为普遍的适用性。第二，理性化。社会文化的观念基础是社会意识，而只有理性化的社会意识才可能为社会提供思想和文化依据。法律要实现合理的社会控制，需要通过不受主观愿望左右的理性法治。这也塑造了法治文化理性化的特点。因此，法治文化是建立在法律化、制度化基础之上，不以个人意志为转移的理性化文化。第三，民族性。法治文化的形成非一朝一夕，而是在漫长的历史演进与发展中积淀和凝结而成，因此，具有一定的继承性和相对稳定性。法治文化能够体现一个民族的思维方式和行为模式等，法治文化脱离不了民族性。

（三）文化缺失对知识产权生态的影响

正如前述，所有影响知识产权生存和发展的因素构成了知识产权生态环境，其中包括经济因素、法律因素、社会发展因素及人的意识行为因素等。而所有的影响因素最终必然反映在人的意识和行为表现上。因此，人的主体意识和行为是影响知识产权生态的最重要因素。

而按照英国人类学家 E. B. 泰勒的说法，文化包括伦理、道德、风俗、信仰、知识、艺术、法律，以及作为一个社会成员的人通过学习而获得的任何其他能力和习惯。著名社会学家林登贝格也认为，文化实质上是一整套行为规范或习惯模式，这种行为规范和习惯模式从社会活动中学习、得到，并在其过程中传递判断标准、信念、行为。因此，文化可以认为是“行为规范模式”，它告诉人们行为应当是怎样、不应当是怎样的，包括应该承担的义务、责任和享有的权利甚至是特权。

在社会实践中，任何一个社会都有其行为模式，通过对存在于其中的个体施加影响，完成个体的社会化，使其成为意识和行为合乎社会规范、合乎社会要求的社会人。而从内容上看，个人社会化过程就是一个社会文化的教化过程；从方式上来说，个人社会化的过程就是个人被能动选择和被动接受社会文化的规范和准则的过程。[①] 因此，营造良好的知识产权生态，达到知识产权法律的实现，核心在于人的主体意识和行为与知识产权法律制度规范要求保持一致，不二法门是通过文化的塑造和影响来实现。

近代依赖知识产权制度诞生和发展的历史证明，知识产权法律制度的生根发芽必须有其适宜生存、发展的文化土壤。以清末中国移植的西方知识产权法律制度为例，由于特定的历史背景下根本不具备实施知识产权法律制度的文化环境，因此，其昙花一现、名存实亡具有历史的必然性。[②]

二、政府行为主导的必然性

从知识产权生态理论来讲，在我国，作为新引进的“生物群落”，由于缺乏自然形成的土壤和历史，知识产权的健康成长、生生不息，必然依赖良好的知识产权生态环境。而政府作为知识产权制度构建者、需求者，必须发挥主导作用，在推进公民主体意识和行为与知识产权法律制度的实现中发挥主导作用，唯一的途径是推进知识产权文化的尽快形成，营造良好的知识产权生态环境。

在本质上，知识产权文化是“法治文化”，以权利为本位建立利益驱

---

① 参见杨丽濬、杜祖贻等：《从生物学探究人类行为与文化发展》，载《教育生物学杂志》2013 年第 3 期。

② 参见吴汉东：《当代中国知识产权文化的构建》，载《华中师范大学学报（人文社会科学版）》2009 年第 2 期。

动机制，其核心内容是尊重知识、崇尚创新的价值理念和竞争意识。推进知识产权文化尽快形成有利于社会主义市场经济体系建设的进一步完善，有利于诚实守信的市场竞争环境尽快实现。

（一）政府主导的必然性

第一，政府主导的本源合理性。在《国家知识产权战略纲要》中，明确提出知识产权文化的目标，即形成"尊重知识、崇尚创新、诚信守法"为核心的精神品质。这样的表述明确了知识产权文化的社会公益性。在知识产权文化形成进程中，这正是政府成为文化形成主导角色的合理性之根本原因所在。知识产权文化本质上属于法治文化，虽然与经济现象密切相关，但归根结底属于上层建筑，属于意识形态领域。而在我国，政府是意识形态领域的领导者和主导者。有关知识产权的学术思想、价值观念及行为习惯和能力、组织机构和法律制度等一系列文化因子，均承袭了政府行为影响。事实上，在我国，这样的文化形成路径能使知识产权文化更优、更高效地形成和传承。

第二，政府主导的经济合理性。按照法经济学的研究方法和基本观点，不同社会的实践活动和程序规则可以通过社会成本度量法进行测量和评估。知识产权文化形成的模式不外乎两种："自上而下"的模式（也称为政府主导模式）和"自下而上"的模式（也称为市场主导模式）。通过测量和评估社会成本，结果表明，由于前者在知识产权文化形成过程中所具有的强制性、规范性、指导性和协调性的功能，虽然政府的管理成本加大，但错误成本上大大低于后者；而后者采取的发展模式是盲目的、散漫的、自由放任的，这样，虽然政府的管理成本可能最小化甚至趋于零，但错误成本可能大大增加，而错误成本主要由市场主体承担。因此，鉴于我国的实际情况，从社会成本最小化的角度来讲，在知识产权文化形成的路径选择上，政府主导模式显然更加具有经济合理性。[①]

第三，政府主导的生态合理性。在我国，作为一个外来“物种”，知识产权制度“移植”的过程同时也是一个本土化的过程。在这个过程中，新植入的制度在本土能否“扎根”“开花”和“结果”，并保持旺盛的生命力，本地的“土壤”“气候”等自然环境具有重要的影响。这个过程极有可能是艰难的、痛苦的甚至是“强行”的方式，这历来为法律移植中不可规避的难题。事实上，法律移植成功的过程就是法律实现的过程。其中，必然伴随着文化的碰撞、摩擦、冲突、认同、接纳、变迁及融合等一系列问题，知识产权法律制度的移植也不例外。这也是本书研究的重点，同时也是知识产权具有仿生性，可以用自然生态学的观点和方法来研究知识产权问题，进而提出知识产权生态理论的原因所在。知识产权法律制度作为全球共同的价值需求，其本土化的政府主导性具有越来越多的实证积累，也证明政府主导在知识产权法律移植和文化融合中的必要性。

（二）知识产权文化形成的目标

首先，完善有利于知识产权文化发展的政策体系和制度构建。近几年，国家高度重视知识产权文化的发展，从 2008 年《国家知识产权战略纲要》的颁布实施开始，不断加强知识产权文化的建设。但是除了将知识产权文化建设提升到战略高度外，还需要完善适于知识产权文化发展的政策体系和制度。同时，基于文化形成的特点，构建知识产权文化需要全民参与。政府应善于、勤于组织知识产权文化的大型全民专项活动，引导各类社会主体、组织及个人广泛参与，并鼓励报纸、杂志、广播、电视、网络等各类媒体加强知识产权文化内涵的宣传。在内容上，应注重内涵，宣

① 参见刘华、张祥志：《政府主导知识产权文化建设的正当性分析》，载《北京社会科学》2013 年第 6 期。

传的内容不仅要丰富多彩，还需要贴近生活，易于人们理解和接受；在渠道上，应充分利用各类媒体的优势，尤其是互联网、手机等新兴媒体的优势，针对不同的受众群体采取不同的宣传方式和手段，通过多种多样的宣传活动使人们认识到保护知识产权的重要性和必要性，自觉尊重知识产权，形成良好的知识产权文化氛围。

其次，加强知识产权宣传教育，培养知识产权人才。一方面，教育与文化具有密不可分的关系，知识产权教育对知识产权文化具有决定性的作用；[①] 另一方面，知识产权法律制度的实现关键在于人，知识产权文化建设的主体当然地也是人[②]，因此，加强知识产权专门人才的队伍建设对知识产权文化建设起到了非常重要的作用。此外，将知识产权纳入国民教育体系十分必要，在小学，要开展知识产权的启蒙教育；在青少年中间，要开展关于知识产权的宣传普及教育，引导青少年树立尊重劳动、尊重创造、保护知识产权的基本观念，从小培养青少年的知识产权意识和价值准则；在高等教育阶段，要开展专业教育、学位教育，培养高层次的专业人才。通过这种完整的宣传教育体系，实现“教育一个学生、影响一个家庭、带动整个社会”的文化塑造目标，为知识产权文化建设提供强有力的人才支撑，促进我国知识产权生态不断优化。

最后，鼓励企业知识产权文化的建设。企业是市场和技术创新的主体，知识产权对企业的发展至关重要，企业知识产权文化是知识产权文化的重要组成部分。因此，要充分认知到企业知识产权文化的建设的重要性。在宏观上，要鼓励企业制定知识产权发展战略，将知识产权融入企业发展的各个环节；中观上，要鼓励企业建立、健全和完善知识产权管理制

---

① 参见王思锋：《知识产权教育与文化建设研究》，载《教育评论》2011 年第 4 期。

② 参见张管媛、刘佳：《关于我国知识产权文化建设的几点思考》，载《社科纵横（新理论版）》2011 年第 3 期。

度，调动和激励员工创新的积极性、主动性，形成创新、创造的工作氛围；微观上，将知识产权文化渗透到日常生活的各个细节，影响每一名员工的每一处工作和生活细节，逐步将知识产权文化融入企业文化中，成为影响、鼓励员工创新的内生动力和精神追求。

西方发达国家尊重和保护私权的文化背景，为知识产权文化的发展奠定了深厚的基础。基于我国知识产权制度的非自然历史演进性，为了推进知识产权法律制度在我国的尽快实现，政府必须充分发挥引导和推动作用，出台更多的措施和手段，培育并大力弘扬知识产权文化，形成尊重知识、崇尚创新、诚信守法的氛围是首要解决的问题。从知识产权法律实现的要求来看，知识产权文化形成的标志或者目标至少应该符合以下几个方面的内容。

第一，认识知识产权。这是使公民主体意识和行为与知识产权法律制度的要求相符合的前提要求，目标是使社会公众了解、认同、尊重和保护知识产权。

第二，熟悉知识产权法律。这是法律实现的关键环节，目标是使公众意识和行为与知识产权法律保持一致，符合要求。

第三，树立知识产权价值信仰。培育知识产权文化是为了在社会公众中形成“尊重知识、崇高创新”的基本理念，崇尚创新、善于竞争、主张合作。

第四，培养知识产权运用能力。通过知识产权文化的渗透、内化和升华，提升各类社会主体灵活运用知识产权形成、运用、保护和管理等各种能力，增强市场主体的自主创新积极性和把握市场竞争的主动性。

总之，通过推进知识产权文化的形成的各项措施和手段，最终实现知识产权理念与我国传统文化、现代文明、法治精神、社会主义道德等的协调一致；使知识产权法律内化为社会公众的思想认识、道德水平、法律意识的要求，成为社会公众普遍遵守的道德规范和行为准则，最终促成知识产权法律的实现。

三、政府应然之行为选择

毫无疑问，根据马克思主义基本观点，所谓文化，和法律一样，都是意识形态领域的内容，属于上层建筑的范畴，决定于经济基础，并对经济基础有能动的反作用。从其产生的根源来讲，文化是经济社会发展的产物；而从其作用的方式来看，文化又是影响经济社会发展的介质。片面地强调经济基础对于文化的决定作用，否认文化对于经济基础的积极能动反作用，必然会落入“机械决定论”的深渊；而片面地强调文化形成对于知识产权生态的作用，和“唯保护论”对于知识产权法律制度的实现一样，有陷入唯心主义的危险。因此，基于前文的分析，在政府主导行为具有必然性的前提下，优化知识产权生态，既要牢牢树立优化知识产权生态归根结底要靠经济基础的决定性作用，当然包括源于其中的文化，又要充分肯定文化作为介质的积极能动影响。理所当然，在推进知识产权战略进程中，任何一个国家政府都应当具有这样的理念。

（一）激励创新为本

诚如前述，技术创新一般是指新产品、新工艺、新方法的产生——运用的过程；而知识产权法律制度是激励创新不断产生的法律机制。因此，如果说技术创新是经济增长的内生动力，那么知识产权制度就是“发动机”，即其动力的来源或形成机制。因此，倡导知识产权法律制度的积极作用，推进知识产权战略，首先应当明确，经济生活是创新和知识产权的来源，而知识产权是被法律确认具有特殊权利的创新成果。

然而，“唯保护论”者在讨论技术创新与知识产权法律制度时，常常不由自主地陷入“鸡生蛋还是蛋生鸡”的诡辩之中，一不小心就滑入“没有知识产权法律制度的保护就没有创新产生”的唯心主义深渊。在实践中，又往往有力不从心的感觉。事实上，创新和知识产权都来源于经济生活，两者之间并不存在"谁先谁后"的问题。从知识产权生态理论的角度出发，两者都来源于经济基础，属于同一生态位，只不过知识产权是被法律"加冕"的创新成果，两者之间的作用是互相依存、互相影响、相得益彰。从这个意义上讲，笔者认为，《国家知识产权战略纲要》所明确的"知识产权创造"的提法并不严谨。严格来说，知识产权是创新成果被法律确认产生的，而不是创造出来的。"创造"的含义是："想出新方法、建立新理论、做出新的成绩或东西，"① 具有强烈的主观主义色彩，很容易让人以为"知识产权本身是可以创造出来的"，忽视了法律确认的关键环节，实质上是忽视了知识产权是来源于经济生活中的创新成果的经济基础，多少带有唯心主义的色彩；或者至少形成"创造即享有知识产权"的误导，而使用"知识产权形成"则比较确切。

因此，在整个知识产权战略实施的过程中，政府首先要做的是在经济社会发展的各个环节，大力倡导新产品、新工艺、新方法的创造和运用，促进创新成果的大量产生，而知识产权法律制度则是激励机制或者激励手段，通过确认权利，给予一定程度的独占权，促使其在经济生活中获益，激励更多的创新产生。这符合马克思主义关于法的本质的认识和实践，也应该是整个知识产权战略推进工程中最根本的出发点。

（二）优化生态环境

如前文关于知识产权生态理论的阐述，知识产权生态环境是一个很宽泛的概念，所有影响知识产权形成、生存和发展的作用和力量构成知识产权生态环境。目前，为了实现知识产权法律制度的价值目标，理论界和实践中的大多数认识和做法仍然是"加强知识产权保护"，这显然是远远不

---

① 参见《现代汉语词典》（第5版），商务印书馆2007年版，第215页。

够的。从知识产权生态理论角度出发，如果把知识产权视为具有鲜活生命的“生物群落”，加强保护不外乎两个结果：一种是单纯用外力保护起来，不给予必要的营养和严格护理，生物群落由于生命力脆弱而最终趋于萎缩；另一种是过度保护导致生物群落疯狂扩张，影响其他生物的生存和发展，最终破坏生态平衡。实践中，前一种导致的后果是大量知识产权的作用没有得到有效发挥而最终使知识产权保护没有实际意义；后一种导致的后果是过度保护知识产权而影响创新产生的积极性。因此，优化知识产权生态环境目的在于维护知识产权生态的平衡，实现知识产权形成、生存、发展和消亡的良性循环。从政府行为来讲，就是营造良好的环境，解决好知识产权“从经济中来，到经济中去”的问题。

第一，营造创新氛围。营造创新氛围关键在于形成创新文化。从文化的本质来讲，形成创新的文化，就是人的主体意识和行为树立创新的理念。从宏观上讲，一是培育创新文化。目标是人人树立尊重知识、尊重劳动、尊重发明创造的观念，在工作和生活中追求新产品、新工艺和新方法。二是培育保护创新的意识，增强保护创新的意识。目标是保护自己的创新成果不被非法侵犯，同时不非法侵犯他人的创新成果。三是培育知识产权文化。目标是使创新者充分认识知识产权对于保护创新成果的重要作用，保护自己知识产权不被侵犯，不侵犯他人知识产权，促进更多的知识产权形成。作为政府知识产权主管部门来说，应该与相关部门紧密协作，特别是经济部门密切配合，面向社会公众，首要的目标是推进创新观念的树立和创新文化的形成，追求大量创新成果的产生，次之才是传递和灌输知识产权的观念和价值，追求知识产权的形成，否则，片面追求知识产权的形成，必然的结果是欲速则不达，大量知识产权闲置。

第二，提高知识产权服务水平。从知识产权生态理论的角度来讲，就是加强对知识产权的关爱、呵护，使其更好地形成、生存、发展。知识产权服务嵌入整个知识产权生命产生和存续的全过程：一是政府的公共服务，主要是政治经济体制改革、市场体系建设、社会管理、文化教育等宏观层面，以及政策引导、资金扶持、机构改革、法律服务、人才培训、信息资源、服务平台等微观层面应该由政府提供的、社会公众可以共享的旨在优化知识产权形成和存续的公共服务；二是中介服务，主要包括针对专利、商标、著作权等知识产权代理、评估、鉴定、许可、交易等的增值服务。应当指出的是，根据知识产权生态理论模型，知识产权服务包括知识产权保护和知识产权管理，知识产权保护和管理只是知识产权服务的细化和具体。例如，知识产权保护只是知识产权公共服务“失灵”情况下的补位。

第三，依法保护知识产权。依法保护知识产权是创新不断产生的动力机制。一是优化知识产权的确认程序，使创新成果尽快获得知识产权法律制度的保护。一方面，适当扩大知识产权的保护范围，将更多的创新成果纳入知识产权的保护；另一方面，充分利用先进技术手段，有效缩短法律确认程序，使确认期限达到最优。二是规范行政执法程序。例如，专利行政执法，我国虽然出台了《专利法》及《专利法实施细则》，但均是实体法，至今尚无专门的程序法，导致的结果是行政执法程序不规范，影响了执法的公正性。另外，行政执法的硬件配备、人员队伍、执法权限等应相应跟进。三是健全有效的协作机制，其中包括部门协作和执法与司法的协作，关键在于协作的有效性，避免由于多头管理或者程序繁琐、冗长而降低保护的效率。四是树立正确的纠纷解决理念。例如，知识产权侵权纠纷虽然属于民事纠纷，但知识产权的独占性和营利性决定了其与其他一般经济或民事纠纷不同。一般经济或民事纠纷虽然可以调解方式结案，但结果一般是双方的妥协；而知识产权纠纷调解的结果极有可能是“双赢”。因此，依法保护并不意味着简单、刻板地执行法律条文的规定，而在于实现法的公正和效益的目标。

第四，提升知识产权的管理水平。这里的知识产权是具体的各类知识产权个体，管理则指权利人对知识产权的形成、存续全过程中的规章制度、机构设置、人员配备、运营策略、风险防控等。权利人对知识产权管理的目的在于使知识产权形成和存续的成本收益率实现最优。笔者认为，这与《国家知识产权战略纲要》中所明确的知识产权管理的概念和内涵一致。作为政府，应该提供成功的管理经验供权利人参考，并推广应用。权利人都是知识产权的"园丁"，提高管理水平，有利于大大改善知识产权生态，提高知识产权的收益水平。特别是对于我国企业来说，作为市场主体，知识产权管理水平直接影响着知识产权的收益情况。因此，近年来我国一直在企业中推行知识产权"贯标"工作，实际上就是在推广成功的知识产权管理经验，帮助企业提升知识产权管理水平。

（三）实现最优收益

知识产权的经济属性决定了知识产权本身就是一种财产权，属于经济利益，而法律制度最终是为了知识产权预期收益的实现，这是不争的事实。从这个意义上讲，知识产权法律制度作为促进创新不断产生的动力机制实质上是利益机制。由于知识产权具有独占性的特点，从国家层面上来讲，各国把知识产权作为核心战略资源对待，目的是把握国际市场竞争的主动权，增强综合国力，而市场竞争实质上就是经济利益的竞争。从企业和个人层面上来讲，企业和个人创新并形成知识产权，不是束之高阁、孤芳自赏，目的也是实现知识产权的潜在市场价值，亦即经济利益。因此，知识产权的经济属性决定了其价值最终必然在经济生活中实现，离开经济生活，知识产权根本毫无意义。

在我国《知识产权战略纲要》中，以及关于知识产权的理论和实践中，更多地采用了"知识产权运用"或"知识产权运营"的概念。例如，在《知识产权战略纲要》中，明确提出了加强知识产权运用，包括知识产权的商品化、产业化，实现知识产权的市场价值，提升运用知识产权进行市场竞争的能力，形成知识产权产业集群，以及形成一批具有自主知识产权的技术标准等。采用“知识产权运用”的概念当然无可厚非，但笔者认为，这些提法并没有反映知识产权的收益本质，仅从基本上反映了知识产权在经济生活中实现其本身价值，也就是说，实现收益的各种具体途径。因此，在笔者构建的知识产权生态理论中，关于知识产权的收益，英文采用的是 function（发挥作用），而不是 apply（应用，运用）。当然，收益不完全等于获取经济利益，也包含为实现经济利益的战略性收益。例如，有的企业申请专利的目的在于保护核心专利不被侵犯。这些专利被称为“防御性专利”，又如“专利池”“专利联盟”等，虽然其目的并不是直接获取经济利益，但都是为获取经济利益服务的。近年来，国家知识产权主管部门开始提出“知识产权运营”的概念，相对“知识产权运用”来说，已经更接近知识产权的经济价值。

作为政府来说，推进知识产权战略实施过程中关注的重点至少应该包括两个方面：一方面，政府应该营造良好的生态环境，通过推动企业对知识产权的实施、许可、交易等形式，促进知识产权经济价值实现，推动作为创新主体和市场主体的企业的知识产权实现最优收益。这是企业创新和知识产权形成的最终目的，也是驱动企业不断创新的动力之源。另一方面，政府应该从国家利益的高度出发，通过争夺国际规则制定的参与权和话语权，赢得有利于国内企业知识产权经济价值实现的国际环境，同时，形成具有自身知识产权的技术标准，提高企业利用知识产权形成竞争优势的能力，推动建立具有知识产权优势的企业产业联盟，从总体上形成在国际市场上的竞争优势，牢牢把握国际市场竞争的主动权。

总的来说，优化知识产权生态的目的在于知识产权法律制度的实现，归根结底在于人的主体意识、行为和知识产权法律制度规范实现一致。各国纷纷推行知识产权战略充分说明了政府主导作用的重要地位。对于我国来说，知识产权法律制度的非自然历史演进性决定了我国知识产权生态的优化必须在政府的主导下完成。而按照马克思主义关于法的本质的认识，我国政府优化知识产权生态，推进实施知识产权战略，关键在于认识到、解决好知识产权“从经济中来、到经济中去”的问题，其路径选择必然在于在文化的力量和作用的影响下，以激励创新为本、优化生态环境、实现知识产权的最优效益。

第九章　结论与展望

按照马克思主义辩证法的思想，任何事物的内部都包括肯定和否定两个方面，事物发展的过程，就是肯定、否定、否定之否定的过程，也是自我批判、不断完善，从量变到质变的过程。批判精神是马克思主义的灵魂，也是马克思主义传承与发展的内在不竭动力。笔者希望通过批判、争鸣、研究、探索，将马克思主义精神发扬光大，进一步丰富关于知识产权理论研究的内容，活跃知识产权理论研究的学术空气，促进我国知识产权法律制度的不断健全，推进我国知识产权生态的不断优化，进而推动知识产权法律制度在我国尽快实现。

本书是笔者运用马克思主义的立场、观点和方法，针对现有知识产权问题的理论研究和实践活动，是在深入研究、认真分析和反复思考的基础上批判、扬弃的成果，也是马克思主义关于法的本质的基本原理在理论研究和实践活动中的具体运用。本书的研究结论可以归纳为如下几点。

第一，知识产权问题归根结底是法的问题。关于法的问题的研究应该遵循马克思主义的基本原理和方法，把法的问题放在经济生活中观察、分析。这是马克思主义关于法的一切理论研究和实践活动的出发点。

第二，我国的知识产权制度移植于西方。关于我国知识产权法律制度问题的研究分析必须遵循马克思主义关于法的认识论和方法论。片面强调或夸大法的能动作用，有唯心主义的风险；片面强调经济基础的决定性作用，否认法存在的合理性，是庸俗的机械决定论。

第三，知识产权法律制度的设立目的不在于“保护”，而在于整个法律制度的实现，亦即通过法律确权，给予创新者一定的独占权，保障其获取应得收益，以此激励创新不断产生。也就是说，研究知识产权问题，必须坚持知识产权“从经济中来、到经济中去”的观点和思维，“知识产权保护”仅为其作用机制的一个重要环节。

第四，在我国，长期以来，理论研究和实际操作中以“保护”作为重点，对实践活动产生错误的“导向”，实际操作中，关注点在知识产权的创造、运用、保护、管理等环节。在某种程度上，这种思维方法无形中将知识产权孤立于经济生活之外，不符合马克思主义的关于法的认识论和方法论，不利于知识产权战略的实施和知识产权法律制度价值的实现。

第五，根据马克思研究分析法的本质问题的方法，很容易发现，当前理论导向的原因在于现有理论在研究分析知识产权法律问题时，多多少少脱离了经济发展基础的决定性作用，没有从经济社会发展条件出发研究知识产权法律问题，而是更多地从知识产权法律制度本身出发，更多地期望法律制度的实施能够给经济社会发展带来多大程度上的改变。而在研究知识产权法律的实施问题时，由于知识产权本身的法律属性存在，又不可避免地落入“法律保护”的桎梏，多多少少给知识产权法律制度的实施问题带来了唯心主义色彩。

第六，运用生态学的智慧，可使知识产权法律实现的问题得到较为形象的诠释。假如把知识产权视为有生命力的“生物群落”来观察、分析和研究，理想的知识产权法律实现的状态可以是这样的：知识产权生态环境良好，各种知识产权在合作与竞争中自然更替、朝气蓬勃、生机盎然，充分发挥作用，创新不断涌现、技术不断进步，经济社会发展动力和活力十足。我国经济社会制度的土壤本身并没有滋生出“知识产权”，从国外“移植”的通行说法恰如其分地突出了知识产权的自然生态学特点。

第七，基于知识产权法律制度的价值目标，理论和实践中更应该关注知识产权的生态环境，而不仅仅是保护环境。在现有知识产权保护测量的基础上，知识产权生态指数可以作为测量WTO框架下知识产权生态环境的参考指标。

基于本研究，笔者认为知识产权生态理论的提出，至少对理论研究和实践活动有如下贡献。

第一，运用马克思主义的世界观和方法论，对现有理论研究进行了批判。坚持马克思主义的基本观点和方法，为我国知识产权理论研究正本清源。

第二，知识产权生态理论的视角有助于分析和把握知识产权制度设立的目的和运行规律，有助于解释政府在知识产权制度运行中的主导地位。

第三，克服了现有理论研究中定量研究不足的缺憾，将定性分析与定量分析进行了结合。构建了知识产权生态指数（EII），用来衡量知识产权制度运行的效果，更直观、更准确。

第四，克服了现有理论研究中学科领域单一的问题，法学研究和经济学研究结合了起来，更运行了建模和统计分析的方法，摆脱了当前知识产权法律制度研究主题中存在的“唯保护论”的局限性，突破了法律学科局限性，更有效地解释了我国知识产权制度运行的现状。

知识产权生态理论是笔者潜心研究知识产权法律实现问题的一个大胆的理论构想，是对当前理论研究和实践操作中存在的误区、困惑进行厘清和解答的探索。在理论研究领域，对于新生理论的诞生必将面临质疑。对此，笔者都做好了充分的思想准备。但是，毕竟知识产权生态理论属于一个全新的理论构想，无论对于概念界定、理论体系，还是研究方法，必定还有很大充实空间。对于测量方法的构建，指标的设置还会有不同的看法和方法。无论如何，如果能够因此而获得学界同仁关注、共同探讨，甚至质疑乃至否定，也不失为知识产权法律实现问题的研究作出了贡献。

附录　陕西省公众知识产权意识环境现状调研问卷

您好！

首先，对您能够在百忙之中抽出时间帮助我们表示衷心的感谢！这是一份关于知识产权保护环境的调研问卷，为了了解陕西省知识产权保护环境的真实情况，我们精心设计了这份问卷，目的是为政府决策提供参考，促进知识产权保护环境的改善，知识产权保护环境的改善最终目的是为企业创新发展服务。您的参与将会对我们的研究工作产生莫大的帮助，希望您仔细阅读问卷并认真作答。本次调研所有数据仅用于课题研究和政策设计，我们对调研数据来源承担保密义务，请您放心填写。

感谢您的理解和配合！

2017年5月1日

基本信息

1. 您的性别：（1）男　（2）女

2. 您的年龄：

（1）18岁以下　（2）18~35岁　（3）36~45岁　（4）46~60岁　（5）60岁以上

3. 您的受教育程度：

（1）未曾就学 （2）小学 （3）初中 （4）高中

（5）大学（含大专） （6）硕士及以上

4. 您的月收入水平：

（1）1000 元以下 （2）1001 ~3000 元 （3）3001 ~5000 元

（4）5001 ~8000 元 （5）8001 ~15000 元 （6）15000 元以上

5. 您所在单位的性质：

（1）政府部门 （2）国有企业 （3）民营企业 （4）高等学校

（5）科研机构 （6）其他（请注明）__________

6. 您单位所属行业：

（1）制造业 （2）采矿业 （3）建筑业

（4）科学研究和技术服务业

（5）电力、热力、燃气及水生产和供应业

（6）信息传输、软件和信息技术服务业

（7）交通运输、仓储和邮政业

（8）其他（请注明）__________

陕西省知识产权环境的法律环境	
C1 -1	您认为陕西省地方知识产权立法的完善程度如何？ 1. 非常不完善 2. 不完善 3. 不确定 4. 比较完善 5. 非常完善
C2 -1	您认为在知识产权保护中，行政执法主动性如何？ 1. 非常差 2. 较差 3. 不了解 4. 较好 5. 非常好
C2 -2	您认为在知识产权保护中，行政执法活动的持续性如何？ 1. 非常差 2. 较差 3. 不了解 4. 较好 5. 非常好
C2 -3	如果您的知识产权被侵犯，您知道如何处理吗？ 1. 只能到法院提起诉讼 2. 只能找政府主管部门 3. 不知道 4. 可以到法院提起诉讼也可以到政府主管部门 5. 找谁都白搭，自认倒霉

续表

陕西省知识产权环境的法律环境	
C2-4	如果您的知识产权被侵犯，从维权成本和效率考虑，您愿意如何处理？ 1. 到法院提起诉讼　2. 到政府主管部门处理　3. 不知道 4. 先比较、再决定　5. 谁也不找，省得麻烦
C2-5	您认为在知识产权保护中，行政和司法机关工作人员的专业性如何？ 1. 非常不专业　2. 不专业　3. 不确定　4. 较专业　5. 非常专业
C2-6	您认为在知识产权保护中，司法审判和行政执法的地方保护现象严重吗？ 1. 非常严重　2. 比较严重　3. 不确定　4. 不太严重　5. 不严重
C2-7	法律规定中，司法和行政保护的权限和手段是否适应知识产权保护的需要？ 1. 完全不能满足　2. 不能满足　3. 不确定 4. 基本能满足　5. 完全能满足
C3-1	您认为在知识产权保护中，司法保护中审判的公正性如何？ 1. 非常不公正　2. 不公正　3. 一般　4. 较公正　5. 非常公正
C3-2	您认为陕西省侵犯知识产权现象严重程度怎么样？ 1. 非常严重　2. 比较严重　3. 不确定　4. 不太严重　5. 不严重
C3-3	您认为在陕西获取维权救济是否及时？ 1. 非常不及时　2. 不及时　3. 一般　4. 较及时　5. 非常及时
C3-4	您认为在陕西获取维权救济是否便捷？ 1. 非常不便捷　2. 不便捷　3. 一般　4. 较便捷　5. 非常便捷
陕西省知识产权环境的社会氛围	
V1-1	您了解知识产权吗？ 1. 不了解　2. 不太了解　3. 没听说过　4. 比较了解　5. 非常了解
V1-2	您觉得知识产权保护的重要性如何？ 1. 完全不重要　2. 不重要　3. 不确定　4. 重要　5. 非常重要
V1-3	在当前社会发展中，您认为创新的重要性如何？ 1. 完全不重要　2. 不重要　3. 不确定　4. 重要　5. 非常重要
V1-4	您认为知识产权对于保护创新的重要性如何？ 1. 完全不重要　2. 不重要　3. 不确定　4. 重要　5. 非常重要
V1-5	您认为互联网技术的发展对陕西省知识产权保护环境的影响？ 1. 完全无影响　2. 基本无影响　3. 不确定　4. 有影响　5. 影响非常大

续表

陕西省知识产权环境的社会氛围	
V2－1	您认为相关机构举行知识产权宣传活动的次数？ 1. 非常少 2. 较少 3. 不确定 4. 较频繁 5. 非常频繁
V2－2	您知道的相关机构开展知识产权宣传活动的途径有哪些？（多选） 1. 印发宣传册 2. 新闻媒体 3. 公益广告 4. 其他
V2－3	您认为相关机构开展的知识产权保护宣传活动的效果如何？ 1. 非常差 2. 较差 3. 不确定 4. 较好 5. 非常好
V2－4	您是否接受过学校或其他组织举办的有关知识产权保护的相关教育？ 1. 是 2. 否
V2－5	您认为知识产权保护的相关教育对改善知识产权保护环境的重要性如何？ 1. 完全不重要 2. 不重要 3. 不确定 4. 重要 5. 非常重要
V3－1	您是否了解陕西省有哪些知识产权人才培养机构？ 1. 完全不了解 2. 基本了解 3. 不确定 4. 了解 5. 非常了解
V3－2	您认为陕西省的知识产权人才培养的师资力量如何？ 1. 非常差 2. 较差 3. 不确定 4. 较好 5. 非常好
V4－1	您认为陕西省在知识产权保护怎么样？ 1. 很差 2. 不好 3. 不了解 4. 一般 5. 很好
国际因素对于陕西省知识产权环境的影响	
U1－1	您认为中国加入 WTO 对于陕西省知识产权保护的影响？ 1. 完全无影响 2. 基本无影响 3. 不确定 4. 有影响 5. 影响非常大
U1－2	您认为中国成为国际知识产权保护专项条约成员国对于陕西省知识产权保护的影响？ 1. 完全无影响 2. 基本无影响 3. 不确定 4. 有影响 5. 影响非常大
U2－1	您或您所在的单位是否对开展国际贸易感兴趣？ 1. 是，已经开展 2. 是，但目前尚未开展 3. 不确定 4. 不太感兴趣 5. 没兴趣
U2－2	您或您所在的单位在与外资企业合作时，是否关注过合同中的知识产权条款？ 1. 非常关注，一定会审查 2. 关注，一般没有审查过 3. 不确定 4. 不太关注 5. 没管过

续表

国际因素对于陕西省知识产权环境的影响	
U2－3	您是否主动关注过中外贸易谈判中关于知识产权问题的磋商？ 1. 非常关注，很了解　2. 关注，但不太了解　3. 不了解咋回事 4. 没主动关注过，但会顺便了解　5. 知道这回事，但没有关注过
U2－4	您或您的单位是否曾与任何境外企业发生过知识产权纠纷？ 1. 没有　2. 有主要涉及：____________
陕西省知识产权的管理与服务因素	
T1－1	您认为陕西省各级地方政府对知识产权保护工作的重视程度 1. 非常不重视　2. 不够重视　3. 不了解　4. 较重视　5. 非常重视
T1－2	您认为陕西省对国家知识产权相关政策的落实执行情况 1. 很差　2. 较差　3. 一般　4. 较好　5. 很好
T1－3	您认为陕西省知识产权预警应急机制建设情况 1. 非常不完善　2. 不完善　3. 不了解　4. 较完善　5. 非常完善
T2－1	您认为陕西省地方政府对中介机构的监管指导 1. 非常欠缺　2. 欠缺　3. 一般　4. 较好　5. 非常好
T2－2	您认为陕西省知识产权保护公共服务 1. 非常欠缺　2. 欠缺　3. 一般　4. 较好　5. 非常好
T2－3	您是否了解陕西省有哪些知识产权中介服务机构？ 1. 完全不了解　2. 基本了解　3. 不确定　4. 了解　5. 非常了解
T2－4	您认为陕西省知识产权中介服务机构的数量能否满足陕西省知识产权保护的需要？ 1. 完全不能满足　2. 不能满足　3. 不确定　4. 基本能满足 5. 完全能满足
T2－5	您认为陕西省知识产权中介服务机构的从业人员能否满足知识产权保护的需要？ 1. 完全不能满足　2. 不能满足　3. 不确定　4. 基本能满足 5. 完全能满足

参考文献

一、中文专著及译著

1. ［德］马克思、恩格斯：《马克思恩格斯全集》（第17卷），中共中央马克思恩格斯列宁斯大林著作编译局编译，人民出版社1963年版。

2. ［德］恩格斯：《自然辩证法》，人民出版社1971年版。

3. ［德］恩格斯：《路德维希·费尔巴哈和德国古典哲学的终结》，人民出版社1972年版。

4. 中国社会科学院情报研究所编著：《科学学译文集》，科学出版社1981年版。

5. 吴汉东：《知识产权法律知识手册》，湖北人民出版社1992年版。

6. ［德］马克思、恩格斯：《马克思恩格斯全集》（第1卷），中共中央马克思恩格斯列宁斯大林著作编译局编译，人民出版社1995年版。

7. ［德］马克思、恩格斯：《马克思恩格斯选集》（第2卷），中共中央马克思恩格斯列宁斯大林著作编译局编译，人民出版社1995年版。

8. ［德］马克思、恩格斯：《马克思恩格斯选集》（第3卷），中共中央马克思恩格斯列宁斯大林著作编译局编译，人民出版社1995年版。

9. 吴汉东主编：《知识产权法》，中国政法大学出版社1999年版。

10. 张文显主编：《法理学》，高等教育出版社1999年版。

11. 傅家骥：《技术创新学》，清华大学出版社 1998 年版。

12. 习近平：《干在实处　走在前列——推进浙江新发展的思考与实践》，中共中央党校出版社 2006 年版。

13. 吴汉东主编：《知识产权法通识教材》，知识产权出版社 2007 年版。

14. 郭禾主编：《知识产权法》，中国人民大学出版社 2010 年版。

15. 张宗浩编著：《大学知识产权基础》，成都西南交通大学出版社 2010 年版。

16. 习近平：《习近平谈治国理政》（第 2 卷），外文出版社 2017 年版。

17. 中国科技评估与成果管理研究会、国家科技评估中心、中国科学技术信息研究所：《中国科技成果转化 2019 年度报告（高等院校与科研院所篇）》，科学技术文献出版社 2020 年版。

18. ［美］道格拉斯 · C. 诺思：《经济史中的结构与变迁》，陈郁、罗华平译，上海人民出版社 1994 年版。

19. ［法］勒内 · 达维德：《当代主要法律体系》，漆竹生译，上海译文出版社 1994 年版。

20. ［苏］雅维茨：《法的一般理论———哲学和社会问题》，朱景文译，辽宁人民出版社 1986 年版。

二、学术期刊

1. 毕克新、张宁、冉东生：《基于 AHP-GRA 的国际科技合作知识产权保护评价研究》，载《科学学与科学技术管理》2012 年第 5 期。

2. 毕克新、赵瑞瑞、冉东生：《基于因子分析的国际科技合作知识产权保护影响因素研究》，载《科学学与科学技术管理》2011 年第 1 期。

3. 陈文冬：《我国知识产权保护现状问题分析》，载《知识经济》2014 年第 20 期。

4. 党国英：《TRIPS 协定下中国知识产权保护水平测度》，载《技术经济与管理研究》2014 年第 11 期。

5. 邓先金：《物理模型的构建》，载《大学物理实验》2007 年第 1 期。

6. 丁恒龙、王卫星：《日本知识产权制度的变迁及启示》，载《科学管理研究》2009 年第 6 期。

7. 冯飞、陈婕：《我国专利申请量全球大幅领先》，载《创新时代》2014 年第 11 期。

8. 冯洁菡：《中国知识产权保护：任重而道远》，载《法学评论》2006 年第 1 期。

9. 付子堂：《马克思早期的法学思想》，载《光明日报》2014 年 11 月 10 日，第 11 版。

10. 高峰、马领弟、张可：《中国知识产权在自主创新中的法律保护问题》，载《石家庄经济学院学报》2013 年第 3 期。

11. 韩玉雄、李怀祖：《关于中国知识产权保护水平的定量分析》，载《科学学研究》2005 年第 3 期。

12. 何东明：《和谐世界视野下共赢性国际知识产权法律制度的构建》，载《河北法学》2009 年第 4 期。

13. 何华：《改革开放三十年中国知识产权研究的回顾与展望》，载《知识产权》2008 年第 6 期。

14. 何炼红：《论中国知识产权纠纷行政调解》，载《法律科学（西北政法大学学报）》2014 年第 1 期。

15. 何瑞卿、黄瑞华、李研：《基于知识外溢的合作研发知识产权风险及其影响因素分析》，载《科研管理》2007 年第 4 期。

16. 何兴元、曾德慧：《应用生态学的现状与展望》，载《应用生态学报》2004 年第 10 期。

17. 贺德方：《我国数字化信息资源知识产权保护问题研究》，载《中国软科学》2006 年第 5 期。

18. 洪勇、吴勇:《发展中国家知识产权保护程度相对评价方法研究》，载《科学学与科学技术管理》2011 年第 2 期。

19. 侯海燕、赵楠楠、胡志刚、刘中梅、栾春娟:《国际知识产权研究的学科交叉特征分析——基于期刊学科分类的视角》，载《中国科技期刊研究》2014 年第 3 期。

20. 胡凯、吴清、胡毓敏:《知识产权保护的技术创新效应——基于技术交易市场视角和省级面板数据的实证分析》，载《财经研究》2012 年第 8 期。

21. 胡玉鸿:《马克思主义法本质观之重述》，载《学习与探索》2006 年第 3 期。

22. 黄景贵:《论创新理论的产生及其发展》，载《青岛海洋大学学报(社会科学版)》2000 年第 2 期。

23. 黄莎:《从利益平衡原则看知识产权制度生态化》，载《河南财经政法大学学报》2013 年第 5 期。

24. 黄莎:《论我国知识产权法生态化的正当性》，载《法学评论》2013 年第 6 期。

25. 纪蔚蔚:《1998－2007 年知识产权研究成果计量分析——从 CSSCI 被引文献的视角》，载《图书情报工作》2010 年第 6 期。

26. 李春梅:《浅谈新加坡知识产权生态保护体系》，载《中国发明与专利》2012 年第 12 期。

27. 李丽婷:《对我国知识产权保护问题与解决对策的思考》，载《人民论坛》2013 年第 11 期。

28. 李林:《社会主义法治文化概念的几个问题》，载《北京联合大学学报（人文社会科学版)》2012 年第 2 期。

29. 李培林:《论企业技术创新与知识产权保护研究》，载《科技管理研究》2010 年第 6 期。

30. 李蕊、沈坤荣：《中国知识产权保护对企业创新的影响及其变动机制研究》，载《经济管理》2014 年第 4 期。

31. 李伟、余翔：《中国知识产权保护强度及其评价——以加入 TRIPs 协议为中心》，载《科研管理》2014 年第 7 期。

32. 李迎春：《知识产权制度保护水平的测度与分析》，载《财会通讯》2009 年第 30 期。

33. 林琪云、米学娇：《浅析发明专利高数量与低转化率的矛盾——以国家知识产权战略实施五年为视角》，载《现代商业》2014 年第 14 期。

34. 林艳：《论技术创新与知识产权相互作用研究》，载《经济师》2008 年第 10 期。

35. 刘斌：《中国当代法治文化的研究范畴》，载《中国政法大学学报》2009 年第 6 期。

36. 刘贵华、朱小蔓：《试论生态学对于教育研究的适切性》，载《教育研究》2007 年第 7 期。

37. 刘华、李文渊：《论知识产权文化在中国的构建》，载《知识产权》2004 年第 6 期。

38. 刘华、张祥志：《政府主导知识产权文化建设的正当性分析》，载《北京社会科学》2013 年第 6 期。

39. 刘华、周洪涛：《论我国知识产权制度的困境与出路——基于知识产权文化视角的分析》，载《华中师范大学学报（人文社会科学版）》2007 年第 1 期。

40. 刘作翔：《法治文化的几个理论问题》，载《法学论坛》2012 年第 1 期。

41. 路铁：《低碳经济下的专利法生态化》，载《天津科技》2010 年第 6 期。

42. 马维野：《知识产权文化建设的思考》，载《知识产权》2005 年第 5 期。

43. 马忠法：《在流转中增加价值——从 TRIPS 协议第 7 条规定看知识产权制度设立的目的》，载《WTO 经济导刊》2007 年第 11 期。

44. 梅亮、陈劲、刘洋：《创新生态系统：源起、知识演进和理论框架》，载《科学学研究》2014 年第 12 期。

45. 牛振喜、汪小梅、袁满、李鹏、曹茂生、王丹：《中欧知识产权保护比较以及对我国的启示》，载《科技管理研究》2014 年第 4 期。

46. 彭靖里、邓艺、李建平：《国内外技术创新理论研究的进展及其发展趋势》，载《科技与经济》2006 年第 4 期。

47. 秦尘：《从百度文库侵权门看网络知识产权新生态平衡》，载《软件工程师》2011 年第 8 期。

48. 沈国兵、刘佳：《TRIPS 协定下中国知识产权保护水平和实际保护强度》，载《财贸经济》2009 年第 11 期。

49. 盛承发：《生态学基本概念的发展》，载《青年生态学者论丛（一）》1991 年。

50. 宋军：《浅论知识产权制度的生态化法治选择》，载《党史博采（理论版）》2007 年第 9 期。

51. 孙赫：《知识产权保护强度测量方法研究述评》，载《科学学研究》2014 年第 3 期。

52. 孙宁、陈雅：《我国知识产权研究热点与发展方向》，载《国家图书馆学刊》2014 年第 1 期。

53. 孙旭玉：《中国知识产权保护水平与影响因素的实证分析》，载《理论学刊》2010 年第 7 期。

54. 田宏杰：《论我国知识产权的刑事法律保护》，载《中国法学》2003 年第 3 期。

55. 王九云：《论知识产权保护层位的科学评价》，载《中国软科学》2000 年第 12 期。

56. 王俊明：《我国知识产权保护中存在的问题分析》，载《现代经济信息》2014 年第 2 期。

57. 王绍光：《国家在市场经济转型中的作用》，载《战略与管理》1994 年第 2 期。

58. 王思锋：《知识产权教育与文化建设研究》，载《教育评论》2011 年第 4 期。

59. 王亚星、周方：《我国知识产权保护量化测评与实证分析》，载《北京工业大学学报（社会科学版）》2014 年第 6 期。

60. 王子龙：《我国知识产权保护现状研究》，载《产业与科技论坛》2013 年第 20 期。

61. 吴汉东、李瑞登：《中国知识产权法学研究 30 年》，载《法商研究》2010 年第 3 期。

62. 吴汉东：《当代中国知识产权文化的构建》，载《华中师范大学学报（人文社会科学版）》2009 年第 2 期。

63. 吴汉东：《关于知识产权基本制度的经济学思考》，载《法学》2000 年第 4 期。

64. 吴汉东：《国际知识产权制度的发展潮流与中国知识产权制度的发展道路》，载《法制与社会发展》2009 年第 6 期。

65. 吴汉东：《国家软实力建设中的知识产权问题研究》，载《知识产权》2011 年第 1 期。

66. 谢根成、刘娜：《我国农业知识产权法律保护存在问题及建议》，载《科技与经济》2010 年第 3 期。

67. 许春明、单晓光：《中国知识产权保护强度指标体系的构建及验证》，载《科学学研究》2008 年第 4 期。

68. 薛芳、朱广权：《浅析知识产权法律保护制度以及存在的问题》，载《芜湖职业技术学院学报》2009 年第 4 期。

69. 杨静、朱雪忠：《FTA 知识产权保护强度评价体系设计研究与试用》，载《科学学研究》2013 年第 6 期。

70. 杨丽濬、杜祖贻等：《从生物学探究人类行为与文化发展》，载《教育生物学杂志》2013 年第 3 期。

71. 姚利民、饶艳：《中国知识产权保护的水平测量和地区差异》，载《国际贸易问题》2009 年第 1 期。

72. 叶峻：《从自然生态学到社会生态学》，载《西安交通大学学报（社会科学版）》2006 年第 3 期。

73. 喻登科、陈华、周荣：《生态视角下的知识产权保护研究》，载《情报理论与实践》2013 年第 5 期。

74. 詹映、余力焓：《国家知识产权战略实施之法治环境完善绩效评价研究》，载《科技进步与对策》2011 年第 2 期。

75. 詹映：《我国知识产权保护水平的实证研究——国际比较与适度性评判》，载《科学学研究》2013 年第 9 期。

76. 张凤海、侯铁珊：《技术创新理论述评》，载《东北大学学报（社会科学版）》2008 年第 2 期。

77. 张凤海、徐丽娜、侯铁珊：《关于技术创新概念界定的探讨》，载《生产力研究》2010 年第 3 期。

78. 张管媛、刘佳：《关于我国知识产权文化建设的几点思考》，载《社科纵横（新理论版）》2011 年第 3 期。

79. 张磊、王淼：《西方技术创新理论的产生与发展综述》，载《科技与经济》2008 年第 1 期。

80. 张丽华：《我国知识产权保护中存在的不足以及改进路径》，载《企业改革与管理》2015 年第 4 期。

81. 张伟、刘东：《影响知识产权保护的经济因素定性分析》，载《科技进步与对策》2010 年第 16 期。

82. 张兴科：《我国知识产权保护正在发生历史性变化》，载《法制与经济》2014 年第 14 期。

83. 郑成思：《“社科规划”九五期间（1996~2000）中国知识产权法的研究状况》，载《河南省政法管理干部学院学报》2000 年第 5 期。

84. 郑成思：《20 世纪知识产权法学研究回顾》，载《知识产权》1999 年第 5 期。

85. 郑文杰：《国内近五年经济学、管理学领域对知识产权研究文献述评》，载《中国管理信息化》2014 年第 14 期。

86. 郑亚莉、宋慧：《中国知识产权保护对高技术产业竞争力影响的实证研究》，载《中国软科学》2002 年第 2 期。

87. 周凤华、朱雪忠：《2000－2004 年中国知识产权研究的文献计量分析》，载《科研管理》2006 年第 4 期。

88. 卓彩琴：《生态系统理论在社会工作领域的发展脉络及展望》，载《江海学刊》2013 年第 3 期。

89. 李林、赵亮、刘威等：《涉及专利研究文献的发展趋势》，载《科技创新与应用》2020 年第 33 期。

90. 张赓、徐保风：《习近平生态文明思想研究述评》，载《中南林业科技大学学报》2019 年第 6 期。

91. 王雨辰：《习近平“生命共同体”概念的生态哲学阐释》，载《社会科学战线》2018 年第 2 期。

92. 刘建伟、乔英英：《习近平对改革开放以来党的生态环境治理思想的继承和超越》，载《山西农业大学学报（社会科学版）》2018 年第 5 期。

93. 沈卫星、徐萌：《党的十九大以来习近平生态文明思想研究综述》，载《中国井冈山干部学院学报》2020 年第 13 卷第 6 期。

三、学位论文

1. 陈丽静：《知识产权保护、技术创新与贸易结构优化》，浙江大学2012年博士学位论文。

2. 杜碧辉：《知识产权保护的效应分析及中国的政策选择》，湖南大学2007年硕士学位论文。

3. 韩为友：《技术创新与知识产权保护》，武汉理工大学2003年硕士学位论文。

4. 王金湘：《知识产权保护的技术创新效应：基于大中型工业企业的实证研究》，浙江理工大学2014年硕士学位论文。

5. 王丽丽：《论知识经济时代的技术创新及其知识产权保护》，吉林大学2004年硕士学位论文。

6. 吴婷婷：《我国知识产权保护存在的问题及对策研究》，合肥工业大学2012年硕士学位论文。

7. 熊皓：《知识产权保护对技术创新的影响研究》，湖南大学2014年硕士学位论文。

四、报纸类

1. 曲青山：《论坚持系统观念》，载《北京日报》2020年11月30日，第7版。

2. 詹成付：《深入理解“坚持系统观念”》，载《人民日报》2020年11月12日，第9版。

五、英文专著

1. Band J., M. Katoh, *Interfaceson Trial: Intellectual Property and Interoperability in the Global Software Industry*, Boulder, Westview

Press, 1995.

2. Benko Robert P. , *Protecting Intellectual Property: Issues and Controversies*, American Enterprise Institute for Public Policy Research, 1987.

3. Chin J. , Grossman G. , *Intellectual Property Rights and North-South Trade*, Social Science Electronic Publishing, 1988.

4. Lotka A. J. , *Elements of physical biology*, Dover Publications, 1925.

5. Mitchell Henry C. , *The Intellectual Commons: Toward an Ecology of Intellectual Property*, Lexington Books, 2005.

六、英文论文

1. Abdullah Nawafleh, *Development of Intellectual Property Laws and Foreign Direct Investment in Jordan*, Journal of International Commercial Law and Technology, 2010.

2. Adams S. , *Intellectual Property Rights, Investment Climate and FDI in Developing Countries*, International Business Research, June 2010.

3. Amy Jocelyn Glassa & Kamal Saggib, *Intellectual Property Rights and Foreign Direct Investment: A Welfare Analysis*, Journal of International Economics, 2002.

4. Bastani B. & Fernandez, D. , *Intellectual Property Rights in Nanotechnology*, Thin Solid Films, 2002.

5. Besen Stanley M. & Leo J. Raskind, *An Introduction to the Law and Economics of Intellectual Property*, The Journal of Economic Perspectives, 1991.

6. Ciocoiu C. N. , *Considerations about Intellectual Property Rights, Innovation and Economic Growth in the Digital Economy*, Economia: Seria Management, 2011.

7. Comanor William S. , *The Political Economy of the Pharmaceutical*

Industry, Journal of Economic Literature, 1986.

8. De Beer Jeremy, Mogyoros Alexandra & Stidwill Sean, *Present Thinking About the Future of Intellectual Property A Literature Review*, Social Science Electronic Publishing, 2014.

9. Manoj Dolli, *Intellectual Propepty Rights: Regulations and Trend in India*, International Journal of Economics and Research, 2012.

10. Ebanks K. D., *Pirates of the Carib-bean Revisited: An Examination of the Continuing Problem of Satellite Signal Piracy in the Caribbean and Latin America*, Law and Policy in International Business, 1989.

11. Gabriel I. Năstase, *Progress and Innovation through Evaluation Intellectual Property*, Journal of Knowledge Management, Economics and Information Technology, 2011.

12. Gould David M. & William C. Gruben, *The Role of Intellectual Property Rights in Economic growth*, Journal of Development Economics, 1996.

13. Gustavo Dalmarco, Mariana de Freitas Dewes, Paulo Antonio Zawislak & Antonio Domingos Padula., *Universities' Intellectual Property: Path for Innovation or Patent Competit*, Journal of Technology Management & Innovation, 2011.

14. Helpman G., *Innovation, Imitation, and Intellectual Property Rights*, Econometria, 1993.

15. III Frank A. P., *Toward an Ecology of Intellectual Property: Lessons from Environmental Economics for Valuing Copyright's Commons*, Social Science Research Network Electronic Journal, 2006.

16. K. Goburdhun, *Enforcement of Intellectual Property Rights-Blessing or Curse? A Perspective from Mauritius*, Africa Development, 2007.

17. K. Karnauh., *The Current State of the Industrial Property Rights in*

Innovation Shipbuilding Enterprises, Economics of Development, 2010.

18. Linder C. & Seidenstricker S., *The Current Intellectual Property Debate: A Citation-Based Analysis*, Management, 2011.

19. Ling Li., *The Sky is High and the Emperor is Far Way: The Enforcement of Intellectual Property Law in China*, Boletín Mexicano de Derecho Comparado, 2003.

20. Maskus & Keith E., *The International Regulation of Intellectual Property*, Weltwirtschaftliches Archiv, 1998.

21. Muammer Zerenler, Selcuk Burak Hasiloglu & Mete Sezgin, *Intellectual Capital and Innovation Performance: Empirical Evidence in the Turkish Automotive Supplier*, Journal of Technology Management & Innovation, 2008.

22. Nogues J., *Patents and Pharmaceutical Drugs: Understanding the Pressures on Developing Countries*, Journal of World Trade, 1990.

23. Noonan W. D., *Patenting Medical Technology*, Journal of Legal Medicine, 1990.

24. Ostergard R. L., *The Measurement of Intellectual Property Rights Protection*, Journal of International Business Studies, 2000.

25. P. A. Geroski, *Intellectual Property Rights, Competition Policy and Innovation: Is There a Problem?*, Scripted, 2005.

26. Patrick G. McLennan & Quan V. Le., *The Effects of Intellectual Property Rights Violations on Economic Growth*, Modern Economy, 2011.

27. Petr Hanel, *Intellectual Property Rights Business Management Practices: A Survey of the Literature*, Technovation, 2006.

28. Pouris A., *Patents and Economic Development in South Africa: Managing Intellectual Property Rights*, Management of Innovation and

Technology (ICMIT), 2010 IEEE International Conference on, 2011.

29. Rahul Dogra, Vijay Dhiman, Nipun Gupta, *Intellectual Property Rights(IPRS) and Mechanisms for Intellectual Property Protection (IPP): A Review*, International Journal of Pharmaceutical Sciences and Research, 2012.

30. Rapp Richard & Richard P. Rozek, *Benefits and Costs of Intellecual Property Protection in Developing Countries*, Journal of World Trade, 1990.

31. Robert J. Barro & Jong Wha Lee, *International Measures of Schooling Years and Schooling Quality*, American Economic Review, Papers and Proceedings, 1993.

32. Seyoum Belay, *The Impact of Intellectual Property Rights on Foreign Direct Investment*, Columbia Journal of World Business, 1996.

33. Shahraki A. *Intellectual Property Valuation: Case Study in Iran*, International Journal of Academic Research in Business & Social, May 2012.

34. Sherwood Robert M, *Intellectual Property Systems and Investment Stimulation: The Rating of Systems in Eighteen Developing Countries*, IDEA, 1997.

35. Simona Gabor, *Aspects Concerning Counterfeiting and Piracy in the European Union*, Bulletin of the Transilvania University of Brasov, Economic Sciences, 2012.

36. Titus O. Awokuse & Hong Yin, *Intellectual Property Rights Protection and the Surge in FDI in China*, Journal of Comparative Economics, 2010.

37. Walter G. Park & Juan C. Ginarte, *Determinants of Patent Rights: A Cross-national Study*, Research Policy, 1997 .

38. Waziri K. M. , *Intellectual Property Piracy and Counterfeiting in Nigeria: The Impending Economic and Social Conundrum*, Journal of Politics &

Law, 2011.

39. Wichterman Dana, *Intellectual Property Rights and Economic Development: An Issue Brief*, Washington DC: Agency for International Development Center for Development Informationand Evaluation, 1991.

40. Yongmin Chen & Thitima Puttitanun, *Intellectual Property Rights and Innovation in Developing Countries*,Journal of Development Economics, 2005.

七、中文网站

1. 董碧娟:《高校专利转化率为何低于5%?》,载中国知识产权(网络版):http://www. chinaipmagazine. com/news-show. asp? id =4640&pn =0:2011/8/24。

2. 曲三强、尹锋林、张继哲、聂士海:《中国大学与科研机构专利竞争力年度报告(2013 年)》,载中国知识产权(网络版):http://www. chinaipmagazine. com/journal-show. asp? id =1756:2013/10/24。

3. 郑成思:《知识产权的起源》,载中国法学网:http://www. iolaw. org. cn/showNews. asp? id =6757,2015/04/026。

4. 郑成思:《知识产权法律制度(九届第 19 次)》,载人民网:http://www. people. com. cn/GB/14576/15097/2369597. html。

5. 张维:《2013 年度〈知识产权保护社会满意度调查报告〉出炉》,载法制网:http://www. legaldaily. com. cn/index_article/content/2014 -04/25/content_5480087. htmnode =5955。

6. 《高校专利转化现状调查研究》,载国家知识产权局:https://www. cnipa. gov. cn/art/2018/9/4/art_1415_133037. html。

八、英文网站

1. United Nations Development Programme, *Human Development Report*

2014：http：//hdr. undp. org/en/global-reports.

2. WTO，*Agreement on Trade-Related Aspects of Intellectual Property Rights*，https：//www. wto. org/english/tratop_e/trips_e/t_agm0_e. html.

3. 世界知识产权组织网站：http：//www. wipo. int/ipstats/en/statistics/country_profile/#H.

中国法学会后期资助项目文丛

BOOK SERIES FUNDED BY CHINA LAW SOCIETY

1. 《行政程序法典化研究》姜明安 等著
2. 《解读青年马克思的黑格尔法哲学批判》姚远 著
3. 《清代“杀一家三人”律、例辨析》吴杰 著
4. 《中央地方关系中的民主集中制研究》苗泳 著
5. 《证券内幕交易构成要件比较研究》曹理 著
6. 《欧洲婚姻财产法的未来》樊丽君 译
7. 《德国刑法教义学上的客观处罚条件》王钰 著
8. 《结果加重犯的基本原理与认定规则研究》邓毅丞 著
9. 《刑事诉讼中法院职权调查问题研究》林铁军 著
10. 《人民陪审员角色研究》刘方勇 著
11. 《非典型劳动者权益保护研究》班小辉 著
12. 《创新与反垄断——互联网企业滥用行为之法律规制研究》仲春 著
13. 《不得援引国家豁免的商业交易诉讼研究》纪林繁 著
14. 《国家侵权的国际私法问题研究》李华成 著

15.《法律的空间意象性》朱垭梁 著

16.《罗马体育法要论》赵毅 著

17.《〈大清律例〉律目研究》张田田 著

18.《陕派律学家事迹纪年考证》闫晓君 著

19.《论行政法上的意思表示——兼论行政行为构成中的意识要件》田勇军 著

20.《新农村建设中保障农民政治参与权利的制度创新研究》蔡振亚　王为东 著

21.《国家赔偿法研究述评》上官丕亮 主编

22.《个人信息与权利配置——个人信息自决权的反思和出路》刘金瑞 著

23.《从“大陆”走向“混合”的路易斯安那民法典》李宁 著

24.《防控网络恐怖活动立法研究》皮勇 著

25.《背信犯罪：当代社会的白领犯罪》刘荣 译

26.《刑事诉讼中的鉴定意见质证制度研究》王跃 著

27.《互联网规制的国际贸易法律问题研究》孙南翔 著

28.《相关市场界定研究——以技术许可协议为视角》周围 著

29.《外资并购国家安全审查制度的平衡机制研究》杨静 著

30.《司法改革背景下裁判文书说理繁简分流研究》罗灿 著

31.《当代中国法制的政治逻辑》瞿郑龙 著

32.《美国行政法规的司法审查研究》杨蕾 著

33. 《非上市公司股份交易法律问题研究》黄爱学 著

34. 《中国商事立法研究》张保红 著

35. 《日本民事再审事由研究——以判例分析为中心》翟志文 著

36. 《论民法教义体系与家庭法的对立与融合：现代家庭法的谱系生成》刘征峰 著

37. 《香港与内地刑事法制冲突问题研究》马正楠 著

38. 《刑事程序性法律后果研究》马永平 著

39. 《抢劫罪量刑经验研究》赵学军 著

40. 《生态安全义务履行与人的致灾性法律控制》王建平 著

41. 《税法的分配功能研究》侯卓 著

42. 《裁判结果透明化的制度审思和完善路径》胡玉明 著

43. 《德国判例使用方法研究》高尚 著

44. 《现代性视域下的法律数字研究》高一飞 著

45. 《商周刑罚制度研究》魏晓立 著

46. 《面向行政任务的听证程序构造》石肖雪 著

47. 《我国物流法律私法体系之建构——以方法论为视角》张敏 著

48. 《再保险法》杨帆 译

49. 《金融稳定法论》袁达松 著

50. 《中国民事检察监督制度的改革与完善研究》路志强 著

51.《规范论在刑法解释中的作用》李世阳 著

52.《北京市盗窃罪量刑实证研究——以2736份判决书为样本》董晓华 著

53.《德国证据禁止规则研究——法典与判例的有效融合》张袁 著

54.《中国主权观的演进与发展》杨永红 著

55.《中国涉外商事仲裁裁决撤销：机制与实证》张春良 等著

56.《国际投资背景下的跨国公司与人权保护》隽薪 著

57.《法律解释权模式研究》徐凤 著

58.《中国共产党党内法规理论逻辑研究》侯嘉斌 著

59.《行政课予义务诉讼研究》胡煜 著

60.《民法典体系化的哲学》许中缘 著

61.《当代知识产权研究与实践的生态逻辑——基于马克思主义的反思》薛华 著

62.《实现担保物权非讼程序研究》李林启 著

63.《共同过失犯罪理论争鸣与探索》王东明 著

64.《交通犯罪对策研究》杨宁 译

65.《以审判为中心诉讼制度改革视野下的刑事诉讼法律关系研究》边慧亮 著

66.《科学测谎之认知脑电的法庭证据适用原理和方法》刘洪广 著

67.《金融科技监管法律制度构建研究》张永亮 著

68.《生态利益的物权法表达》项波 孟春阳 著

69. 《亚投行技术援助机制构建研究》孟于群 著

70. 《海上人身伤亡赔偿法比较研究》刘焕省 著

71. 《涉外监护法律适用理论与实证研究》秦红嫚 著